社会工作本土化创新与实践

深圳市社联社工服务中心
深圳市光明区社联社工服务中心
广州市明镜社工服务中心
佛山市禅城区社联社工服务中心

◎　　联合编写

中国社会出版社
国家一级出版社·全国百佳图书出版单位

图书在版编目（CIP）数据

社会工作本土化创新与实践 ／ 深圳市社联社工服务
中心等编 ． —— 北京：中国社会出版社，2024.4
ISBN 978-7-5087-7038-3

Ⅰ．①社… Ⅱ．①深… Ⅲ．①社会工作—研究—深圳
Ⅳ．① D632

中国国家版本馆 CIP 数据核字（2024）第 066383 号

社会工作本土化创新与实践

责任编辑： 张　杰
装帧设计： 时　捷
出版发行： 中国社会出版社
　　　　　　（北京市西城区二龙路甲 33 号　邮编 100032）
印刷装订： 河北鑫兆源印刷有限公司
版　　次： 2024 年 4 月第 1 版
印　　次： 2024 年 4 月第 1 次印刷
开　　本： 170mm×240mm　1/16
字　　数： 290 千字
印　　张： 19.75
定　　价： 68.00 元

编委会

前　言

党的十八大以来，中国特色社会主义进入新时代。以习近平同志为主要代表的中国共产党人，坚持把马克思主义基本原理同中国具体实际相结合、同中华优秀传统文化相结合，坚持毛泽东思想、邓小平理论、"三个代表"重要思想和科学发展观，深刻总结并充分运用党成立以来的历史经验，从新的实际出发，创立了习近平新时代中国特色社会主义思想。深圳市社会工作事业正是在习近平新时代中国特色社会主义思想的引领下，从初露锋芒到蓬勃发展，为深圳建设中国特色社会主义先行示范区和打造民生幸福标杆城市贡献社会工作的专业力量。

时代是思想之母，实践是理论之源。习近平新时代中国特色社会主义思想源于实践又指导实践，始终以党和人民正在做的事情为中心，始终着眼于国家的富强、人民的幸福、民族的振兴。在党和政府的领导下，当前全国上下正昂首阔步迈进全面建设社会主义现代化国家，向第二个百年奋斗目标奋勇前进。深圳市社会工作的发展，就是在习近平新时代中国特色社会主义思想指引下，社会工作聚焦民政主责主业，助推民政事业改革发展的生动实践。一是发挥党建引领作用，为行业发展提供坚强领导。在深圳市社会工作者协会党委的坚强领导下，社会工作党建服务与专业发展紧密结合，健全组织体系，强化基础保障，创新工作方法，引领社会工作服务党和政府的重心工作，促进民生幸福的能力不断提升。目前，深圳市社区党群服务中心建设已实现全覆盖，以党建为核心，立足社区需求，不断提升社区居民的生活品质。二是主动参与脱贫攻坚和乡村振兴，引导社会工作资源和人才向贫困地区特别是深度贫困地区倾斜，帮助贫困地区加强社会工作人才队伍建设，实施好社会工作参与脱贫攻坚和乡村振兴战略的一揽子项目，提高项目实施的针对性、精准性，有效发挥社会工作在人才扶贫、社会力量扶贫中的积极作用。为此，深圳市积蓄精干力量，倾情打造了深圳·湖南社会工作服务机构"牵手计划"项目，与湖南省14个市州的20多家社会工作服务机构结对，围绕脱贫攻坚和乡村振兴任务，多措并举，完善社工站建设，提升专业能力，挖掘服务需求，打造特色项目，拓展业务范围，在乡村振兴中发挥了社会工作的专业力量。三是积极服务特殊困难群体，充分发挥社会工作直接服务群众的优势特点，帮助服务对象特别是生活困难群众树立生活信心，解决实际问题，修复社会功能，改善生活品质，积极回应他们对美好生活的需要，着力做好老年人、困境儿童、残障人员、困境妇女和低收入家庭等的服务工作。深圳市重点落实了兜底民生服务的社会工作"双百工程"，通过发挥社会工作专业优势，为困难群众和特殊群体提供政策落实、心理疏导、资源链接、社会融入等服务，强化兜底民生服务能力，打通为民服务"最后一米"，全市"双百"社会工作服务站点100%覆盖、困难和特殊群体服务100%覆盖。四是推进基层社会治理创新，将社会工作理论和方法有机融入社区治理中，发挥社会工作在提升居民参与能力、拓宽参与平台等方面的作用，进一步引导居民和社会力量有序参与社区治理，激发社区活力。深圳的基层社会治理创新在深圳社会工作的加持下，走在全国的前列，创新了"协同服务"的理念，吸纳政府部门、行业协会、社会工作者和志愿者队伍、社会工作督导等多方角色参与，在"五社联动"机制的推动下，实现了社会工作参与基层社会治理的资源共享、服务共担。五是增强基层民政工作力量，推进街道、社区社工站（室）建设，配备社会工作专业团队，充实基层民政工作力量。推动城市社区、各级老年人服务机构、社会福利机构、收养服务机构、社会救助服务机构、未成年人保护机构等开发设置社会工作专业岗位，配备使用社会工作人才，进一步优化民政服务机构人员结构，壮大民政管理服务人才队伍。

深圳社会工作15年的探索结合中国特色社会工作的本土经验，走出了独具特点的深圳社会工作先行先试的示范之路。深圳市社联社工服务中心作为深圳市最早成立的社会工作服务机构之一，其发展历程也是深圳社会工作探索的缩影。深圳市社联社工服务中心始终坚持社会工作助人自助的初心使命，勇立潮头，敢于创新，专注于司法矫正、社区建设领域专业服务15年，在发展中积累了丰富的服务经验，服务范围实现了深圳市全覆盖。15年的发展铸就了深圳市社联社工服务中心服务领域多元化的特点，机构服务逐步拓展到教育辅导、精神卫生、社区矫正、禁毒戒毒、信访调解、社会心理体系等10多个领域。在专业建设上，深圳市社联社工服务中心坚持实行"五个一"策略方针，坚持做好专业建设，相继打造了阳光妈妈项目、"逆风飞翔"青少年抗逆力项目、"为爱护航"儿童性安全自我保护计划、"青春乐章"音乐治疗体验项目等多个特色服务项目。深圳市社联社工服务中心通过专业化、规范化、项目化的运作方式，为服务对象提供了最专业、最优质的服务。除向政府及所属机构派驻社会工作者提供服务外，深圳市社联社工服务中心还通过专业的项目拓展，面向社会开展社会工作者培训、对外督导、课题研究、学术交流、国际交流、人才输送、活动策划、个案援助等社会服务项目。

本书在组稿过程中，还得到了深圳市光明区社联社工服务中心、广州市明镜社工服务中心、佛山市禅城区社联社工服务中心3家兄弟机构的大力支持，呈现了较为优秀的本土化实践经验。深圳市光明区社联社工服务中心成立于2014年10月，主要服务于社区矫正、安置帮教、人民调解、反邪教、精神卫生、心理健康等领域，并自主开发"V爱之家"心理关爱空间、"暖阳守护"、"美食美刻——社区妇女增能就业计划"等多项品牌服务，服务区域覆盖光明区各街道及社区。广州市明镜社工服务中心成立于2009年5月18日，专注于社区家庭综合服务，残疾人、社区矫正人员等专项服务和特色化项目服务，是一家重实务、重管理、重理论、重成效的综合性社工服务机构。佛山市禅城区社联社工服务中心成立于2013年10月，专注于党建服务、专业支持及咨询服务、综合社会工作服务和司法及特色化项目服务等领域，是一家重实务、重管理、重理论、重成效的综合性社工服务机构，是禅城区首家"5A"社工服务机构。

习近平新时代中国特色社会主义思想的内涵十分丰富，党的十九大报告将其中最重要、最核心的内容概括为"八个明确"。其中与社会工作发展息息相关的就是要明确新时代中国社会的主要矛盾是人民日益增长的美好生活需要和不平衡不充分的发展之间的矛盾。所以社会工作发展与实践必须坚持以人民为中心的发展思想，不断促进人的全面发展和全体人民共同富裕。深圳市社联社工服务中心在本土化实践过程中，始终贯彻"助人自助、自助助人、以人为本、追求卓越"的价值理念，始终关注民生需求，特别是困难帮扶、心理辅导、危机介入、全人发展等特殊困难群体的迫切需求，在教育辅导领域、妇女家庭领域、社区建设领域、司法禁毒领域以及心理健康领域提炼总结了颇具成效的个案、小组和社区服务的优秀案例。在一个个案例中，可以看见在校学生产生心理问题后的无助、家庭妇女遭遇家暴后的绝望、高龄老人缺少照顾时的落寞、矫正对象违法犯罪后的迷茫，但是他们都遇见了社会工作者，社会工作者给他们带去了一束光，让他们在无助时感受到无私的关爱、在绝望时看到前行的希望、在落寞时体会亲情般的温暖、在迷茫时获得改变的动力。本书中每篇案例都包括案例实践的过程、分析服务群体的问题及需求、专业理论的运用解析、服务方法技巧的应用、服务对象改变的成效，每一篇案例都是条理清晰、逻辑缜密的，为读者展现了专业社会工作方法在各领域中的实践过程，值得推荐和学习。

展望社会工作新的发展阶段，深圳市作为"创建全国社会工作发展和社会工作人才队伍建设示范区"，必须面对新形势，迎接新挑战，开创新局面。深圳的社会工作诞生在一座具有创新基因的城市，在党的坚强领导下，深圳市的社会工作者必将以更加昂扬的斗志、更加虔诚的理念、更加专业的方法投身不断创造人民美好生活的实践中，为实现中华民族伟大复兴的奋斗目标作出应有贡献。

严书翔

2023.12.30

目录

妇女家庭领域

社区建设领域

司法禁毒领域

心理健康领域

教育辅导领域

选择性缄默学生的"开口"之路①
——沙盘游戏治疗在选择性缄默症中的运用

一、案例背景

（一）基本资料

服务对象小七（化名），女，8岁，就读小学二年级。

（二）个案背景资料

引发/重要事件：因服务对象上小学（现二年级）以来在学校从未开口说话，只和家人有言语沟通，在全班读书时不跟读，但是会用手指到读的地方，在学校的同辈交往以及学习上有严重困难，因此班主任将其转介给社会工作者。

曾作出的调适及成效：服务对象妈妈曾带服务对象到医院检查，医生表示她只是内向，但她回到学校仍然拒绝说话。班主任经常主动提问服务对象，但无效果。

家庭情况：服务对象年初出生后，其妈妈就怀了双胞胎，并在同年年末生下双胞胎，第三年四宝出生，均为女孩。因家里老人重男轻女，不肯帮忙照看，妈妈需要同时兼顾4名学龄前孩童的抚养。爸爸为网约车司机，主要上下午班和晚班，上午睡觉。家庭经济较为困难，父母对子女的关注基本集中在学习上。因妈妈同时抚养多个孩子，没有时间出

---

① 作者：张舒，中级社会工作师，深圳注册社会工作者。

门，所以服务对象在外面活动时间较少，在家里和两个妹妹一起玩，一起上幼儿园。

行为表现：服务对象在家里跟正常孩童一样活泼开朗，在学校对同学老师的询问的反应是轻微点头、摇头或不回应，课堂上读书时用笔点出跟读，但是一个字不说。上小学后妈妈为服务对象报了午托班和晚托班，服务对象经常在晚上 8 点多到家，洗完澡后睡觉，与家人交流减少。

人际关系：在幼儿园时只跟两个妹妹一起玩，由于两个妹妹要晚一年才能上小学，所以与妹妹们暂时分离。当妹妹们可以上小学时，因入学政策，妹妹们被分配到其他小学。因此，服务对象独自一人上学，在学校偶尔跟同桌和前后桌用笔写字且单个字地交流，难以交到朋友。

情绪状况：在学校呈现紧张、漠然等情绪，在上课期间曾出现因无法向老师或同学说出自身生理需求，把大小便拉到裤子里的现象。

身体状况：服务对象妈妈反映，服务对象在家中一切正常，身体状况也很好，曾带服务对象到医院检查，医生表示服务对象只是内向，无精神疾病史。

支援网络：服务对象班主任比较关注其发展，在班里鼓励其他同学主动与服务对象交流。服务对象妈妈还需要照顾最小的孩子，难以关注服务对象的性格发育，但是对服务对象的学习很关心。

二、理论运用及问题预估

（一）根据《精神障碍诊断与统计手册（第五版）（DSM-5）》对选择性缄默症的分析

DSM-5 对选择性缄默表述为：在某种或多种特定的社交场合（如学校）长时间拒绝说话，但在另一些场合说话正常或接近正常，语言理解能力和表达能力正常；已经对学习和生活产生了严重的影响；这种情况至少持续一个月；排除其他语言、发育或精神障碍。

服务对象现在就读小学二年级，在家时的说话和行为表现得和正常孩童一样，在学校以及午托班、晚托班时拒绝开口说话，班主任反映服务对象自一年级入学以来从未在学校开口说过话，父母带其到医院检查后，未发现其有语言、发育或精神障碍，持续一年时间，疑似为选择性缄默症。

（二）ABC 理论分析

ABC 理论认为，人的情绪不是由某一诱发性事件本身引起的，而是由经历了这一事件的人对这一事件的解释和评价引起的。ABC 理论强调，诱发事件 A 只是引起情绪和行为反应 C 的间接原因，人们对诱发性事件所持的信念、看法和解释 B 才是引起人的情绪及行为反应的更直接原因。

服务对象选择性缄默的诱发事件是在上小学且家人为其报了午托班和晚托班后，一天近 12 小时与家人分离，面对新的环境，没有家人的陪伴，服务对象要单独上学，使其产生被抛弃感，从而引起现在的行为反应。

（三）沙盘游戏治疗

沙盘游戏治疗是以荣格分析心理学为基础，通过制作沙盘，将来访者的内在情绪转化为视觉形式。在此过程中，社会工作者要给予服务对象无条件的接纳、关注、自由、关爱以及安全感，调动服务对象的主观能动性，激发其自我治愈，从而获得自身的发展。

沙盘游戏治疗的工具包括沙箱、沙和沙具。在此案例中，社会工作者可以通过沙盘游戏治疗的非言语特性提供让服务对象安全表达和探索自我的空间，实现深层次的心理疗愈，提高其适应学校的能力。

三、服务计划

（一）服务目标

（1）纠正服务对象的非理性认知，让其客观看待入学的经历，建立合理的自我认知。

（2）帮助服务对象适应学校环境，开口与同学、老师交流。

（二）服务策略

（1）与服务对象建立信任关系，收集服务对象资料。

（2）通过 ABC 理论调整服务对象的非理性认知。

（3）通过沙盘游戏治疗的非言语特性帮助服务对象进行自我表达，并且逐渐与同伴建立关系。

四、介入过程

（一）第一阶段，关系建立，资料收集

服务对象第一次来到心理辅导室（以下简称辅导室）时表情很紧张，脸色苍白，低着头用眼神瞟向周围观察，社会工作者初次与服务对象对话，服务对象无任何反应。

社会工作者分别与服务对象的班主任和家长进行面谈，收集服务对象的资料，班主任和家长比较配合。通过面谈社会工作者了解了服务对象的个人、家庭资料，入学前与入学后的状态对比，在班级的表现等。

社会工作者发现在辅导过程中，越想要服务对象开口，越会引起她内心的紧张不安，因此尽可能为服务对象进入辅导室营造安全的氛围。同时发现服务对象对于沙盘比较感兴趣，于是利用沙盘的非言语特性让服务对象进行图像表达。社会工作者让服务对象自由玩沙盘，经过几轮沙盘游戏，服务对象进辅导室后不再紧张不安，能够对社会工作者的问话进行点头或摇头回应。

（二）第二阶段，ABC 理论调整服务对象的非理性认知

在上一阶段了解到，导致服务对象问题出现更深层次的原因是服务对象妈妈在其入学后送她入午托、晚托时未与她说明原因，导致服务对象入学后产生"被抛弃感"。社会工作者在辅导过程中和服务对象妈妈一起探讨这一事件可能对服务对象造成的影响，以及由妈妈向服务对象澄清解释可能达到的效果，建议妈妈在家里进行尝试，降低入学对服务对象在适应和选择性缄默症方面的影响。

（三） 第三阶段，沙盘游戏治疗帮助服务对象进行自我表达，与同伴建立关系

沙盘游戏治疗主要分为三个阶段，即问题呈现阶段、亲子沙盘转折阶段、同伴沙盘问题改善阶段，并根据沙盘游戏治疗的程序（如表1所示）进行。

表1 沙盘游戏治疗程序表

沙盘游戏治疗程序	内容和指导语
感受沙子	邀请服务对象感受沙子。"请把手放在沙子上，闭上眼睛，感觉一下沙子，它的湿度、温度。"
制作沙盘作品	"请用这些玩具和沙箱，随便做个什么，想做什么都可以，限定时间30分钟。"（社会工作者不给予任何指导，由服务对象自由创作，制作过程中，社会工作者在一旁静默陪伴）
体验作品	"这是你自己的世界，你可以感受一下这个世界给你带来了什么感觉。"
理解和对话	社会工作者请服务对象用写字或者点头摇头的方式了解作品的有关内容，并邀请服务对象为自己的作品取个名字
拆除作品	拍照和是否拆除作品经过服务对象的同意后进行

1. 问题呈现阶段（第1~3次）：强烈攻击性和冲突

社会工作者在引导服务对象第一次制作沙盘的时候说："小七，请感受这一堆沙吧，摸摸它，沙下面覆盖了蓝色的水，你可以随意使用这些沙具和沙盘，随意摆放。"服务对象沉默地根据社会工作者的引导走向沙盘。

服务对象在第一次进行制作沙盘时摆放了较多的攻击性沙具：多辆警车、武器和拿着枪的人形沙具，还选择了躺着吐血的人。在制作沙盘过后，社会工作者让服务对象介绍沙盘或者定沙盘主题，服务对象表现出沉默、紧张的状态，社会工作者结束第一次沙盘制作。

在之后的几次制作沙盘中屡次出现死亡象征物"吐血的人"，攻击性

动物"蛇""老虎"等，以及"坦克""战士""倒下的旗帜"，这些表现出服务对象目前的心理是冲突的、消沉的，当下的状态面临重大的挑战，潜意识可能在对自我进行保护。

在第一次制作沙盘期间出现插曲：服务对象不敢与社会工作者说要去上厕所，导致在制作沙盘期间尿裤子。面对这个插曲，社会工作者马上安抚服务对象情绪，并把服务对象带离辅导室。根据班主任反馈，服务对象在班上也会出现此类情况。

2. 亲子沙盘转折阶段（第4次）：初见彩虹

在辅导过程中，为增强服务对象在辅导室的安全感，社会工作者让妈妈和服务对象一起制作亲子沙盘。在制作沙盘前，社会工作者单独与妈妈进行面谈，介绍了服务对象近期的情况，表扬她开始有点头或摇头的回应，并说明沙盘规则，让服务对象妈妈在进行沙盘游戏时顺其自然，不要逼迫服务对象说话。

服务对象进入辅导室与妈妈制作沙盘，在制作沙盘过程中，妈妈前期比较耐心，拿出沙具问"这是什么"，在服务对象小声回应或不回应后，妈妈开始有些不耐烦，说出"这是什么""你说呀""大声说出来""快说这是什么""要放哪里"等话语。社会工作者在一旁观察，服务对象在其间边小声回答妈妈的问话，边偷瞄社会工作者，完成了本次沙盘作品。沙盘游戏结束后，社会工作者对服务对象妈妈的情绪进行了安抚，再次说明服务对象目前的状态，并请妈妈在服务对象分享学校的事情时及时给予表扬。同时，社会工作者也邀请班主任加入帮助队伍，建议班主任在班级邀请多个性格比较好的同学主动与服务对象交流。

本次沙盘作品中第一次出现了"彩虹"，"彩虹"摆在沙盘的最前面，"乌龟"在水里朝岸上爬，象征着服务对象目前心中充满希望，面临着转机。之后服务对象的自我察觉能力提高，对于辅导室安全感提高，无论是有意识还是无意识，服务对象对社会工作者的问话开始进行眼神沟通和点头摇头回应。服务对象进辅导室时的身体和表情放松证实了这一点。

3. 同伴沙盘问题改善阶段（第5~7次）：首次与同学说话

社会工作者尝试通过同伴引导制作沙盘，从而增进服务对象与同伴的关系，让服务对象邀请一个自己在班上觉得最好的朋友小邓（化名）一起进行沙盘制作。

第1次同伴沙盘游戏中，服务对象仍然拒绝与小邓进行语言交流，只有点头摇头和眼神交流，在第2次同伴沙盘游戏时，社会工作者惊喜地听到服务对象开始对小邓小声说话，就沙具的摆放询问朋友的意见。在完成沙盘摆放后，社会工作者分别问询沙盘主题时，小邓将主题设定为"欢乐的村庄"，服务对象则指着社会工作者的本子拿笔写下了主题"动物园"。

在第3次同伴沙盘游戏阶段，"彩虹"依旧出现，并种上了象征生命力的郁郁葱葱的"树"，多座代表家的"房屋"。这可能象征着服务对象与同伴的关系在修复。其间，服务对象有了明显的转变，尽管直接与社会工作者交流还是有一点害羞，但在想要回答问题或者表达自己的想法时，她会先看看社会工作者，然后将自己的想法告诉同伴，请同伴帮忙转达她的想法给社会工作者。社会工作者也及时给予了服务对象赞扬，肯定其进步，也鼓励她，相信她一定能够做得越来越好。结束时，同伴小邓也告诉社会工作者，服务对象在班上也开始能够和其他同学小声交谈了。辅导终于获得了成效，社会工作者很欣慰。

最后一次沙盘游戏作品社会工作者邀请服务对象一人完成。

作品的主题为"动物园"，在沙盘作品呈现中，"彩虹"出现在沙盘正上方，"旗帜"在旁边好似迎风飘扬，种下的"树"也结了两个大大的"果实"，与第1次沙盘作品对比，作品整体发生了由消极到积极的变化，"受伤"场地被重新开发成充满和谐的"动物园"，作品自我概念由封闭、冲突、矛盾走向积极、希望，服务对象的自我开放性得到增强。

五、服务评估

对于本次个案主要采取观察法和访谈法进行评估。

（一）目标达到情况的评估

个案服务目标基本达到，服务对象正确认识到上学是正常成长经历。在沙盘游戏治疗后，服务对象开始适应学校环境，并与同学进行交流，经班主任反馈，期末考试时，服务对象在从不开口的音乐课考试时也开始唱歌了，科任老师找到社会工作者表达感谢。

（二）服务对象评估

在社会工作者介入后，服务对象开始与同学老师开口交流，并且在学校有了几个要好的朋友，期末成绩也有所提高。

（三）社会工作者自评

在对该个案进行跟进过程中，社会工作者从 ABC 理论调整服务对象的认知，再到运用沙盘游戏治疗，通过个人沙盘、亲子沙盘、同伴沙盘逐步进行，促使服务对象的认知和行为发生改变，从而达到治疗服务对象目标。

六、结案

（一）结案原因

本学期结束，个案服务目标基本达到，因此可以结案。

（二）结案后处理方式及跟进

提前告知服务对象结案时间，总结服务对象在本学期进行个案服务时的闪光点，巩固服务对象已取得的成效，在下学期跟进服务对象后续情况，防止行为回退。

七、专业反思

沙盘游戏治疗看似很简单，但在介入的过程中，是需要根据服务对象的不同情况不断调整工作手法的，是一个反复学习、反复实践才能得以提升的工作手法。从个人沙盘到亲子沙盘再到同伴沙盘，运用沙盘以非言语特性针对服务对象"不说话"的特性进行介入，关注服务对象有意识和无意识中的变化，最后的成效较为明显，能够达到预期目标。

罗杰斯曾说，要使治疗发生改变，应具备一定条件的治疗关系。作为社会工作者，在沙盘游戏治疗中的角色大部分是陪伴者、支持者、引导者，但是介入初期社会工作者可能过早地希望服务对象改变，从而导致一开始的辅导效果有点滞后，社会工作者及时进行调整，保持静默见证者的身份，守候在服务对象的旁边，通过眼神、身体语言与服务对象进行交流，这种态度使得服务对象的安全感和自由感陡增，帮助她投入自己良性互动的精神世界。沙盘游戏是无意识的工作，更需要构建服务对象在个案关系中的安全感，提高服务对象的自我开放程度。

八、督导寄语

个案辅导的过程是一个双向的过程，需要社会工作者与服务对象双方共同为目标努力，努力的过程，多数情况下需要双方反复沟通才能实现，该案例是一个由小学新生适应引发的选择性缄默症问题，服务对象在整个服务过程中几乎不说话，对社会工作者来说，这是一个不小的挑战，社会工作者通过细致入微的观察，不断调整工作方法、工作技巧，让服务对象信任社会工作者，愿意与社会工作者建立联系，并且作出改变，这既是社会工作者不懈努力的结果，更是社会工作者专业性的体现，为青少年儿童服务提供了良好的借鉴。

还原孩子善良的天性①

——认知行为疗法在个案中的运用

一、案例背景

（一）基本资料

服务对象小奕（化名），男，10岁，就读小学四年级。

（二）个案背景资料

接案原因：班主任及各科任老师反映，服务对象是个聪明伶俐的孩子，但是不爱学习，成绩中等偏下。情绪容易冲动，喜欢说谎、拿别人的东西，上课扰乱课堂纪律，下课喜欢搞恶作剧，时常与老师、同学发生冲突。服务对象遇到事情不会反思自己，总是责怪他人，不愿承担后果。老师们表示服务对象是个非常令人头疼的学生，同学们对他是能躲就躲，不愿接近。因此，班主任将其转介给社会工作者。

曾作出的调适及成效：服务对象父母曾因孩子的不良行为带其去儿童医院做多动症评估，评估结果显示并无多动症。之后没有作进一步的跟进。

家庭背景：服务对象是独生子，一家三口，父母亲都是警察，父亲工作较忙，常常加班，平时母亲照看服务对象较多，家庭教养方式简单、直接、粗暴。

---

① 作者：张晓湘，中级社会工作师，深圳注册社会工作者。

行为表现：拿别人东西，扰乱课堂，容易与老师、同学发生冲突，当犯错误面对老师或家长的质问时习惯性说谎。

人际关系：服务对象在学校没有朋友，同学们都躲着他。

情绪状况：一般情况下情绪平和，一旦出现不良行为被同学投诉、老师批评，情绪就变得特别冲动，与老师、同学发生冲突。

健康状况：身体健康，无精神病史。

支持网络：服务对象有完整的家庭作为他的支持系统，但是父母教养方式过于简单粗暴。同时，缺乏朋辈支持，在学校没有同学愿意和他玩。

二、理论运用及问题分析

（一）认知行为疗法的问题分析

认知行为疗法认为，人的情感和行为受到他们对事件的认知和判断的影响。在面临一些情境时，当事人可能会产生一些快速的自动思维，这些思维不是深思熟虑或理性的结果，而是自动涌现的，通常出现得相当迅速而简单，所以称作"自动思维"。人在特定情境下，更多注意到的并不是这些自动思维的正确性，而是由此而来的情感反应，从而引发一系列的情绪行为问题。

在本案例中，服务对象性格易冲动、鲁莽，稍有不顺，便大打出手。在班级遇到冲突和矛盾时，不懂得反思自己，反而责怪他人（老师和同学），不愿承担行为的后果。因此，社会工作者将通过认知行为治疗的基本过程寻找服务对象的非理性认知，改变成理性认知，形成正确的认知模式，从而转变服务对象的情绪行为，逐步增强其社会适应能力。

（二）萨提亚家庭治疗模式的问题分析

萨提亚家庭治疗模式是一种从家庭的角度出发解决来访者心理问题的方法。它最大的特点是着重提高个人的自尊、改善沟通及帮助人活得更"人性化"而不只求消除"症状"，治疗的最终目标是个人达到"身心整合，内外一致"。

在本案例中，根据萨提亚家庭治疗模式中的冰山理论，服务对象的不良行为仅仅是冰山显露在外的一隅，行为深层的应对模式、感受、期待、渴望才是真正的原因。服务对象父母不当的教养方式——指责型的冲动、责备、压制、打骂等沟通方式，使服务对象在家庭环境中得不到需要的心理营养，于是出现行为偏差。想要解决问题，社会工作者认为还要从家庭关系着手。

三、服务计划

（一）服务目标

（1）帮助服务对象疏导不良的负面情绪，学会宣泄不良情绪的方法。

（2）纠正服务对象的非理性认知，建立合理的自我认知，减少不良行为。

（3）改善服务对象与父母之间的亲子关系和互动模式，协助服务对象完善其家庭支持网络。

（二）服务策略

（1）采用个案辅导的手法，为服务对象提供情绪辅导，缓解负面情绪。

（2）采用认知行为疗法，运用角色扮演与情境模拟的方法对服务对象进行个案辅导，纠正服务对象对于自己不良行为的非理性认知。

（3）采用萨提亚家庭治疗模式，改善家庭亲子之间的沟通交流模式，增进家庭的亲密关系。

四、介入过程

（一）收集服务资料，建立良好关系

社会工作者与服务对象面谈，收集服务对象的成长经历以及家庭情况，并与之建立专业关系。在这一过程中，社会工作者的工作开展比较

顺利。社会工作者通过沙盘游戏治疗的非言语特性，为服务对象提供安全表达和探索自我的空间，把一些内心冲突和不良情绪无意识地释放和投射在沙盘中，帮助他表达和宣泄情绪。社会工作者仔细观察服务对象的沙具摆放，认真倾听他对沙盘游戏场景的介绍，深入了解他的一些惹人注意的举动含有的特殊含义，询问每一个形象具体代表着什么。通过一些提问和讨论，社会工作者了解到：一方面服务对象认为学校的一些同学和老师都有意针对他，导致他常常被批评和投诉，他内心中充满了对他们的怨恨；另一方面服务对象对父母又爱又畏。父母大多数时候对他特别宠爱，周末经常带他出去玩，给他买很多玩具。服务对象还提到父母会因为同学和老师、家长的投诉，一改往日平和的面色对他进行"双人混打"。让他特别害怕和感到深深的恐惧。但是，打完以后父母又会想各种办法补偿他、安慰他，所以服务对象又觉得父母是爱自己的。

（二）服务对象参与，共同制订服务计划

社会工作者了解到服务对象对当下出现的问题非常困扰，希望通过咨询社会工作者帮助他解决。

社会工作者在倾听服务对象阐述事实的过程中协助服务对象对他认为的问题进行梳理以及辨析。澄清服务对象目前出现的个人以及家庭问题，尊重和重视服务对象意愿，共同制订他认可的服务计划。

结合服务对象的家庭情况分别与服务对象父母探讨服务对象目前存在问题的相关情况并提出社会工作者需要对三名家庭成员进行家庭辅导，以推动良好的家庭沟通模式，协同父母双方改善亲子教养方式，共同参与服务对象的心理健康成长活动。

（三）消除非理性认知，建立理性认知

通过这几次的咨询辅导，社会工作者找出了服务对象不良行为问题的因果关系，服务对象错误的敌意归因偏差认知：服务对象因为抢了同学的玩具被老师批评，觉得同学与他计较；因为老师的批评被父母打骂，觉得老师针对他；因为父母总是一顿揍骂，觉得撒谎、不承认事实可以

逃避棍棒。这些错误认知影响了他和同学、老师的人际关系和生活，服务对象因为错误认知得不到他人的喜爱与认可，从而反复触碰一些同学及老师的底线。

社会工作者运用认知理论中的应对性自我陈述对话技巧，引导服务对象详谈事件发生的细节，同时讨论对于事件的看法，帮助服务对象识别非理性思维以及它们出现的场合，引导他通过角色扮演，站在老师和同学的立场重新看待问题，并且尝试站在另外一个角度反省自己的问题。使得服务对象的认知重构，产生替代性的解决方法，调整认知偏差。不逃避责任，坦然接受现实，减少不良行为再次发生。

（四）改善家庭沟通模式，完善其家庭支持网络

除了服务对象的咨询辅导，社会工作者还邀请服务对象和父母进行家庭治疗，以更好地巩固服务对象改善的成效。

社会工作者与服务对象的父母探讨萨提亚家庭治疗模式的重要概念来说明孩子出现的行为问题背后的原因：一个长期生长在缺乏温暖、带有暴力、决策武断的家庭中的孩子，他可能只是在家表面顺从你，因为他现在的力量还不够强大，被压抑的愤怒只能在学校通过不合理的方式表达出来。

社会工作者采用了家庭治疗模式中的"雕塑"技巧，以不同的身体姿态来代表、呈现沟通的信息。将一家三口的问题还原到咨询现场，让每名家庭成员觉察身体的感受，协助家庭成员检查核实家庭关系已存在的问题及自我察觉，帮助他们调解家庭关系。在此过程中，服务对象父母对自己的过分指责和粗暴的沟通模式表示深深的内疚，并下定决心作出改变，不再用粗暴的方式纠正孩子的不良行为。

（五）引导服务对象看到自己改变，肯定自己，树立信心

经过两个月的时间，服务对象的不良行为得到了明显的改善。对于服务对象的变化，社会工作者不断给予肯定，并激励服务对象坚持。社会工作者也鼓励服务对象的家人对他的改变给予更多的认可和支持，同时不断强化服务对象父母在角色中的责任意识。

同时，社会工作者建议服务对象的父母多陪伴服务对象，给予孩子足够的关心和耐心，对待孩子的不良行为需要他们不断引导、规范，以形成良好的沟通交流模式。

五、专业评估

(一) 评估方法

(1) 基线测量评估。对其不良行为作基线期和介入期测量，检视目标达到情况。

(2) 问卷评估。服务对象就目标达到情况以及服务满意度进行评估。

(3) 访谈评估。分别对班主任、家长和同学进行结案访谈，评估目标达到情况。

(二) 目标达到情况

(1) 情绪方面。从服务对象填写的个案意见评估表中可以看出，服务对象表示接受社会工作者的服务后，不良的情绪有所改善。同时，服务对象自述近期情绪状态稳定。能够正确地对待别人的批评，并能对事件的事实进行反思。

(2) 认知方面。从服务对象认为老师和同学都针对他到现在可以端正自己的态度，正确地对待批评，运用理性认知对待他人的看法。随访时，发展出如下新的信念："我有能力改变自己的不良行为。""我想要获得老师和同学的认可和肯定。"

(3) 行为矫正方面。服务对象每天不良行为出现的次数在基线期和介入期发生了明显减少的改变。由原来的一天最高 7 次到现在的一天最多 1 次，最低 0 次。介入前后对比有非常明显的改善。

(4) 支持系统方面。服务对象得到了持续的改善，主要表现在与老师和同学的冲突减少了。同学们看到服务对象的进步，对他的防御变成了接纳，班级人际关系明显好转，服务对象愿意参与班级活动。与老师

教育辅导领域

沟通交流明显增多，上课遵守纪律了，还会主动举手回答问题。还有就是家庭沟通交流模式得到很大的调整，让服务对象真正感受到家庭良好的氛围带来的快乐。

六、结案

经评估已达到预期成效，社会工作者告知服务对象将要结案，并处理好离别情绪。总结服务对象在咨询辅导期间的表现并给予肯定及鼓励，同时做好每周一次跟进服务，巩固服务效果。

七、专业反思

该服务对象属于非自愿个案，是由班主任转介的。社会工作者与服务对象建立专业的咨询关系非常关键。社会工作者主要以尊重、接纳、积极关注、平等对待、不批判的态度，耐心倾听服务对象的心声，全面客观地了解服务对象的实际需求，并适时给予服务对象支持和引导。

综观服务过程，社会工作者成功的关键在于：一方面，社会工作者能合理、适宜地运用专业理论和技巧，帮助服务对象将内心积压已久的不良情绪进行宣泄；运用认知行为疗法理论中的对质、设问、自我陈述等技巧调整服务对象认知；运用角色扮演、放松训练、未来自我设计等技巧进行行为矫正，如帮助服务对象学会站在对方的角度看待问题，帮助他学习解决问题的正确办法，帮助他学会如何与同学友好相处的技巧等，使服务对象回归正常的校园生活。另一方面，社会工作者能够准确判断服务对象的家庭关系出现了问题，家人之间缺乏有效的沟通模式，协助服务对象完善健全合理的家庭支持网络。从不良行为的产生，到重塑合理认知、行为矫正，再到调整家庭沟通模式强化积极行为，最后减少不良行为的发生。这些都体现出温馨的家庭环境、良好的家庭沟通模式对服务对象的改变至关重要。

八、督导寄语

对于一个长期在打骂式管教的家庭中成长起来的孩子，会不自觉地模仿家长的行为，为了减少被打骂，会习惯性地把问题归咎于他人。社会工作者在整个个案过程中，善用认知行为疗法和萨提亚家庭治疗模式，不仅关注服务对象本人，让其看到自己的问题的本质，愿意正视自己的问题，并努力去调整不合理的认知和信念，还让家长很直观地看到相互之间的沟通模式及给孩子带来的影响，愿意真正去改变，是很难得的。

在学生阶段的家庭中，诸如个案这类问题是比较普遍的，该个案可贵的地方是不仅帮助了一个孩子，一个家庭，还给更多的家庭，更多的从事学校、家庭、社区服务的社会工作者提供了借鉴和参考。

为在黑暗中哭泣的孩子开灯[①]

——寻解视角在情绪障碍辅导中的运用

一、案例背景

（一）基本资料

服务对象小菲，女，13 岁，就读初二年级，在校住宿。

（二）个案背景资料

2020 年 9 月新生入学，服务对象表示，非常不想住宿，在学校经常莫名觉得心里非常难受，是一种害怕烦躁的情绪，到傍晚就有从学校冲出去的冲动。每当她感觉不舒服的时候，会频繁地给家长打电话并且找社会工作者倾诉。由于其家离学校非常远，坐地铁需要 1.5 个小时。后来其父母与班主任沟通商定，在校外租一套房子，由其外公外婆在这边陪读。服务对象每天都能离校，情绪好转。

2021 年初，服务对象的太爷爷生病，外公外婆回老家照顾其太爷爷，服务对象被迫在校住宿，害怕、难受、情绪低落的情况还存在，会不定时找社会工作者倾诉。

2021 年 9 月开学，服务对象跟社会工作者倾诉，2021 年 8 月 6 日从老家回到深圳之后，情绪一直非常低落，想到要开学害怕的感觉又会涌上来，晚上失眠，感觉都过了那么久了还是这样，问题都解决不了，看

---

① 作者：黄紫云，中级社会工作师，深圳注册社会工作者。

不到未来的希望，经常会想，不如死了算了，死了就没有压力了，死了就没有烦恼了。因为害怕父母担心，行为上会有一定的掩饰。社会工作者结合其目前的困扰程度和潜在危机，于是跟其商讨开展个案服务，并运用寻解的视角来解决其情绪问题，服务对象表示同意。

二、理论运用及问题分析

寻解视角是社会建构主义影响下的另一重要的社会工作实践理论，也称为寻解治疗。这一模式不再聚焦于问题的本身，而是更加关注问题的解决方法。寻解治疗理论一直相信服务对象是解决自身问题的专家。在寻解视角的指导下，社会工作者与服务对象重点讨论其最想要改善的问题是什么，服务对象表示是情绪问题，具体的改善表现是希望自己在做事情的时候，不会有害怕、无助、绝望等感觉，并且在与其探讨哪些方面得到改善其情绪问题可以得到缓解时，服务对象确定是住宿、人际关系以及学业三方面。住宿方面，希望能够改成走读；人际关系方面，希望同学们不要嘲笑自己，不给自己起外号；学业方面，希望成绩能有所提高，不要总是班级倒数。于是社会工作者与服务对象针对每个主题逐一进行深入探讨，寻求解决方案。

三、服务计划

表1　个案服务计划表

服务目标	服务策略
1. 评估服务对象危机，掌握服务对象自伤、自杀风险程度 2. 需排除服务对象是否存在躯体上病变，或者是否存在心理上的疾病	通过组织学校召开联席会议，让家长重视服务对象的情况，并带服务对象到医院就诊
3. 服务对象能够觉察自己的情绪模式，并能掌握应对消极情绪的技巧	面谈
4. 服务对象的住宿压力减轻，害怕、难受的情绪得到缓解	与服务对象面谈，家访，和班主任沟通

教育辅导领域

21

续表

服务目标	服务策略
5. 减轻服务对象的人际交往压力，缓解害怕、难受、无望等情绪	建立人际支持团队
6. 促使服务对象看到学业不良以外的其他资源，缓解害怕、难受、无望的情绪	与服务对象面谈，家访

四、介入过程

（一）第一阶段，评估服务对象危机

1. 自杀风险初步评估

服务对象表示自己 2021 年 8 月 6 日之后，情绪一直非常低落，提不起精神，会有失眠的情况。同时，社会工作者考虑到服务对象在过去一年存在的负面情绪也比较多，很多症状跟抑郁症相似，情绪低落的时候，也有自杀的意念，评估其存在一定的自杀风险。

2. 通过联席会议促进家长充分认知服务对象问题情况

社会工作者将其情况上报学校，并且与年级主任、班主任、家长召开联席会议，让家长充分了解服务对象的情况，并且带其到医院就诊。

3. 针对医院诊断，给予家长相关照顾建议

2021 年 9 月 4 日，家长带服务对象去深圳市儿童医院就诊，确诊为情绪障碍，并且开了药物。社会工作者叮嘱家长让服务对象按医嘱服药。但是，服务对象家长对医院的药物非常抵触，担心存在副作用，只给服务对象吃中药调理。规劝无果之后，学校与家长签订安全告知书，服务对象正常返校学习。

（二）第二阶段，处理情绪问题

1. 引导服务对象觉察自身情绪模式

由于服务对象害怕、低落、绝望的情绪经常出现，社会工作者引导

服务对象觉察自己的情绪模式，在什么时间、什么诱因下会产生，出现这种情绪的时候，自己会有什么行为表现。服务对象表示，每当感觉难受时，脑海中就会有一个小男孩在墙角哭泣的画面，感觉非常无助和绝望。

2. 引导服务对象采用有效方式应对情绪问题

社会工作者引导其寻求过往成功经验，例如跟同学聊天，去操场走走，吃东西等转移注意力的方式进行应对。除此，还引导其思考是否存在新的应对策略，通过讨论，最后想到了通过改写脑海画面进行情绪调节的方法。

于是社会工作者非常详细地与服务对象探讨脑海中的画面。服务对象表示，那是一个小男孩，七八岁，坐在角落，头埋在膝间哭，周围很黑，没有开灯。具体因为什么事情哭，服务对象不是很清楚。

社会工作者询问，她可以为男孩做什么，男孩会好受一点，服务对象表示想不到。社会工作者尝试给她一些引导，例如是不是可以尝试把灯打开，让周围亮起来。服务对象表示可以。

社会工作者："在你脑海的那个画面中，开灯了吗？"

服务对象："开了。"

社会工作者："灯光是什么颜色的？"

服务对象："黄色的。"

社会工作者："开灯之后，感觉会不会好一点？"

服务对象："好一点。"

社会工作者："开灯之后，能否减缓一下你的绝望和无助？"

服务对象："嗯。"

社会工作者："除了开灯，我们还能做些什么？"

服务对象："不知道。"

社会工作者："我们是不是可以在旁边陪伴他或者拍拍他，给他一些安慰？"

服务对象："想象不出来。"

社会工作者:"给他倒一杯水呢?"

服务对象摇头。

社会工作者进一步强化:"那是能够为其开灯的是吗?"

服务对象:"是的。"

社会工作者:"那如果以后再出现这个画面,我们就为这个小男孩开个灯吧。不要让他在黑乎乎的角落里哭泣。"

服务对象:"嗯。"

社会工作者询问:"如果我们现在需要给你的情绪状态打分,0 分是最糟糕,10 分是最好的状态,你刚来的时候,情绪状态是多少分?"

服务对象:"2 分。"

社会工作者:"那开灯之后呢?"

服务对象:"7 分。"

通过本次开灯辅导之后,服务对象反馈,脑海中小男孩出现的频次越来越少,绝望的情绪也有所缓解。

(三) 第三阶段,协助服务对象应对住宿问题

1. 了解服务对象期待,讨论改变方法

服务对象表示自己非常不想住宿,很想回家住,在学校每到天黑,就有冲出学校的冲动,想要逃离学校,自己特别想要走读,但是回家实在太远,家人每天来回接送也不现实,转回家附近的学校读书,也不是那么容易。

后来,社会工作者通过与服务对象讨论,既然每天接送有困难,那么每周二或周三回家一趟,家长只接送一次,是否有可能?服务对象受到启发,并且跟其父母沟通,父母同意跟班主任沟通,让其周中返家一趟。

2. 提升家长同理心,争取家长的配合支持

执行一个月之后,服务对象反馈虽然家长同意自己可以一周回家一趟,但是回家之后,家人的表情总是会让自己觉得他们很嫌弃自己,家

人总是说服自己要坚持，感觉家人非常不理解自己。于是社会工作者通过家访跟家长沟通，让家长同理服务对象周中返家调整的需要。通过沟通，家长也意识到自己有些着急，并且表达以后会有意识地控制自己的言行，给孩子更多情感支持。

（四）第四阶段，协助处理人际关系问题

了解人际困扰，协助寻找和建立支持资源。服务对象表示自己经常会被班上的同学叫外号，感觉被班上的同学针对，这让其非常苦恼。于是社会工作者运用寻解视角协助服务对象建立人际支持团队。

首先寻找到支持团队的成员，分别是服务对象认为"最难以应付的人"，"当服务对象遇到困难时，在自己身边的人"，以及服务对象在"学校中的朋友"或者"希望交到的朋友"，并且将人数控制在5~7人。

找齐支持团队的成员之后，社会工作者组织团队成员进行研讨，确定帮助方案。

社会工作者：很高兴你们都能够来。我需要请你们帮我一个忙。我是学校社会工作者，我的工作就是帮助学校里不快乐的孩子。我之所以请你们来，是因为我知道小菲现在在学校并不快乐，而你们能够给她提供帮助，可以吗？

社会工作者：我们不希望任何人在学校感到不快乐，对吗？

社会工作者：你们当中有没有人在学校感到不快乐呢？

社会工作者：我很高兴你们能够被挑选出来。你们都认识小菲，对吗？所以，我在想，你们是否有一些想法，认为自己也许可以做些什么，即使只是一件很小的事，只要能够帮助小菲这个星期在学校里变得更加快乐就可以了。谁能够提出些建议吗？

朱同学：当李同学说她的时候，我会站出来说"行了，够了"。

李同学：远离她。

占同学：当她想要更多位置的时候，给她一点位置。

孙同学：愿意帮忙，没想到可以做什么（事实上想到了，不说出来）。

凌同学：愿意帮忙，没想到可以做什么（事实上想到了，不说出来）。

吴同学：在宿舍跟李同学说一说（开导一下她，不要针对小菲），做一个正能量的人。

社会工作者：很高兴大家愿意帮我的忙。

支持团队建立后一段时间，社会工作者跟服务对象沟通，服务对象表示同学们已经没怎么叫自己外号了，自己也比较少跟她们争吵。通过刻度问句打分，服务对象人际关系问题也从原来的 0 分提高到 7 分。

（五）第五阶段，协助应对学业问题

1. 了解学习困扰

服务对象由于小学时学习基础不好以及初中情绪不稳定，课上经常无法集中注意力，导致其学习成绩班级倒数，这让她对未来看不到希望。

2. 转变思路，减轻学习压力，增强面对未来的信心

社会工作者与她一同探讨学业之外的优势，寻求资源支持。通过探讨，服务对象表示自己家是做布料生意的，学习不好，以后也可以尝试做生意，也可以尝试说服母亲开一家店给自己打理。

五、专业评估

本案例中社会工作者主要运用寻解治疗中的刻度问句进行成效评估。社会工作者在每次面谈结束，均会通过打分的方式，让服务对象进行反馈，除此之外，社会工作者还会通过个案辅导结束评估表和服务对象书面反馈进行评估。

服务对象书面反馈，表达社会工作者给予其以下支持：一是与家长沟通，协助家长更加了解自己的情况；二是探讨很多解决问题的有效方法，例如每周回家一次，定期看医生，为在黑暗中哭泣的小男孩开灯等；三是社会工作者愿意听自己倾诉发生的事情，并且给予支持和理解。

在总体协助其问题解决上打分，由原来的 0 分提高到 6 分（0 分是最低分，10 分是最高分）。服务对象表示，原本感觉事情都无法解决，非常绝望。但是，社会工作者的介入让她感到事情在慢慢改变，虽然没有达到自己 10 分的期待，但是，事情总是在解决。

六、结案

服务对象的情绪问题并未彻底解决，或者成效较难长期保持稳定状态，需持续跟进。服务对象被诊断为情绪障碍，但家长一直非常抵触药物治疗，所以，至今未服用儿童医院开出的药物或者接受校外心理治疗。虽然利用寻解视角进行跟进，每次的沟通中能获得一定的成效，服务对象的情绪也可以在一定程度上得以缓解，但是持续的时间不长。过一段时间，服务对象又会沉浸在一种阴郁的情绪当中，当她处于这种状态时，原本社会工作者引导其找到的优势和资源都会变得无影无踪，又陷入绝望当中。每当服务对象出现这种状态时，又会主动找社会工作者咨询。所以，服务对象的情况是需要持续跟进的。

七、专业反思

（一）寻解治疗的优势及应用的情境

这些被诊断为情绪障碍的学生，学校社会工作者会有较多的机会接触到，并对其进行定期跟进，评估危机，预防危机发生。针对已确诊的有潜在危机的服务对象，利用寻解视角进行跟进是一种有效的尝试。虽然本案例中，服务对象在医院被确诊为情绪障碍，医院建议药物治疗，家长却害怕西药有副作用，坚持让服务对象吃中药调理，导致成效并不显著。运用寻解治疗也并未彻底解决服务对象的问题，但还是能够给服务对象提供支持，让社会工作者与服务对象建立起比较好的信任关系，这种关系是一种有效应对危机的关系。

（二）寻解视角在人际关系中的运用

该介入方法是借鉴《焦点解决短期治疗导论》"案例三：焦点解决取

向在处理小学校园欺凌过程中的运用"中的方法,成效是比较显著的。该项目认为面对学生人际关系问题,专注于实现我们所想要达到的目标将会比试图阻止我们所不想要的效果更好。在实践过程中,社会工作者通过邀请相关人员,包含服务对象感觉相处困难的人,服务对象的支持者,以及想要结交的朋友等 5~7 人,组成支持团队,并且邀请该支持团队成员与社会工作者一同为服务对象提供帮助,让其在校生活变得更加快乐。这样的介入方式,改变传统的批评指责,大大提升学生的积极性,大家都非常愿意为帮助他人贡献自己的力量,积极提出自己能够做的事情,并且形成帮助方案,整个氛围都非常愉快,后期方案执行得也非常有效。

八、督导寄语

学校青少年的情绪问题如果处理不妥、支持性不够,容易导致个案危机甚至是悲剧的发生。在本案例中,社会工作者具有极其敏感的思维,高度关注服务对象因情绪障碍而引发自残、自杀的风险。并运用焦点解决短期治疗的方法技巧对服务对象进行干预,通过刻度问句的方法,发现服务对象在情绪焦虑、情绪恐惧、家庭沟通、人际交往等方面的不断进步,让服务对象感受到自己内心的能量,从而改善情绪,克服恐惧,达到良好的服务效果。

咬定青山不放松[①]

——"优势视角"在重度抑郁症学生辅导服务中的应用

一、案例背景

(一)基本资料

服务对象小君(化名),女,16岁。

(二)个案背景资料

引发/重要事件:单亲家庭,母亲对其学业方面要求严苛,父母双方互相仇视,严重影响小君跟父亲的关系。

曾作出的调适及成效:无。

行为表现:容易焦虑,偶有自伤行为,自杀风险评估为中级。

人际关系:朋辈关系敏感。

情绪状况:不稳定,波动大。

精神疾病记录:被确诊为重度抑郁症和重度焦虑症。

健康状况:难以入睡已经长达一个月之久,食欲减退。

经济状况:良好。

暴力倾向/虐待记录:母亲情绪很容易波动,对小君经常有语言暴力。

支援网络:社会工作者、班主任、科任老师、外公外婆、姨妈等。

---

① 作者:谢艳丽,助理社会工作师,深圳注册社会工作者。

二、理论运用

"优势视角"是指"社会工作者所做的一切，在某种程度上要立足于发现、寻求、探索及利用服务对象的优势和资源，协助他们达到自己的目标"。这一视角强调人类精神的内在智慧，强调即便是最可怜的人都具有内在的转变能力。概括地说，"优势视角"就是着眼于个人的优势，以利用和开发人的潜能为出发点，协助其从挫折和不幸的逆境中挣脱出来，最终达到其目标、实现其理想的一种思维方式和工作方法。

从这些情况看，通常会想到从家庭系统功能的恢复入手改善亲子关系，但小君母亲的观念很难改变，跟其父亲的恩怨一时半会儿也很难放下。令人欣慰的是，虽然小君身心健康出了状况，但她的学习热情并未减退，学习信心依然饱满。从优势视角看，给小君提供的服务目标应该是及时协助她调整好身心状态投入学习，亲子关系的改善也配合以上目标同时进行。

三、问题分析

社会工作者在介入后发现，目前小君存在的问题：一是身心健康问题以及由此引起的行为问题。小君有时候做不到按时上学。有时候在课堂上会出现狂躁焦虑的状况，担心自己会做出危害自己身体的事以及自己的状态会失控影响班级其他同学。这时她会离开教室来到社工室休息和平复情绪，或者找社会工作者寻求专业服务。另外，小君学习目标明确，但是苦于目前的身心健康问题，担心会对学习造成一些影响。二是亲子关系问题。跟母亲的矛盾冲突时有发生。跟父亲几乎没有情感上的沟通，父母对于小君的教育不是合作，而是互相指责甚至互相拆台。

四、服务计划

（一）短期目标

家校联动，校内危机干预组联动，确保小君的生命安全。

（二）长期目标

帮助小君正常开展学习活动，顺利毕业。适时辅以人际适应的技巧，改善人际关系。

（三）服务计划

表 1　个案服务计划表

目标	达到目标的具体方法	完成具体行动时间
1. 了解事情发生的前后经过，初步评估小君的需求，建立专业关系	1. 给予小君专业的积极倾听：帮助其缓解心理压力，使其获得安全感 2. 让小君充分利用社工室的心理设备：为其身心放松创造条件 3. 家访：从家长处了解对小君的评价，以及从家庭方面了解小君的服务需求 4. 班主任访谈：从班主任处了解小君的服务需要	接案开始一周内完成
2. 评估小君改变情况，尝试寻求小君焦虑以及伤害身体的过激行为的原因	1. 跟小君面谈辅导：营造轻松氛围，聆听小君对于形成目前自己身心健康状况的感受以及原因。尤其在什么情况下会有控制不住自己的自伤行为，以及在这样的情况下该如何保护自己 2. 班主任访谈 3. 家访	贯穿三个月时间
3. 重建小君的自我认知以及行为管理（优势视角的应用）	1. 面谈辅导服务 2. 及时家访争取家庭支持 3. 班主任访谈以及跟学校干预小组密切合作	贯穿三个月时间
4. 进行总结评估，协助小君总结这次辅导过程中学会的技巧，并巩固小君所学的能力	跟小君面谈	毕业考试后

教育辅导领域

五、介入过程

（一）第一阶段，建立专业关系

给予小君专业的积极倾听：帮助其缓解心理压力，使其获得安全感。

让小君充分利用社工室的心理设备：为其身心放松创造条件。

家访：从家长处了解对小君的评价，以及从家庭方面了解小君的服务需求。

班主任访谈：从班主任处了解小君的服务需要。

（二）第二阶段，寻找原因

1. 社会工作者对小君的面谈辅导

身心健康问题以及由此引起的行为问题。营造轻松氛围，聆听小君对于造成目前自己身心健康状况的感受以及原因。小君有时候做不到按时上学。有时候在课堂上会出现狂躁焦虑的状况，担心自己会做出危害自己身体的事以及自己的状态会失控影响班级其他同学，就会及时离开教室到社工室休息和平复情绪，或者找社会工作者寻求专业服务。另外，小君学习目标明确，但是苦于目前的身心健康问题，担心会对学习造成一些影响。

2. 家访以及班主任访谈

亲子关系问题。小君跟母亲的矛盾冲突时有发生。跟父亲几乎没有情感上的沟通，父母对于小君的教育不是合作，而是互相指责甚至互相拆台。母亲对于小君更多是学业上的严格管控，面对小君的确诊结果，也一味认为这只是小君在逃避学习上的困难，是懒惰不上进的一种消极表现。小君情绪失控的自伤行为，母亲解读为是对自己的威胁，并非小君的病理反应。

（三）第三阶段，重建小君的自我认知以及行为管理（优势视角的应用）

1. 及时给小君提供心理疏导以尽快恢复其正常的学习状态

基于"优势视角"的信念支持，社会工作者采用了小君特别需要的心理疏导专业服务，采用"正念呼吸法"引导其放松身心，缓解焦虑；谈话法，引导其敞开心扉表达令自己不愉快的人、事、物，舒缓情绪和压力；拳击减压法，让其充分利用社工室的减压工具，把身体的力量尽情释放出来，以达到放松的目的；有时候给她精心梳头，引导这个多才多艺又有点大大咧咧的小姑娘打扮自己，管理自己的女性形象，这样亲密的互动与无声的交流，瞬间拉近了双方的心理距离、获得对方信任，给后续的服务奠定了很好的基础。这让小君难过时会抱着社会工作者哭一场，完了抹去眼泪说一声"我好了"；高兴时会跑来跟社会工作者撒个娇，在社会工作者这里及时得到鼓励，也给自己增添了新的动力。有一次，小君说，自己是不是因为从小缺父爱，所以会特别需要跟异性网友交流。还会去思考，自己的不自信，应该也跟单亲家庭长大有关。因为像妈妈一样节俭，校服破了也不买新的，说马上毕业了，不浪费钱。小君也不懂得打扮自己，导致有的同学说小君是"老阿姨"，小君虽然也难过，但是随着对自己更多的认识和接纳——学习成绩优异以及自己的才艺也不是一般同学可比的，这足以让她很快调整好状态、重新出发。小君这样的反思，是不断自我探索和自我认识的结果，同时也是不断整合和挖掘自我潜能的过程。有了"优势视角"的信念支持力量，社会工作者也用了这些创造性的方法，十八般武艺灵活运用，让小君不仅尽快平复不稳定情绪，快速还原那个小鸟一般雀跃回到教室的小君，更让小君找回那个更有力量的自己！目的只有一个——尽快投入正常的学习生活。

2. 密切跟家长和班主任合作

小君的情况比较特殊，毕竟被确诊为重度抑郁症和重度焦虑症，并且还在服药治疗中，所以跟家长的密切交流、及时沟通很重要。社会工作者用心服务取得了小君父母的高度信任。社会工作者一点点地冰释他们之间的隔阂，努力争取他们的配合，这样才能更好地支持小君。毕竟，生命关系的源头是跟父母的关系，小君跟父亲的关系需要修复，这个过程中，小君母亲的角色很重要。通过社会工作者的不懈努力，小君母亲在教育观念上也渐渐发生改变，小君慢慢可以接受跟父亲去逛街吃饭了，心理上一点点去靠近父亲接受父亲，去感受来自父亲爱的支持与力量。另外，小君母亲对小君学习期望很高，母亲眼中的小君"很糟糕"。社会工作者不厌其烦地引导这位焦虑的母亲，不仅要客观全面地看待小君，还要用"优势视角"去看见那个"上进好学"、"有毅力"、"思想独立有主见"以及"多才多艺"的小君，同时，还要特别注意小君的安全，毕竟小君现在是个存在身心健康问题的孩子！不断给小君母亲传递这样的信息：遇事自己要先冷静，千万不能刺激小君，而要多鼓励小君，让小君感受到来自母亲精神上爱的滋养。小君母亲的态度和观念也在悄然发生改变，变得更接纳小君，更肯定小君。这种改变对小君的支持非常大。

跟班主任、学校、相关部门的合作也非常密切。从接案开始就专门建了"小君同学校园危机干预"微信群，群成员有社会工作者、心理老师、班主任以及学校相关部门的负责人。这样的联动，便于及时互通及时了解小君的情况。毕竟小君是确诊"患者"，存在一定的风险性。比如，哪天小君请假没来学校，班主任会在群里说明，哪节课小君不在教室，班主任会在群里告知大家，以及时知道小君的状况，确保小君的安全。每次小君来找社会工作者，也会第一时间让群里的人知道。这样的联动，形成了一股支持小君的合力，这种"便捷服务"和"特别福利"也让小君在整个初三阶段体验到了"精细化"的服务，为她顺利备考起到了至关重要的作用。

（四）第四阶段，内化正确认识自我的能力，重拾信心，巩固成长经验

小君在社会工作者的支持和陪伴下，能正确认识自己的价值，也从自己越来越好的学习状态中获得巨大的自我鼓励。另外，学校的干预小组，也是一个特别温暖的团队，给小君创造了一个特别有爱有温度的校园环境，这种来自环境的滋养，也让小君对自己更加接纳和珍爱。来自母亲的支持，家庭氛围的改变，也给小君提供了不可或缺的安全的心理环境。

六、专业评估

通过社会工作者观察、与服务对象面谈和填写评估问卷、回访的方法进行评估。

在社会工作者介入之前，小君在家跟母亲发生冲突的频率很高。小君很容易情绪化，以致掉入负面情绪的旋涡，对自己进行肢体伤害，还在网络上随便交往"男友"，做出私自约会网友等危险行为。

在社会工作者介入之后，小君能较好地管理自己的情绪，有了自信心。首先是学业上遇到困难有进取心，有了坚强的毅力，克服困难，找回了学习的热情。能真正"看见"自己的综合能力。其次能重新认识自己的父亲和母亲，并积极跟父母沟通、改善跟父母的关系。另外，面对同学关系，由之前的非常敏感变得更加有弹性，对身边人的接纳程度更高。

更可喜的是能非常好地调节和管理自己的情绪，并能采取正确的方法让自己快速调整，进入学习状态，这对一个重度抑郁和重度焦虑的孩子来说，需要何等坚强的意志力！小君开始展望未来，还能发现自己的未来有更多的可能性，这是小君的智慧在开花！

七、结案

（一）结案原因

顺利毕业，小君考入了自己理想的高中，达到了服务目标。

（二）服务对象的改变情况

小君很期待自己的高中生活，并顺利适应了高中生活。

（三）个案目标达到情况

小君顺利完成初三学业，并如愿考入自己理想的高中。高中生活适应良好。人际关系有所改善，尤其是跟父母的关系。情绪稳定，对自己有了信心，并能很好地展望未来。

（四）评估及建议

经服务对象同意、督导审核，本个案以"个案目标达到"结案。

在以后的个案工作中，如果遇到服务对象呈现多方面的严重问题，也不要气馁，不要随意放弃服务。每个服务对象都是独一无二的个体，对社会工作者而言都像一部未曾翻阅的书，运用我们的"优势视角"，用心阅读，用心探究，总可以找到突破口。

八、专业反思

在小君整个跟进服务过程中，成功的亮点有以下几点。

（一）社会工作者服务方法灵活多变，具有创造性

紧紧咬定目标施展服务，及时调整服务方法，这样的服务策略和服务智慧是经验的积淀，更是社会工作者专业服务素养的体现。社会工作者不仅要投入热情，更要专注，保持"在当下"的"正念"状态，才会涌现出这样的服务智慧。

（二）成功利用互联网技术

及时跟家长沟通以及"小君同学校园危机干预"微信群的应用等。在干预服务过程中，社会工作者是主导，其不仅是对小君服务的实施者，更是信息互通的联络员。社会工作者和学校密切合作，这种高度信赖也让社会工作者可以大胆拓宽思路去开展服务。

（三）跟家长的关系

跟家长的良好关系非常重要。唯有良好的关系，才有高度信任的合作，也才会产生高效的互动效果。

（四）锁定目标不放松

咬定"学习"不放松，方向明确，这是整个服务过程的主要目标，更是处于"特殊"时期的小君内在的明灯。内心的信仰，让她在困难面前不放弃不气馁，持续保持坚定的信心和毅力。这更是"优势视角"的魅力所在！

小君的个案服务能稳步推进，主要是社会工作者内心对小君的信念，能从优势视角"看见"小君，小君也接受了这种"被看见"。"看见"和"被看见"的力量互相鼓舞。这种"看见"的力量不断鼓舞着社会工作者给予小君适时的"搀扶"，甚至是"托举"。

青少年抑郁症患者的社会工作服务，可以说是一条荆棘丛生的路。到目前为止，没有最好的可以借鉴的方法，只有在实践中不断探索和创新，才有可能慢慢走出一条越来越宽敞的路！

毕业后记：

8月8日，小君母亲告诉社会工作者一个惊喜——小君在暑假自己找到了学生，通过教人学习拉小提琴已经赚了几千元了。她现在非常憧憬高中生活，也在为即将到来的新生活积极准备着。

9月28日，小君母亲给社会工作者微信发来感谢的留言和相关视频，高一军训汇报演出小君是指挥，高中生活适应得非常好。

九、督导寄语

对于被确诊为重度抑郁症的学生，他们自身和家长是非常需要专业的支持和陪伴的。社会工作者能够从优势视角出发，运用正念、家庭系统介入，整合学校领导、班主任、家庭等资源，通过家、校、社共同努力，最终帮助一个患抑郁症的学生顺利考上高中，并且让服务对象滋生出自我价值感和自我认同感，通过自己的能力"赚钱"和适应高中生活，可谓是社会工作者助人自助的价值体现。本案例对学校社会工作者在面对抑郁症困境的学生时具有典型的借鉴意义。

改变信念，完美蜕变[①]

——理性情绪疗法在改善青少年负面情绪中的运用

一、小组基本情况

小组名称："我的情绪我做主"青少年情绪管理小组

活动对象：七、八年级学生

参与人数：10 人

小组时间：2021 年 3 月 11 日至 5 月 20 日（每周四）16：30 至 17：30

二、小组目标

（1）80%以上组员能够了解转变信念对情绪改变的重要性。

（2）85%以上组员能够正确表达至少 1 种情绪。

（3）85%以上组员能够正确识别至少 3 种情绪。

（4）80%以上组员能够写出调节不良情绪的 3 种以上方法。

三、理论与方法

理性情绪疗法：美国心理学家埃利斯认为，人的情绪和行为障碍不是由某一激发事件所直接引起，而是由经受这一事件的个体对它不正确的认知和评价所引起的信念，最后导致在特定情景下的情绪和行为后果。人们常见的非理性信念有：① 我们绝对需要每一位生活中重要人物的喜

---

① 作者：潘晓丽，中级社会工作师，深圳注册社会工作者。

欢和赞许。② 有些人是卑劣的，他们应该为自己的恶行受到严厉的责备和惩罚。③ 如果遇到与自己希望不一致的事情，就认为很糟糕。④ 人的不快是由外部环境因素造成的，人无法控制自己的悲伤和情绪困扰。⑤ 逃避困难和责任比面对它们更容易。⑥ 人应该依赖别人，而且需要依赖一个比自己强的人。正是由于人们常有的这些不合理的信念才使我们产生情绪困扰，如果这些不合理的信念存在，久而久之还会引起情绪障碍。

四、小组背景分析

青春期的学生情绪容易波动，时常因为一点小事和同学发生吵架或打架的行为，甚至和老师发生口角，跟父母发脾气，不愿意听父母说话，觉得父母唠叨……青少年存在的非理性信念有：希望每个人都能喜欢自己，有人给予自己负面评价就会不开心甚至生气；认为有人犯错误就应该得到惩罚，不然不公平；常常觉得自己的负面情绪是因别人引起的，自己控制不了；遇到不愉快的事，常常将责任推卸给别人；在班级中拉帮结派，依赖比自己强的人来保护自己。在2020—2021学年需求调研中，45.05%的学生表示"很有必要"学习情绪管理相关知识，41.21%的学生表示"比较有必要"学习情绪管理相关知识，即超过85%的学生有学习情绪管理相关知识的需求。社会工作者利用学校社团课和放学的时间，开展"我的情绪我做主"青少年情绪管理小组，旨在帮助学生认识情绪，接纳情绪，掌握管理情绪的方法，提升情绪管理能力和心理韧性，减少同学之间、师生之间、亲子之间的摩擦，促进和谐同学关系、师生关系和亲子关系的建立和发展。

五、小组过程

（一）小组计划

表1　小组工作计划表

节次/主题	目标	内容
第一节：小组建立——欢聚一堂	组员能够认识2名以上新同学，建立良好关系，共同讨论出3点以上小组契约	1. 破冰游戏：大风吹，小风吹 2. 互相认识游戏：极速挑战 3. 小组讨论：（1）组名和口号，配上动作展示；（2）总结3个小组认同的期待或收获；（3）总结3个小组共同的付出 4. 讨论制定小组契约，集体签名 5. 幸运箱：小组共同讨论撰写幸运箱词条，若有组员违反了小组契约，则抽取幸运箱词条执行，建立规则意识 6. 小组总结，下节小组主题预告
第二节：情绪初识——喜、怒、哀、惧	组员能够共同讨论描述出喜、怒、哀、惧四种基本情绪中每种情绪表达的词语至少10个	1. 上节小组回顾 2. 互动游戏：看图猜成语 3. 小组分享对情绪的看法，社会工作者讲解情绪对人类的重要性 4. 头脑风暴：描述人类基本情绪喜、怒、哀、惧的情绪词汇 5. 五色情绪讲解，以及颜色对于调节情绪的作用 6. 邀请组员分享小组感悟，社会工作者作小组总结，下节小组主题预告
第三节：情绪运作——情绪ABC	组员能够认识情绪产生的大脑机制，理解情绪的来源，建立积极暂停区	1. 上节小组回顾 2. 触发情绪的原因分享：感到被排斥、不被尊重、被质疑、不公平、不被爱等 3. 情绪产生的大脑运作：（1）人脑的三层结构；（2）大脑"杏仁核"与情绪的关系 4. 情绪ABC理论内容讲解：以"半杯水""被落井下石的驴"为例，帮助学生认识转变信念对情绪行为结果改变的重要性 5. 建立积极暂停区（一个平复情绪的地方），共同讨论名称和使用原则 6. 邀请组员分享小组感悟，社会工作者进行小组总结，下节小组主题预告

节次/主题	目标	内容
第四节：情绪表达与识别——情绪表演	组员能够表达至少1种情绪，感受自身的情绪；能够识别至少3种情绪，理解他人的情绪	1. 上节小组回顾 2. 互动游戏：看图猜情绪 3. 主题游戏：情绪园里有什么 4. 情绪表达与识别：情绪表演——根据抽到的情绪词语进行表演，其他组员猜测其表演的是什么情绪 5. 游戏分享：通过哪些特征判断对方的情绪是什么 6. 邀请组员分享小组感悟，社会工作者进行小组总结，下节小组主题预告
第五节：情绪理解——查理的一天	组员能够理解他人情绪（明白情绪产生背后的原因），学会尊重和关怀他人	1. 上节小组回顾 2. 互动游戏：叉烧包 3. 查理的一天：此过程是让组员切身体会和认识到不尊重的评论给他人带来的长期影响，促进组员学习尊重和关怀他人 4. 试穿你的鞋：组员感受自己穿上"我很重要鞋""超负荷运转鞋""完美学生鞋""总是被欺负鞋"等鞋子的情绪，帮助组员理解和体会他人情绪，学习尊重差异 5. 邀请组员分享小组感悟，社会工作者进行小组总结，下节小组主题预告
第六节：情商训练——情绪管理四部曲	组员能够复述情绪管理四部曲，以及调节情绪的三种方法	1. 上节小组回顾 2. 互动游戏：雨点变奏曲 3. 情绪花：组员将自己经历过的情绪写下来，每一种情绪代表一片花瓣，并将情绪事件写在花瓣旁 4. 情景演练：你在火车站排队买票，突然有个人插队……大家会出现什么情绪？可能会出现什么行为 5. 情绪管理四部曲——调整呼吸、合理表达、同理对方、寻找合适方案 6. 调节情绪的方法：（1）理智控制法；（2）转移法；（3）合理宣泄法 7. 邀请组员分享小组感悟，社会工作者进行小组总结，下节小组主题预告

教育辅导领域

节次/主题	目标	内容
第七节：情绪处理——我和情绪做朋友	组员能够写出调节愤怒情绪的 3 种以上方法，并学习与不同的情绪共处	1. 上节小组回顾 2. 互动游戏：抓手指 3. 掌中大脑：用手掌模拟非常生气时的大脑状态 4. 愤怒选择轮：头脑风暴，当有愤怒情绪时，可以怎样做？将想到的方法写在或画在选择轮上 5. 调节情绪方法练习：放松训练、深呼吸、蝴蝶拍 6. 我和情绪做朋友：当我……的时候，我是……颜色的，我会……，我可以…… 7. 邀请组员分享小组感悟，社会工作者进行小组总结，下节小组主题预告
第八节：小组总结——结营仪式	组员能够完成小组测试，说出参加小组的 2 点以上收获	1. 互动游戏：加油猜 2. 前七节小组回顾 3. 小组结课测试 4. 颁发小组各类奖项，提升组员的效能感 5. 组员分享参加小组的收获或感受 6. 小组总结，合影留念

（二）小组发展状况

1. 小组筹备期

本小组以学校社团的形式开展，因此在小组宣传、招募方面很顺利，通过学校社团平台发布小组信息，1 小时就招满了组员，说明学生对于情绪管理的需求较大。小组开展前一周，社会工作者根据自身的经验、能力和情绪管理相关知识的学习，设计策划了本小组内容，制作了小组课件。社会工作者通过学校德育处，获得了物资及人力资源支持，为小组的顺利开展奠定了良好的基础。

2. 小组开展初期

组员第一次见面，彼此之间不是很熟悉，并且有几名组员有不同程度的抑郁症状，所以一开始有些拘谨，较少主动发言或去交流。随着小组内容的推进，玩游戏环节，组员开始活跃起来，尤其是小幸（化名），患有中度抑郁症，是社会工作者上一期"心灵成长"小组的成员，跟社会工作者比较熟悉，所以在本小组比较放得开，充当了小组带领者的角色，带动了其他组员积极参与游戏，讨论和展示小组队名、口号，对于小组建设起了很大的促进作用。第一节，小组组员共同讨论制定了小组契约，包括准时到教室、认真聆听、保守秘密、积极思考和发言、尊重他人、禁止吵架等内容，所有组员都在契约上签名，建立了小组规则意识。在此阶段，重点放在社会工作者与组员群体间建立良好关系、形成小组雏形，并确立共同目标上。

3. 小组中期

随着小组动力的运转，组员间、社会工作者与组员间的安全感逐渐提升，在分享环节也越来越多地出现深入的分享以及彼此的包容、观点回应。通过社会工作者引导，组员认识了情绪的含义和作用，以及不同颜色对于情绪的影响；经过小组头脑风暴，组员共同描述出了关于"喜"的 25 个情绪词语、关于"怒"的 20 个情绪词语、关于"哀"的 22 个情绪词语、关于"惧"的 14 个情绪词语。同时，组员认识了情绪产生的生理机制来源于大脑的边缘系统，主要是杏仁核在起作用；以及情绪产生的心理机制，理解了情绪来源于我们对事件的不同看法，明白了改变看法对改变情绪结果的重要性。通过小组讨论，建立了积极暂停区，命名为"加油站"，使用原则为"当有生气愤怒情绪或不能静下来听别人讲话时，需要去加油站躺坐下来，等情绪平复之后再回到小组"，建立积极暂停区的方法也可以运用到家庭中。通过情绪表演，每名组员都表达了 1种情绪，学习感受情绪的内在表现和外在表现；通过情绪图片、他人情绪表演的猜测，每名组员都识别了 3 种以上情绪，懂得了通过表情、肢体动作、语音语调来理解他人的情绪。

4. 小组后期

小组已经可以依靠自己的动力发展运作，组员的投入感使组员间的讨论更加频繁，也能更好地理解小组内容。通过"查理的一天"活动，组员认识了不尊重的评论给他人带来的长期影响，从中学习了要尊重和关怀他人，帮助他人融入集体。通过"试穿你的鞋"活动，组员体会到了不同类型同学的内心世界，感受到了不同人的需要，学习理解并欣赏了每个人的差异。通过火车站排队买票被人插队，可能会产生的情绪场景演练，组员学习了情绪管理四部曲：调整呼吸、合理表达、同理对方、寻找合适方案。经过社会工作者的讲解、提问以及组员的倾听、分享，大家都能思考并说出调节情绪的方法，社会工作者概括总结为理智控制法、转移法、合理宣泄法。

5. 小组结束期

经过社会工作者的引导，组员都懂得了和快乐、平静、忧伤、愤怒、害怕、温暖等不同的情绪共处的方法，学习以积极的态度面对情绪。通过课件回顾、小组照片视频回顾、小组结课测试、小组表彰、感受收获分享、结课庆祝等方式，帮助组员巩固了小组收获。最终所有组员都完成了小组测试，并说出参加小组的两点以上收获，共同体验了小组结束的快乐时光。

六、小组评估

（一）评估方法与评估内容

（1）通过签到表评估小组出席率，每节小组至少 8 人出席。

（2）通过观察法、测验法和访谈法评估小组目标达到情况。

（3）通过小组参与者意见表和访谈法评估组员对小组的满意度。

（二）评估结果

1. 出席率

小组组员均是自主报名的，因此出席率较高，基本都按时出席每一节小组活动，第七节小组活动时一名组员因去心理咨询室接受辅导而未能出席，最终小组出席率为 98.75%。

2. 目标达到情况

目标1：通过小组结课测验，了解到所有组员都能够正确连线情绪ABC字母对应的含义，正确填写了填空题"影响情绪的，不是事件本身，而是我们对事件的看法"。在情绪ABC理论案例讲解和"调节情绪的方法"过程中，所有组员都理解了转变信念对改变情绪结果的重要性，目标达到。

目标2：通过小组结课测验，了解到每名组员都能够写出人类的4种基本情绪，并能根据自己的理解描述出情绪对于人类的作用；同时，在情绪表演和情绪管理四部曲中的"合理表达"情绪环节，所有组员都能够上台表演1种情绪，并合理表达出1种情绪，目标达到。

目标3：通过观察组员在小组中的看图猜情绪和情绪表演环节，所有组员都能够正确识别出其他组员表演的3种以上情绪，目标达到。

目标4：通过小组分享和小组结课测验，以及小组结束后的个别组员访谈，了解到所有组员都能够写出调节不良情绪的3种以上方法，目标达到。

此外，有组员表示参加本小组活动，让其慢慢变得开朗，知道了怎样面对自己不好的情绪，学会了情绪管理；并且小组活动很有趣，认识了很多新朋友，感觉很开心、很温暖。组员们对社会工作者表示感谢，并希望以后还能参加社会工作者开展的小组活动。通过小组观察和访谈，了解到小幸等有抑郁症状的组员，对于自身的情绪有了更多的认识和了解，不再觉得有负面情绪是件不好的事情，懂得了接纳情绪，并尝试去向家人表达自己的情绪，也渐渐理解家人说话内容背后的情绪或期待，继而与家人发生矛盾冲突的次数减少了。其他组员也认识到积极表达情绪的重要性，小组结束后，组员的正面积极情绪增多，也懂得了调节负面情绪的方法。比如生气的时候，组员会有意识地先深呼吸，让自己平复情绪，再想其他方法处理事情。

3. 满意度情况

根据小组参加者意见表和个别访谈可知，组员对小组每节内容的满意度评分都为 4.6 分以上（5 分制），对小组的时间编排、小组形式、小组场地、社会工作者工作表现及工作态度的满意度评分都为 4.5 分以上（5 分制）。因此，组员对小组的整体评价良好，满意度较高。

七、专业反思

（一）小组组员角色较多元，社会工作者要充分接纳和引导

小组中有的组员很活跃，有的组员一言不发，有一两个组员点子比较多，并且乐于分享，他们往往是小组关注的焦点。但也有一两个组员喜欢坐在小组的边缘，默默地倾听其他组员的发言，当社会工作者邀请寡言者发言时，其常常会附和别人的意见，缺乏主见。但社会工作者不要理所当然地认为他/她没有自己的想法，因为当交活动总结时，你会发现，他/她会写很多内容，其实他/她只是不善于表达，或当下不知道如何表达而已。因此社会工作者在小组工作过程中，可以通过多种形式不断地启发和引导寡言者分享自己的想法，并及时给予欣赏，激发其表达的意愿。

（二）引入正面文化"欣赏"的理念，增强组员的价值感和归属感

社会工作者将正面文化的鼓励掌声作为小组学习欣赏他人的方式，引导组员看到别人好的地方就及时给予鼓励掌声欣赏，提升组员的自我效能感，促进小组正能量的流动。同时，为了提升小组组员的归属感和价值感，社会工作者给所有组员都写了鼓励帖，并引导组员之间给彼此写鼓励帖，让每名组员都能够获得他人的欣赏。在此过程中，如果能够将组员写的鼓励帖内容念出来让每个人都听到，效果会更佳。

（三）在成长性小组中，社会工作者是多重身份的集合者，引领服务对象提升情绪管理能力

社会工作者在小组工作过程中是带领者、引导者、倾听者、支持者的角色，循序渐进带领小组课程内容，引导组员投入小组活动、发表自己的想法，倾听组员的心声，积极给予回应，帮助组员接纳和处理自己

的感受和情绪。主要做到以下三步：首先，引导组员思考"我现在有什么情绪？"可以使用小组头脑风暴写出来的情绪词汇描述，这是觉察情绪的过程。同时，说出情绪的过程，其实也是接纳情绪的过程。其次，引导组员思考"我为什么会有这种情绪？"找到引发情绪的原因，检验自己是否存在非理性信念，才能对症下药。最后，引导组员思考"如何有效处理这种情绪？"可以选择"选择轮"上简单易操作的方法，帮助自己迅速恢复理性，平复情绪。

八、督导寄语

从专业服务上，本案例中，社会工作者很好地将理性情绪疗法融入每一节小组内容中，从理念认知的转变、合理情绪识别、方法学习到理性情绪表达，实现了小组组员认知、态度、技巧三个维度的改善，很好地体现了社会工作者的专业性。

从专业理念上，社会工作者对不同的组员的表现都能够做到接纳、包容，并引入正面文化的理念，去欣赏每一个组员的闪光点，让组员既能学到理性情绪的知识技巧，更能感受到来自小组和社会工作者的归属和爱。

教育辅导领域

"超人成长营"[①]

——青少年抗逆力培育小组服务案例

一、小组基本情况

小组名称:"超人成长营"青少年抗逆力培育小组

活动对象:六年级学生

参与人数:12人

二、小组目的与目标

(一)小组目的

通过小组活动体验理性认识逆境,认识自我,肯定自我,增强面对逆境的信心。同时通过增加与外界联结,增强社会支持网络,最终形成抗逆力。

(二)小组目标

(1)80%的组员通过小组活动体验认识逆境,分享抗逆经验;并从中认识自我,肯定自我,欣赏自我和他人。

(2)80%的组员通过小组活动学会对抗冲突、提高解决问题的能力,提升抗逆力,形成内在保护机制。

(3)90%的组员通过增加与小组的联结,获得小组内部与外界的支

---

① 作者:张译允,中级社会工作师,深圳注册社会工作者;刘舒婷,中级社会工作师,深圳注册社会工作者。

持，增强社会支持网络。

三、理论与方法

（一）问题界定及需求评估

1. 学校与学生背景

社会工作者派驻服务的学校是一所区级名校，学校的办学理念是"创造适合每一个学生的教育"。同时，学校无论是生源还是学生各方面的能力都较为优秀，但同时也背负着学业压力、家庭或自我的期许等，种种压力下也导致人际关系方面的紧张或淡漠，也会因一些小事而引起人际关系的紧张。还有因父母离异等家庭原因造成的成长中的适应不良等产生的情绪困扰。

2. 学生抗逆力需求调查结果分析

本次调查采用问卷调查的方式，对本校六年级学生随机抽样调查，发放问卷 99 份，实收有效问卷 99 份，对调查问卷实行不记名填写，保证了资料的随机性和真实性。

关于学生抗逆力情况：通过本次调查发现，本校六年级学生独生子女较多，约占 66%。学生心理弹性的 5 个维度中，学生的心理弹性平均分值处于中等 77.9 分（总分为 135 分），其中学生的积极认知较高，其次是目标专注度和人际协助，再次是家庭支持，而情绪控制的分数较低。

（二）理论支持与分析

1. 优势视角

优势视角理论着重于挖掘受助者自身的优点，帮助受助者认识其优势，从而解决受助者外在或潜在的问题。优势视角理论认为，每个人都具有自己解决问题的力量和资源，并具有在困难环境中生存下来的抗逆力。

2. 抗逆力轮

抗逆力轮设计分为 6 个步骤，分属两大部分，第一至第三个步骤属于危机缓冲系统，旨在帮助学生在危机与压力面前学会缓冲，作出调整。

第四至第六个步骤属于抗逆力建构系统，旨在促进学生建构抗逆力，提升心理能量。抗逆力轮的第一个步骤是增加亲社会联结，主要是加强与父母、同学、朋友之间的交流，以形成良好的人际关系。第二个步骤是建立清晰、稳定的边界。第三个步骤是教授生活技能。第四个步骤是提供关怀和支持，给予学生支持与鼓励。第五个步骤是建立和表达高期待。第六个步骤是提供机会、促进参与，充分利用一切资源为个体提供机会。抗逆力轮有利于促进学生从逆境中恢复，提高适应压力的能力（如图 1 所示）。

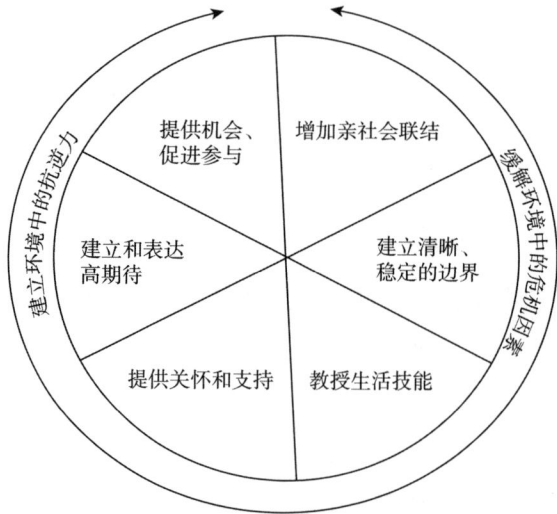

图 1 抗逆力轮

（三）介入方法及策略

由于抗逆力的培养涉及内部和外部两个因素，本次小组活动也是从两个角度进行设计的。首先，在形成小组规范、统一小组目标之后，社会工作者以认识自我为开始，以欣赏自我和他人为终止，帮助组员更好地建立自信，为其抵抗逆境提供内部因素。同时，社会工作者从家庭和同伴群体两个角度切入，引导组员与家庭成员、同伴之间建立良好的网络，形成相互间的信任和支持，以便在遇到挫折时，能够在这两个系统中获得外界支持，帮助组员更好地走出逆境。

四、小组过程

（一）第一部分，小组计划

表 1　小组工作计划表

第一节：超人在行动
目标：（1）了解小组目标；（2）相互认识并初步了解；（3）建立小组规范

主题	时间	环节目标	内容
开场	5'	消除疑感，形成对小组的期待	社会工作者作自我介绍，并简要说明小组的活动目标与方式
大内密探零零几	5'	活跃气氛，提高参与活动的积极性	（1）组员互相认识后，分为两组，每组 6~7 人，面对面排成两列 （2）每组 1 分钟时间讨论，确定每人一个号码（在 1~7 内选取一个） （3）当社会工作者说"大内密探零零几"时，被念到数字的那名同学需要马上站出来说出对方的名字，最快说出的为胜
寻找超人	15'	主动交往，相互了解，发现共同点，建立联结	（1）社会工作者发放寻人信息卡，请组员按照寻人信息卡上的信息，在 10 分钟内找到符合特征的人进行简单交流，并请对方在自己的寻人信息卡上签名 （2）游戏结束后，社会工作者请组员交换寻人信息卡，看看谁获得的签名最多，并分享他们在"寻找超人"过程中的收获和感受
超人约定	15'	制定小组规范，营造安全氛围	（1）社会工作者说明制定小组规范的重要性，并引导组员形成对小组的信任 （2）社会工作者带领组员完成小组契约书
分享总结	10'	总结所学，分享感受，承诺参与	（1）社会工作者请组员逐一分享参与本次小组活动的收获和感受，并在此基础上总结 （2）社会工作者预告下次活动的时间，与组员核对时间，并请他们继续参与

续表

第二节：超人我最棒
目标：（1）了解自己，并勇于展示自己；（2）挖掘自己的优点，学会自我欣赏与自我肯定；（3）分享彼此对对方的欣赏，强化自信，初步建立联结

主题	时间	环节目标	内容
秀出自我	5′	展现自我，强调自信，引出主题	（1）社会工作者播放背景音乐，请两名组员拉起一条长绳，其他组员以不同的方式穿越长绳，不能重复，重复者被淘汰 （2）社会工作者请全组组员共同评出"最佳亮相者"，给该组员颁奖并给予一定奖励
天生我材	20′	挖掘自己的优点，学会自我欣赏与自我肯定	（1）社会工作者将A4纸发给组员，请组员用10分钟时间写下自己的10个优点，然后依次在小组中说出这10个优点，其他组员给予反馈 （2）社会工作者请全组组员分享自我欣赏与自我肯定的意义和作用
戴高帽	20′	体会团结合作的重要性与乐趣，体会被人欣赏与接纳的感受，学会自我接纳，增强自信	（1）社会工作者将组员分成两组，分别合作完成高帽的制作 （2）各组依次请一名组员坐在小组中央，戴上高帽，其他组员在便签纸上写下他的优点，然后贴在高帽上 （3）社会工作者组织讨论，分享活动感受
分享总结	15′	分享感受与心得，相互反馈	（1）社会工作者请组员回忆本次活动内容，并轮流说说参与活动的感受 （2）社会工作者总结本次活动中组员的表现，给予鼓励，并提出期望

第三节：超人超能力

目标：（1）理性地认识逆境；（2）分享抗挫经验，提升抗逆力；（3）学会对抗冲突、提高解决问题的能力

主题	时间	环节目标	内容
小小板凳	10'	放松心情，活跃气氛，引出主题	（1）社会工作者对组员进行分组，两人一组，一人为游戏参与者，一人为协助者 （2）社会工作者请游戏参与者站在起跑线上，看清楚板凳的位置，并告知他们要沿着直线前进，并注意避让前方的板凳 （3）社会工作者给游戏参与者戴上眼罩，请协助者在开始游戏时要情拿走前方的板凳 （4）游戏结束后，社会工作者告知游戏参与者真相，并请他们谈谈知道前方有障碍的时候，他们的感受如何；请协助者作为一个旁观者谈谈自己的看法和感受 （5）社会工作者引导组员认识到，在前进的过程中不仅有逆境存在，更重要的是自己有可能成为障碍，应该努力提高自己的抗挫能力、战胜自我，获得成功
动物很厉害	20'	分享经验，促进支持，增强面对逆境时的信心	（1）社会工作者请组员选择一种动物代表自己挑战或者战胜逆境过程中的形象 （2）社会工作者请组员思考 3 分钟。在分享的过程中，领导者应引导合动物图案逐一分享让逆境过程中印象最深刻的个人逆境故事？你认为该动物具有怎样的抗逆的素质？你为什么选择某个动物图案？以培养所期望的抗逆素质 （3）社会工作者对抗逆素质进行总结，提出对组员的期望，并表示相信他们一定能够战胜困难

第三节：超人超能力
目标：（1）理性认识逆境，提升抗逆力；（2）分享挫折经验，提高解决问题的能力；（3）学会对抗冲突，提高解决问题的能力

主题	时间	环节目标	内容
针锋相对	15'	学会在对抗中化解冲突，解决问题	（1）社会工作者对组员进行分组，两人为一组，面对面站着，举起双手，手掌相对 （2）社会工作者说"开始"，两人必须用力推对方的手掌，尽可能地用力推对方。当两人正推得兴起的时候，社会工作者可悄悄走到其中一方边上，让他突然撤力，看看会出现什么后果 （3）社会工作者引导组员思考：当你用力推别人的手掌时，对方会有什么反应？当其中一个人突然撤力时，另一个人的反应如何？在生活中，当你与他人意见不一致时，你们是如何处理的？有没有和刚才类似的情况 （4）社会工作者总结：沟通中发生冲突是在所难免的，一味的强硬未必能达到预期的效果
分享总结	5'	回顾本次活动，总结抗逆力，提出期望	（1）社会工作者总结本次小组活动的内容，并协助组员形成对逆境和自身抗逆力的理性认识，使他们在面对冲突和困境时保持头脑清醒，避免陷入危机 （2）社会工作者告知组员下次活动需准备哪些材料，提醒他们准备

第四节：超人也要爱
目标：（1）记住彼此，增进熟识度；（2）意识到家庭成员，朋友和群体对自己的正向支持；（3）增进感情，形成互帮互助小组

主题	时间	环节目标	内容
直呼其名	10'	活跃气氛，增进联结	（1）社会工作者播放音乐，组员进行圆圈走动。社会工作者喊马兰花开，组员回应开几朵，组员根据社会工作者说的朵数感受 （2）社会工作者请落单组员分享感受 （3）社会工作者在游戏结束后请组员分享感受

续表

第四节：超人也要爱
目标：（1）记住彼此，增进熟识度；（2）意识到家庭成员、朋友和同辈群体对自己的正向支持；（3）增进感情，形成互帮互助小组

主题	时间	环节目标	内容
情感树	20'	梳理自己的情感关系，了解自己的正面支持系统	（1）社会工作者将一张海报纸和贴有树枝的树叶的绿色卡纸发给组员，请组员把自己准备的大头贴贴在大树的树枝缝隙里作为叶子。其中，跟自己最亲近的人的大头贴可贴在离树根最近的地方，以此类推 （2）社会工作者请组员展示自己的情感树，并引导组员说说自己的感受
爱的回应	15'	增强正向支持感受，提高抗逆力	（1）社会工作者请组员在情感树上挑选1~2个人物，讲述他们与自己之间发生的1~2件让自己非常感动的事情，并阐述自己的心情 （2）社会工作者进行总结，帮助组员体验到温暖和自己的正向支持力
分享总结	5'	总结收获，了解活动效果	社会工作者请组员轮流谈谈自己的感受和收获，然后概括，总结本次小组活动的内容，鼓励组员在以后的生活和小组活动中互相求助并帮助他人

第五节：超人联盟
目标：（1）认识到同伴支持的重要性，感受同伴支持；（2）理性思考支持作用，并相互支持

主题	时间	环节目标	内容
信任跌倒	15'	活跃气氛，积极参与，引出主题	（1）社会工作者对组员进行分组，三人为一组。每组选一人站在前面，双手交叉放在胸前，人向后仰（向后仰的速度要快，不要抗拒），由其他的两个同伴将他稳稳托住。三人轮流做后仰的人 （2）社会工作者引导组员讨论：你相信你的同伴吗？当你向后仰的时候，心中是否充满了恐惧？被同伴接住后的感受如何？你体会到了什么？强调人与人之间的支持和帮助，并在信任的基础上引出相互支持和帮助

续表

第五节：超人联盟
目标：（1）认识到同伴支持的重要性，感受同伴支持；（2）理性思考支持的作用，并相互支持

主题	时间	环节目标	内容
热身	20'	提出建议，互帮互助，解决困惑，建立支持	（1）社会工作者将几张纸条、一个信封发给组员，请他们在信封上写上自己的名字，在纸条上写上目前最困扰自己、最想获得帮助的问题 （2）社会工作者将写好的纸条发给组员，请组员回答他人的问题 （3）社会工作者请组员取回自己的信封——阅读，并谈谈自己意见后的感受 （4）社会工作者引导组员思考：当自己得到别人的建议时，是否有一种被支持的感觉？这种感觉好吗？人与人之间是否应该互相支持？为什么
支持清单	10'	建立支持感和信任感	（1）社会工作者将纸和笔发给组员，请组员在纸上写下在别人遇到困难时他能够给予的支持和帮助 （2）社会工作者将组员的"支持清单"贴在墙上 （3）社会工作者请组员阅读别人能够提供的支持和帮助，并在自己认同的支持项目下作标记 （4）社会工作者对组员的"支持清单"进行总结，在所有组员共同合作下，列出一份大家都认可的"支持清单"，并请组员在"支持清单"上签名，表示愿意为之努力
分享总结	5'	分享感受，总结活动的意义，促进支持网络的形成	（1）社会工作者请组员依次分享参加本次小组活动的内容，指出同伴支持对自己有什么新的认识和看法 （2）社会工作者总结本小组活动的意义。同时，对组员在小组之外、日常生活中建立支持网络提出期望

第六节：超人前进
目标：（1）回顾小组历程，总结收获，作出行为改变；（2）处理分离情绪，结束活动

主题	时间	环节目标	内容
托起幸福	10'	加强互动	（1）社会工作者请每名组员选择一个气球代表自己，可以选择自己喜欢的颜色；选好之后，把气球吹到自己觉得合适的大小，系好口，在上面画上自画像并写上自己的名字 （2）社会工作者说导语请所有组员不分彼此，托起所有气球
遇见更美好的自己	20'	挖掘自我潜能，分享感受，并将所学迁移到生活中	（1）社会工作者介绍几种挖掘自我潜能的方法 A. 积极暗示法；B. 想象更好的自我形象 （2）社会工作者请组员根据自己的自画像，思考如何发掘自己的潜能，学到的知识运用到日常生活中 （3）社会工作者请组员根据自己的实际，制订一个切实可行的计划：我打算利用（ ）方面的潜能，我将成为（ ），然后坚持每天（ ） （4）社会工作者请组员轮流分享自己的计划，请大家给予鼓励
分享总结	10'	回顾小组活动历程，分享感受，总结期望，并将所学迁移到生活中	（1）社会工作者请组员轮流分享在小组活动中的收获和成长，并回顾活动历程，点评每名组员的表现 （2）社会工作者鼓励组员在生活中运用在小组中所获得的方法和经验，填写小组回馈单，并宣布"大食会"开始
大食会	10'	处理分离情绪，快乐结束小组	社会工作者与组员同饮，一起分享美食，完美地结束活动

教育辅导领域

（二）第二部分，小组发展状况

1. 小组初期

本次小组共招募了 12 名成员，均为六年级学生，其中女生 11 人，男生 1 人。初期的主要内容是促进小组成员互相熟悉，建立默契。

部分相熟的组员形成小团体，会在活动中一起交流。社会工作者采用游戏、自主思考、引导等方法配合活动的进行，在活动过程中组员比较配合，积极性高，组员相互认识，基本做到身心投入，合力完成小组契约，并留下各自对本小组的期待，小组基本建立。

2. 小组中期

小组中期，随着小组成员彼此熟悉，小组活动逐渐进入正题，成员均投入度较高，能主动分享其经历等，如 A 组员分享了曾被同班同学孤立的逆境经历，她通过阅读励志书籍和好友的帮助走出了逆境，以此鼓励小组其他组员。小组成员有的点头赞成，有的发表被孤立的见解，有的沉默不发言，但是听得十分认真。在整个讨论中，大家在表达想法时其实也在对照反思自己，社会工作者不断启发和引导，小组成员的认识逐渐统一起来。

组员也愿意尝试主动承担一些任务和责任。此阶段小组发展状况良好，小组动力开始形成。

但在小组发展进程中，也伴有冲突，如有因组员性格差别与其他组员产生摩擦和不快。此时社会工作者主要角色是协助者，一方面积极肯定及强化组员的进步，另一方面处理小组成员的冲突，在冲突发生时，社会工作者协助组员掌握解决冲突的技巧，促使组员主动进行调解，表达自己的想法，使冲突能够和平解决。此阶段组员经历了内心的挣扎，但最终能平稳地度过。

3. 小组后期

小组后期，社会工作者通过体验及分享等形式帮助参加者认识逆境，分享抗逆经验；并从中认识自我、肯定自我、欣赏自我，以及获得支持。

并通过小组让组员学会对抗冲突，提高解决问题的能力，提升抗逆力，形成内在保护机制。在小组最后一节，学校的校长全程出席并参与了本节小组，与孩子们一起玩耍，倾听孩子们的心声，并在"支持清单"中给予孩子们话语的鼓励。在组员心理上给予鼓励与支持，使孩子们更有信心面对未来的学习生活。

五、小组评估

小组成员整体抗逆力水平提升。本次抗逆力小组活动为期一个多月，包括悦纳自我、困境模拟、人际沟通、困境中重要他人的思考、提升处理困境自信心5个核心内容，社会工作者对最后一次小组成员的青少年心理韧性量表分析发现，学生的心理弹性的平均分值由小组初期的77.9分上升至104.3分（总分为135分），心理弹性得到了很大的提升。其中人际协助、家庭支持以及情绪控制的分数有大幅度提升。在社会工作者回访和观察中了解到组员在情绪管理、人际交往以及家庭亲子关系上得到一定程度的改善，如与同学间的人际冲突减少了，学会了欣赏他人。

在小组的最后一节，社会工作者与孩子们一起分享学习体会，组员都表示收获很多，发现原来自己身边有那么多的支持，感到很开心，并表示以后不管遇到什么困难都会勇敢地面对。

同时，通过与组员的倾谈知道组员对小组的感受及意见。组员均表示感受到小组的温暖与支持，收获和成长，并更有信心面对未来的挑战，期待今后有该主题的进阶辅导或有意向参与其他主题的小组。

六、专业反思

小组完成后，回顾整个小组的历程，也有一些感悟与沉淀。组员是小升初的六年级学生，如何让组员投入小组工作的各个环节，让组员为了共同的目标而努力呢？在整个小组进程中，优势视角理论的运用起到了特别重要的作用。"优势视角"就是着眼于个人的优势，以利用和开发人的潜能为出发点，协助其从挫折和不幸的逆境中挣脱出来，最终达到其目标、实现其理想的一种思维方式和工作方法。

在小组中，社会工作者在每次活动开始前都会让组员对自己或其他组员上节活动做得好的地方进行分享，特别是组员说的时候，社会工作者都能进行眼神和肢体的回应，重复组员所分享的并给予肯定，不管是分享者还是鼓励者，都能很好地检视自己的优点，给予组员进一步巩固成果的动力。

另外，社会工作者在小组结束后进行组员个别回访，大部分组员表示参加此次小组让自己印象最深刻的是校长的到来及参与，还有"支持清单"这一环节，感受到集体的关怀、支持和温暖。

第一，特别组员的关注。在小组中，个别组员容易因别的组员无意的肢体动作或话语冒犯到而产生情绪问题，并在小组过程中表现出来，在应对这类情况的时候，社会工作者会先安抚并让其在旁休息，待心情平复后再参与活动，事后进行跟踪，了解情况，解除彼此间的矛盾。在跟踪期间，社会工作者不断地给予肯定和鼓励。

第二，社会工作者的心态。社会工作者在每一节的带领中，都保持了"积极、阳光、热情"的心态，特别是对小组各环节的熟练掌握，能够流畅地从第一个环节进行到最后一个环节。

七、督导寄语

本小组基于学生抗逆力情况展开前测的情况下，聚焦学生如何提升抗逆力的需求，依托优势视角、抗逆力专业理论及方法，契合青少年发展特点采取体验式学习策略，每一节内容关联性强，循序渐进式带领学生完善和增强内外部因素，最终促进学生获得抗逆力以应对成长中的挫折。自始至终，小组有着明确的目标、服务主线、动力推进，成效良好，值得推广。

"益"心"益"意助力营①
——家长提升专注力训练技巧小组服务案例

一、小组基本情况

小组名称："'益'心'益'意助力营"家长提升专注力训练技巧小组

活动对象：一至三年级学生家长

参与人数：12 人

二、小组目的与目标

(一) 小组目的

通过对家长进行专注力训练技巧的学习，提升其对专注力的认识及对训练技巧的掌握，从而更好地进行亲子专注力训练，提升儿童的专注力水平，促进亲子关系的融洽，让儿童更好地适应学习和生活。

(二) 小组目标

(1) 80%的组员通过小组活动体验全面认识专注力，意识到专注力可以通过训练提高。

(2) 80%的组员通过小组学习到视、听觉专注力训练方法。

(3) 80%的组员通过小组学会学习辅导及习惯培养等各种工具表格的应用。

---

① 作者：刘舒婷，中级社会工作师，深圳注册社会工作者；史晓霖，中级社会工作师，深圳注册社会工作者。

教育辅导领域

三、理论与方法

（一）问题界定及需求评估

社会工作者派驻服务的学校是试点融合教育学校之一，目前在册多动症儿童 51 名，学校配备特教老师以及社会工作者针对多动症儿童进行小组特训，囿于时间及人力成本，无法针对孩子进行一对一的训练；社会工作者在开展服务过程中发现，这部分儿童由于注意力不集中，在班级成绩相对落后，行为习惯较差、情绪控制较差导致朋辈交往能力缺失，一部分家长对孩子的行为束手无策，采用责骂甚至是体罚的方式管教孩子；一部分家长希望学习专注力提升技巧以帮助孩子。

（二）理论支持与分析

1. 社会支持网络理论

社会支持网络理论认为每个人都处于社会关系中，无法自绝于社会而存在。其基本假设如下：人类的生存需要与他人合作，并且依赖他人从而获得协助；人的一生中都会遇到一些可预期和不可预期的事件；人们在遇到一些事件时，需要自身资源以及外部资源的支持；当人们遇到事件处于压力之下时，社会支持网络能缓解负面的压力；一个人所拥有的社会支持网络越强大，就能越好地应对来自外部的挑战。注意力缺失的孩子，在学校生活中由于行为、情绪、学业等方面出现偏差，这部分孩子的父母需要承受多方面的压力，社会工作者开展专注力技巧训练小组，使他们得到一些社会支持网络，缓解负面的压力。

2. 符号互动理论

符号互动理论认为人们是运用自己创建的符号在进行日常的交往互动的，并在互动中对自己、对他人的角色进行定义，承担一定的责任，并跟周围的人和环境进行互动。符号互动理论强调在人际交往中，通过符号进行互动和沟通。亲子关系属于人际关系，亲子互动是父母和孩子运用符号进行互动的过程。父母通过语言、表情等象征性符号对子女产生影响，并根据子女的符号来了解子女。子女在特定的情境下了解父母的符号，并据此作出沟通和反馈。通过专注力训练这个环境，亲子之间根据训练的内容通过语言、行动等符号进行互动，既可以达到训练的效果，也可以促进亲子之间的感情联系，并在亲子关系中更多关注彼此的行为和互动，以及亲子之间的交往和所承担的角色。

（三）介入方法及策略

本次小组活动形成小组规范、统一小组目标，为小组成员建立联盟，在遇到问题时可以互相商量解决，寻求精神慰藉。同时社会工作者从传授专注力的基础知识、训练专注力的技巧、专注力缺失儿童的养育方式、一些实用的工具表的使用等方面去开展小组活动，让小组成员习得亲子教育技巧，提升儿童的专注力水平，让儿童更好地适应学习和生活。

四、小组过程

（一）第一部分，小组计划

第一节：初相识
目标：（1）了解小组目标；（2）相互认识并初步了解；（3）建立小组规范

表 1　小组工作计划表

主题	时间	环节目标	内容
开场	5'	消除疑惑，形成对小组的期待	社会工作者作自我介绍，并简要说明小组的活动目标与方式
名字串烧	10'	活跃气氛，提高参与活动的积极性	（1）社会工作者随机点一名组员进行自我介绍，并用一个动作代表自己，下一个组员需要用"我是××（加上代表动作）旁边的××（加上代表动作）" （2）一轮介绍完毕后，社会工作者引导组员分享：怎么去记？记住的关键点是什么 （3）社会工作者引导组员关键点是：带着任务去做一件事都不一定能够完成，从而感同身受孩子也会有这样的困惑
你的烦恼我来听	15'	主动交往，相互了解，发现共同点，建立联结	（1）社会工作者发放烦恼漂流卡，请组员填写关于育儿过程当中的烦恼 （2）社会工作者回收漂流卡，组内进行交流，分享经验及感受 （3）社会工作者总结并引入小组的目标及建立小组契约
小组契约	10'	制定小组规范，营造安全氛围	（1）社会工作者说明制定小组规范的重要性，并引导组员形成对小组的信任 （2）社会工作者带领组员完成小组契约书
分享总结	10'	总结所学，分享感受，承诺参与	（1）社会工作者请组员逐一分享参与本次小组活动的收获和感受，并在此基础上总结 （2）社会工作者预告下次活动的时间，与组员核对时间，并请他们继续参与

第二节：揭开专注力面纱

目标：（1）了解自己的专注力水平；（2）了解专注力的基本知识

主题	时间	环节目标	内容
开火车	5′	引入专注力	（1）社会工作者回忆上节内容 （2）社会工作者带领组员开展开火车游戏。每位组员想一个自己想要去的地点，社会工作者随机点一名组员以"开火车，开火车，火车开到××"的口号开始游戏，点到的组员需立即说出住下一个组员的地点 （3）社会工作者请组员分享感受，引入专注力的话题
专注力测试	20′	家长初体验专注力是什么	（1）社会工作者分别开展视、听、知觉专注力测试以及专注力的分配性和干扰性测试，让组员体验什么是专注力 （2）社会工作者请组员分享活动感受
专注力知识讲授	20′	学习专注力的基础知识	社会工作者讲授专注力的基础知识：什么是专注力？专注力的品质判断标准是什么？提升专注力的理论基础
分享总结	5′	分享感受与心得，相互反馈	（1）社会工作者请组员回忆本次活动内容，并进行知识回忆大考验 （2）社会工作者总结本次活动中组员的表现，给予鼓励，并提出期望

续表

第三节：如何练才能听得更好
目标：（1）知道什么是听觉专注力；（2）学会听觉专注力训练技巧

主题	时间	环节目标	内容
乌鸦与乌龟	10'	放松心情，活跃气氛，引出主题	（1）社会工作者回忆上节内容 （2）社会工作者带领组员开展乌鸦与乌龟游戏。社会工作者念一段文字，文字除包含乌鸦与乌龟的字眼外，有许多含有"乌"的干扰字眼，当听到乌鸦需要拍一下手掌，听到乌龟需要双手拍一下大腿 （3）游戏结束后，社会工作者请组员分享感受并总结
听觉专注力训练技巧讲授	30'	习得听觉专注力训练技巧	（1）社会工作者分享听觉专注力训练技巧：听觉分辨能力训练、听觉记忆能力训练、听觉理解能力训练、听动协调能力训练 （2）社会工作者对组员进行分组，进行两人一对一模拟训练 （3）训练结束后收集训练出现的问题，进行组内解答
分享总结	10'	回顾本次活动，总结听觉专注力训练关键点，提出期望	（1）社会工作者总结本次小组活动的内容，并协助组员巩固本节内容成果 （2）社会工作者下发家庭作业，组员需要在家与孩子完成听觉练习作业 （3）社会工作者预告下节内容

第四节：如何练才能有火眼金睛
目标：（1）知道什么是视觉专注力；（2）学会视觉专注力训练技巧

主题	时间	环节目标	内容
回忆上节内容	5′	巩固上节内容及收集家庭作业完成情况	（1）社会工作者总结本次小组活动的内容 （2）收集家庭作业完成情况，对问题进行答疑
找不同	10′	活跃气氛，增进联结	（1）社会工作者组织组员开展找不同游戏。社会工作者提前准备化妆用品、饰品、衣服，组员进行前后装扮，请其他组员找不同 （2）社会工作者根据游戏情况请组员分享感受，引出视觉专注力
视觉专注力训练技巧讲授	25′	习得视觉专注力训练技巧	（1）社会工作者分享视觉专注力训练技巧：简单视觉训练、连线视觉追踪、视觉干扰训练 （2）社会工作者对组员进行分组，两人一对一模拟训练 （3）训练结束后收集训练出现的问题，进行组内解答
分享总结	10′	回顾本次活动，总结视觉专注力训练关键点，提出期望	（1）社会工作者总结本次小组活动的内容，并协助组员巩固本节内容成果 （2）社会工作者下发家庭作业，组员需要在家与孩子完成视觉练习作业 （3）社会工作者预告下节内容

续表

第五节：认识好帮手——实用的工具表
目标：（1）学习使用情绪控制表；（2）学习使用整理表单

主题	时间	环节目标	内容
回忆上节内容	5'	巩固上节内容及记录家庭作业完成情况	（1）社会工作者总结本次小组活动的内容 （2）记录家庭作业完成情况，对问题进行答疑
我的情绪我做主	20'	学习使用情绪控制表	（1）社会工作者介绍情绪表 （2）组员练习使用情绪表对自己的情绪进行整理以及记录 （3）组内分享情绪表格，社会工作者进行点评 （4）组员分享感受，社会工作者进行总结
井井有条	20'	学习整理安排表	（1）社会工作者介绍整理表 （2）组员练习使用整理表格，社会工作者进行点评 （3）组内分享情绪表格，社会工作者进行点评 （4）组员分享感受，社会工作者进行总结
分享总结	5'	回顾本次活动，提出期望	（1）社会工作者总结本次小组活动的内容，并协助组员巩固本节内容成果 （2）社会工作者下发家庭作业，组员需要在家与孩子完成表格训练 （3）社会工作者预告下节内容

第六节：共赴美好路

目标：（1）回顾小组历程，总结收获，作出行为改变；（2）处理分离情绪，结束活动

主题	时间	环节目标	内容
回忆上节内容	5'	巩固上节内容及记录家庭作业完成情况	（1）社会工作者总结本次小组活动的内容 （2）记录家庭作业完成情况，对问题进行答疑
"YES" and "BUT"	10'	建立信心	（1）社会工作者随机点一名组员说一个故事开头，请组员按照"幸运的是"和"不幸的是"轮流编故事，直至全部组员一起合作完成故事（故事是以幸运为结局） （2）社会工作者引导组员分享，并总结事情无论怎么发展，最后都会有惊喜结尾，从而使组员对孩子的成长充满信心
分享总结	20'	回顾小组活动历程，分享感受，总结期望，并将所学迁移到生活中	（1）社会工作者请组员轮流分享在小组活动中的收获和成长，并回顾活动历程，点评每名组员的表现 （2）社会工作者鼓励组员在生活中运用在小组中所获得的方法和经验
共建成长树	15'	处理分离情绪，快乐结束小组	（1）社会工作者请组员在卡片上写下小组的感受以及对自己和孩子未来的畅想，制作整组的成长树 （2）建立小组群，组员在以后生活中可分享、交换信息，建立支持 （3）填写反馈表 （4）合照，结束小组

（二）第二部分，小组发展状况

1. 小组初期

本次小组共招募了 12 名成员，均为一至三年级学生家长，初期的主要内容是促进小组成员互相熟悉，建立默契。社会工作者采用游戏、自主思考、引导等方法配合活动的进行，由于组员的同质性高，在活动过程中组员比较配合，积极性高，组员相互认识，基本做到身心投入，合力完成小组契约，并留下各自对本小组的期待，小组基本建立。

2. 小组中期

小组中期，随着小组成员彼此熟悉，小组活动逐渐进入正题，组员投入度较高，能主动分享其经历等，如分享在和孩子一起完成家庭作业时遇到的问题，其他组员针对问题积极讨论并给予解决方案。在整个讨论中，大家在表达想法时其实也在对照反思自己，社会工作者不断启发和引导，小组成员的认知逐渐统一起来。同时组员也愿意尝试主动承担一些任务和责任。此阶段小组发展状况良好，小组动力开始形成。

但在小组进程中，也伴有冲突，如有因组员性格差别与其他组员产生摩擦和不快。此时社会工作者主要角色是协助者，一方面积极肯定及强化组员的进步，另一方面处理小组成员的冲突，在冲突发生时，社会工作者协助成员掌握解决冲突的技巧，促使组员主动进行调解，表达自己的想法，使冲突能够和平解决。此阶段组员经历了内心的挣扎，但最终能平稳地度过。

3. 小组后期

小组后期，社会工作者通过工具表的辅助去帮助组员解决与孩子的冲突，并进行情景模拟，增加了组员解决孩子相关问题的信心。

五、小组评估

小组成员整体专注力训练水平得到提升。本次专注力训练技巧小组活动为期一个多月，内容包括认识专注力、听觉专注力、视觉专注力提升技巧，各类工具表使用等核心内容，社会工作者在后来回访组员孩子以及孩子所在班级老师时，了解到孩子们的专注力水平以及亲子关系有所提升。

同时，通过与组员的倾谈知道组员对小组的感受及意见。组员均表达了在小组中的收获和成长，感受到小组的温暖与支持，并更有信心面对未来的挑战，期待今后有该主题的进阶辅导或有意向参与其他主题的小组。

六、专业反思

小组工作完成后，回顾整个小组工作的历程，也有一些感悟与沉淀。

小组组员是一至三年级专注力缺失孩子的家长，社会工作者采用了强化他们的支持网络系统的方法，建立了一个小团体，让他们互相取暖，建立了共同的目标。同时运用"优势视角"理论，利用和开发人的潜能为出发点，相信他们可以学习到让孩子的专注力得到提升的技巧。

在小组中，社会工作者在每次活动开始前都会让组员对自己或其他组员上节活动做得好的地方进行分享，特别是组员说的时候，社会工作者都能进行眼神和肢体的回应，重复组员所分享的并给予肯定，不管是分享者还是鼓励者，都能很好地检视自己的优点，给予组员进一步巩固成果的动力。

在小组过程中，社会工作者需要针对每节内容准备相应的训练习题以及布置合适的家庭作业，在这一过程中，社会工作者充当专家角色，需要对专注力的有关理论知识有较多的积累。同时社会工作者还需要在组员反馈问题的时候进行及时答疑，社会工作者需要给予组员足够的专业支持以及情感支持。

七、督导寄语

本小组在服务过程中，发现家长需求，聚焦家长训练专注力技巧的提升以及教养专注力缺失孩子方法的提升，依托社会支持系统网络、符号互动理论、优势视角专业理论及方法，每一节内容关联性强，循序渐进式带领家长去学习专注力提升技巧。自始至终，小组有着明确的目标、服务主线、动力推进，成效良好，值得推广。

翻窗跳楼，只因学习压力大①
——情绪 ABC 理论在心理危机学生个案中的运用

一、案例背景

（一）基本资料

服务对象小东（化名），男，15 岁，就读初三年级。

（二）个案背景资料

服务对象在考试结束后从教室翻窗想要跳楼，被班级同学及时发现并拉住，班主任转介社会工作者跟进。

班主任反馈，服务对象平时说话挺负面的，经常把"我是垃圾"挂在嘴边，宿舍人际关系也不是很好，在班上只有一两个比较能聊得来的朋友。

服务对象的家长比较忙，同时有一个正在上幼儿园的弟弟，家人会把比较多的关注放在弟弟身上，对服务对象关注比较少；家长还会对服务对象开一些难听的玩笑，让服务对象非常难受；父母对其期望较高，希望他能考上深圳中学，但根据班主任评估，这个目标对服务对象而言很难。

二、理论运用与问题分析

情绪 ABC 理论是由美国心理学家埃利斯提出的，其中，A 代表的是

---

① 作者：黄紫云，中级社会工作师，深圳注册社会工作者。

应激事件（activating event），B 代表的是认知（belief），C 代表的是行为结果（consequence）。该理论认为人们可通过调整和改变对事物的认知和看法，进而改善和管理情绪以及行为。

服务对象考试不理想，学业受挫，会对自己进行批判以及自我否定，出现很多非理性的信念，例如"上学太丢人了""干脆别学了""你怎么学也学不好""你怎么这么没用""你是个垃圾""幼儿园的小朋友都比你好"。当他脑海里有这些想法的时候，就会有扇自己巴掌的冲动，并且有杀死自己的念头以及行为。

根据情绪 ABC 理论的指导，社会工作者需要协助服务对象看到自己非理性的信念，并对其进行质疑或辩斥，促使其形成理性的信念，进而产生新的情绪以及行为。

三、服务计划

（一）服务目标

目标一：评估服务对象心理危机，掌握服务对象自伤、自杀风险程度。

目标二：加强服务对象与学校领导、老师、同学、家长、心理中心社会工作者等资源的链接，完善服务对象的支持网络，进而降低风险。

目标三：促使服务对象觉察自身的行为模式，提升自我监控能力，看到自己存在非理性信念，并学习用新的信念替代，提升服务对象对自己的情绪以及行为的管理能力，进而降低风险。

（二）服务策略

个人层面：采取个别面谈，布置觉察作业，引导服务对象识别非理性信念，并对非理性信念进行溯源、质疑与辩斥，每天朗诵 70 句积极语句等方式，促使服务对象形成积极信念。

环境层面：通过与家长电话家访，班主任面谈，组建校园沟通专项微信群，家校联席会议，调换班级座位等方式改善服务对象支持环境。

四、介入过程

本个案是 2021 年 11 月 15 日转介社会工作者跟进，持续到服务对象 2022 年 7 月初三毕业，社会工作者对其介入可分成 4 个阶段。

(一) 第一阶段，建立关系，评估危机

建立关系：恰巧服务对象是社会工作者社团里的学生，社会工作者先与其回忆初一、初二的时光，肯定其过去在社团中的表现，关心其上初三后的学习生活情况，进而了解最近的烦恼，服务对象很快就打开了话匣子。服务对象有比较强的倾诉欲望，社会工作者大部分时间是提问以及耐心倾听。

评估危机：服务对象表示自己最近期中考试考得很不好，有些题目原本自己会，但是因为看错题或者不知道什么原因，考试的时候就写错了，感觉非常难受，觉得自己就是一个垃圾，恨不得把自己杀掉。社会工作者进一步确认其在特别难受的时候，是否做出打自己、咬自己、用刀划自己，甚至翻窗跳楼的行为。服务对象非常肯定表示没有，只是有念头。此处服务对象与班主任反馈存在出入。

通过与服务对象沟通，社会工作者了解到，服务对象将学业放在极其重要的位置，情绪波动均与学业有关，学习顺利，并不存在自杀意愿。但是，考试受挫时会产生一些极端想法，情绪起伏很大，要预防服务对象冲动性自杀，遇到重大考试关键节点时，需加强监护。

(二) 第二阶段，整合资源，修复完善支持系统，应对危机

第一，将服务对象纳入重点关注学生名单，启动校园危机应对机制，并组建校园沟通专项微信群，将年级主任、学生处主任以及班主任拉入群中，同步服务对象信息，让大家知晓服务对象的情况，必要时共同商讨应对策略。

第二，通过与班主任面谈，让班主任了解服务对象的情况，并给予班主任一些跟进的建议。①服务对象学业受挫的时候，会有很多消极想

法，感觉看不到希望，甚至有自伤、自杀的想法，如果之后他没考好，这种关键时刻，需要重点关注，给他一些情感支持；②协助服务对象设定合理的学习目标以及计划；③适当地调整安排跟服务对象关系不错的同学做其同桌，如果发现其有异常及时上报；④鼓励服务对象遇到挫折时，积极主动求助；⑤加强与家长沟通，促使家长对服务对象学业现状的认识，适当调整对孩子的学业期待。

第三，通过电话家访，促使家长认识服务对象的情况并作出调整，与家长建立合作关系。①向家长表达社会工作者对服务对象的评估以及认识，促使家长了解服务对象目前的心理状态，使家长关注与重视服务对象的心理危机；②协助家长理解服务对象目前存在的学业压力，调整对服务对象的学业期待，将其保持在合理的水平，在重大考试节点以及服务对象学业受挫时，多关心肯定，保证服务对象身心安全；③促使家长认识到对服务对象"开玩笑"的行为对服务对象身心造成的伤害，及时停止，并修复亲子关系，提升情感支持。

第四，组织家校联席会议，邀请班主任、年级主任与家长共同面谈，并与家长签订安全告知书，促使家长更加重视服务对象的身心健康，同时肯定家长的付出和改变，加强家校合作，增强服务对象的家庭支持系统。

第五，协助班主任调换座位，将其好友调换与其同桌，叮嘱班级心理委员留意服务对象动态，发现异常及时上报，改善服务对象的朋辈支持环境。

（三）第三阶段，调整非理性信念，消除危机

一是增进服务对象对自我了解，提升自我觉察，加强自我行为监控。社会工作者协助服务对象看到，每次学业受挫，服务对象都存在对自己进行否定和攻击的固有的自动化的行为模式，并且通过提问引导服务对象思考，为什么其特别看重自己的学业，并且将学业和自我价值紧紧挂钩，如果自己学习成绩不好，就会对自己产生比较多的负面评价，甚至

产生把自己杀死的念头。通过社会工作者引导，服务对象反思小学的时候成绩总是年级前三，那时候自己总是被老师和同学特殊关注，这种关注上了初中后就消失了，让自己至今很难适应。除此，自己有一个读幼儿园的弟弟，自己期望能够取得比较好的学习成绩，为弟弟树立好的榜样，还有家长对自己学业要求期望较高的原因，所以会把学业成绩看得比较重。通过这份觉察，服务对象也意识到，学业受挫后自己的反应非常不妥当，希望能够有所改变。

二是社会工作者向服务对象讲授情绪 ABC 理论，并向其留了觉察作业，让服务对象记录一周内发生的情绪波动非常大的事件，写清楚诱因（A），并且将脑海里呈现的信念完整记录下来（B），以及自己情绪和行为是怎样的（C）。

社会工作者选择其中一件情绪波动最大的事情与其深入分析探讨。

事件：出了英语成绩，发现错了 3 道题，扣了 5 分。

信念：上学太丢人了、干脆别学了、你怎么学也学不好、你怎么这么没用、你是个垃圾、幼儿园的小朋友都比你好。

情绪：生气、不甘心。

行为表现：好想扇自己几巴掌（没有行动）、更加不想说话、脑海会想不了东西。

社会工作者将服务对象的记录读出来，并询问服务对象听后的感受。

服务对象笑了，表示："感觉没那么严重。"

于是社会工作者引导服务对象重新带入事件中，调整原有非理性信念。

社会工作者："如果现在让你去调整这些想法你会怎么做？"

服务对象："不要太伤心。""哪里，我比你更差，我不也活得很好。"

社会工作者："不是让你抽离出来安慰他，而是调整里面你觉得非理性的信念。"

服务对象："下次还会有考试，这又不是中考。我还有足够的时间来改正错误。"

社会工作者："如果你这样想之后，你的情绪感受会怎样？"

服务对象："感觉好受一些，得到自己的支持。"

通过辅导，服务对象能够意识到自己情绪与行为跟信念的关系，看到自己存在很多非理性信念，并且发现自己对自己非常苛责，表示会努力减少对自己的否定和贬低，给自己更多的关怀。

三是进一步强化服务对象积极信念，社会工作者给服务对象 70 个提升自我效能感的句子，让其回去每天朗诵一次。例如第一句是"我 可靠 的人 帮助 我 有 可以 "，服务对象需要将这些词组成一个积极的句子，"我有可靠的人可以帮助我"。其方法原理则是通过将词组成积极意义的句子的过程，促进大脑产生新的突触联结，进而形成积极信念。

（四）第四阶段，定期关注动态，巩固成效，预防危机

遇到学校重大考试节点，社会工作者会通过班主任了解服务对象考试情况以及情绪状态，提醒班主任关注其动态，社会工作者也会通过课间偶遇的方式，与服务对象碰头闲聊近况，对其表达肯定和关心。

五、专业评估

2021 年 11 月 15 日至 12 月 7 日是社会工作者紧密跟进处理危机的阶段，在此期间，社会工作者与服务对象定期面谈 4 次，与班主任面谈 2 次，对家长电话家访 1 次，组织家校联席会议 1 次。在第 4 次面谈时，社会工作者对服务成效进行评估。

社会工作者询问服务对象最近状态。

服务对象表示："自己最近的状态很不错，心情也挺好。学业也很顺利，英语这次考了班级前三，考出了自己的水平，其他科目的情况也很不错，数学前二十、语文前十、化学前十、物理前十五、历史前五、道法前十，之前出现读错题的情况，现在也很少出现了。"

"自己坚持读社会工作者给的 70 个提升自我效能感的句子，感觉很有用，这是一些很有力量的文字。"社会工作者进一步强化这些句子的功效，鼓励他感觉有效就多读。

社会工作者进一步询问："如果再遇到学业受挫，你会用什么话来替代自己内心消极的想法?"服务对象表示："'仔细想一下，没什么大不了的。''考试成绩会波动是正常的。'这样想之后，就算考试成绩差，情绪波动也没有之前那么激烈了，想要杀死自己的念头也没有了。"

与父母关系层面，服务对象表示："父母最近已经没有取笑我了，他们现在还挺关注我的，能够感觉他们有些担心我。对他们的变化有些不适应，但总体是好的。"

除此，社会工作者还向班主任询问服务对象的表现。

班主任反馈："我觉得他最近状态还是蛮好的，我觉得是因为您那边的有效跟进。"

通过社会工作者在面谈时对服务对象的观察，以及服务对象与其班主任的语言反馈，通过辅导，服务对象转化消极信念，能够合理看待成绩，情绪平稳，学业顺利，亲子关系也有所改善，危机已经解除，目标达到，服务成效显著。

考虑到服务对象之前翻窗跳楼的行为存在比较大的风险，以及社会工作者对其跟进后，服务对象在客观上并未遇到比较大的学业挫折，之后若遇到重大挫折，是否存在偏激行为，仍需重点关注，所以并未对其完全结案。

六、结案

通过持续跟进，服务对象在后期的学习生活中，情绪平稳，学业发挥也比较稳定。2022 年 7 月，中考成绩出来之后，社会工作者通过 QQ 与服务对象联系，询问中考考试结果，服务对象表示："还可以，564 分（满分 610 分）。给自己点赞!"社会工作者对其表达祝贺。由于服务对象顺利毕业，所以结案。

七、专业反思

（一）情绪 ABC 理论能有效指导学生调节情绪与行为

情绪 ABC 理论在初中以上学生的情绪行为调节中运用，成效非常显著，并具有推广的意义。情绪 ABC 理论原理比较简单，理解起来不困难，并且具有一定的结构性，通过多加练习，掌握起来也比较容易。初中生随着元认知的发展，自我觉察能力也有所提升，特别是针对比较擅长反思以及语言表达比较好的学生，运用情绪 ABC 理论引导其看见自身的信念与情绪行为的关系，并且通过家庭作业等练习，结合自身具体化的事例，促使其看见非理性信念对自身情绪和行为的影响，进而引导其对非理性信念进行溯源反思，质疑与辩斥，协助其用新的积极信念替代原有的非理性信念，进而调整自身的情绪以及行为，整个过程能够很好地增进学生对自我的认识，提升其自我情绪和行为监管的能力，掌握这种技巧对其未来的成长非常有帮助。

（二）面对危机，社会工作者需整合资源构建安全大网

整合各方资源为学生构建一个应对危机的网络是极其重要的，积极完善的危机应对系统，就像一张安全的大网，即使危机从天而降，也能够很好地兜住，保证服务对象的安全。在校园发生危机时，学校社会工作者作为学校危机应对机制的一环，扮演着非常重要且多元的角色。面对发生危机的服务对象，社会工作者需要评估其身心状态以及危机程度，了解压力源，并且制订以及执行跟进方案；面对学校领导，社会工作者需要及时汇报危机处理进度，以便领导作出更加宏观的危机应对决策；面对班主任，社会工作者需要与其同步服务信息，并给予其跟进建议；面对服务对象的家长，社会工作者针对后期家长需要应对的问题进行指导；此外，学校社会工作者还要推动完善服务对象的朋辈网络，对其好友以及班级心理委员展开教育，促使其掌握应对危机的技巧，并且发现异常时及时上报，将危机预防落到细微处。

八、督导寄语

社会工作者抓住了服务对象的主要问题，制订了合理的跟进计划。针对服务对象的自杀危机，社会工作者链接了不同资源形成一张服务防护网，发挥其资源链接的重要角色；针对服务对象频繁的自我否定引发的情绪问题，社会工作者运用情绪 ABC 理论帮助服务对象调整非理性信念，重构积极的信念。整体服务对于校园内同类服务有推广意义，但因个案具有危机因素，社会工作者需注意服务的追踪及服务资源网络的持续跟进。

群星闪耀伴我行①

——社会支持理论视角下的普校特殊学生个案干预

一、案例背景

（一）基本资料

服务对象亮亮（化名），男，6岁，就读小学一年级。

（二）个案背景资料

引发事件：班主任及各科任老师反映，服务对象自开学以来，行为刻板、固执，对指令和规则的理解和执行差，不合群、几乎不能正常沟通和交流，上课期间自顾自地说话、走动，无法遵守班级纪律和课堂规则。课间多次随意打人，抓女生头发。班主任和科任老师一筹莫展，学校领导对服务对象的在校情况十分重视和关注，召集班主任和科任老师及社会工作者开会讨论决定，由社会工作者跟进，提供专业支持与服务。

曾作出的调适及成效：服务对象曾在幼儿园期间被儿童医院诊断为疑似孤独症，但服务对象父母不够重视，认为给服务对象足够的时间适应环境就会得到改善。然而，服务对象的情况并未好转，反而影响正常的学习和生活。

家庭背景：一家五口，父母为主要抚养人，姥姥姥爷辅助，父母工作需要经常出差，轮流照顾服务对象。

---

① 作者：张晓湘，中级社会工作师，深圳注册社会工作者。

行为表现：行为和语言刻板重复，一句话反复说十几遍，对指令和规则的理解和执行差，常常自顾自转圈圈。课间随意打人，有攻击行为。

人际关系：社交能力比同龄人弱，难以发展、维持和理解人际关系，缺乏社交和情绪上的互动，包括来回的对话和情绪分享。

情绪状况：服务对象的需求一旦没有得到满足就会情绪失控，对人拳打脚踢。

健康状况：服务对象外貌无特殊，五官无畸形，四肢未见异常，身体其他机能正常。

支持网络：服务对象没有进一步确诊，也没有进行相应的康复训练。学校领导和老师们对服务对象的在校情况十分重视和关注，社会工作者介入。

二、理论运用

社会支持理论认为，一个人所拥有的社会支持网络越强大，就能越好地应对来自环境的各种挑战。而以社会支持理论取向的社会工作，强调通过干预个人的社会网络来改变其在个人生活中的作用。特别对那些社会网络资源不足或者利用社会网络能力不足的个体，社会工作者致力于给他们以必要的帮助，帮助他们扩大社会网络资源，提高其利用社会网络的能力。

（一）心理层面

服务对象在校不能与同学、老师进行正常的交流沟通，无法用清晰的言语表达自己的需求，渴望得到他人的理解、接纳。不利于服务对象的心理健康。

（二）生理层面

服务对象感觉异常，特别是听觉敏感，尤其害怕厕所冲水的声音，开学近一个月无法在学校如厕，导致有一次课上尿失禁，较为严重地影响服务对象的学习和生活，不利于服务对象的身体健康。

（三）家庭层面

服务对象父母因为工作较忙，常常出差，没有进校陪读，不能直接地观察到服务对象在校的行为表现，当学校多次提出服务对象的行为异常时，其父母认为学校不够接纳服务对象，过度保护意识强烈，要求学校给服务对象足够适应环境的时间。家长对服务对象存在的问题没有给予足够的重视和正视，使得服务对象的家庭支持网络较弱。

（四）学校层面

服务对象课间多次随意打人，抓女生头发，同学们对他避而远之，家长投诉不断，表示服务对象存在较大的安全隐患。老师缺乏对特殊学生问题的正确认识和引导方式的学习，老师的支持网络较弱。学校没有相关资源教室和资源老师，不利于服务对象融入学校新环境。

综上所述，服务对象的社会支持网络还不是很健全，医疗、康复机构等正式的社会支持资源比较匮乏，朋辈、老师、家庭等非正式社会支持资源欠缺连续性机制，面临各方面的困境，当一个人的社会支持网络缺失的时候，会给他带来相应的心理困境及发展障碍。因此，构建服务对象的社会支持网络十分必要。

三、需求分析

（一）环境适应需求

服务对象自身生活自理能力的表现相比同龄儿童稍差一些，情绪、行为、社交等方面还需要提升。因此，服务对象需要规范个人行为，适应新的学习环境。

（二）家庭支持需求

服务对象目前没有解决问题的能力（包括心理、生理、社交等），因此，需要得到家庭的帮助和支持，打消一切顾虑，帮助服务对象适应新的学习环境。

(三) 康复资源需求

由于服务对象的问题不能按照一般学生的行为表现处理和解决，因此，需要专业的康复机构和特教老师的支持，帮助服务对象改善现有问题和融入新的学习环境。

(四) 校园支持需求

服务对象的情况在普校中并不常见，服务对象需要得到班主任及科任老师的正确引导、理解和支持，帮助服务对象适应和融入新的学习环境。

(五) 朋辈支持需求

服务对象的社交技能薄弱，期待与部分同学互动，不过由于缺乏社交技巧而常常造成反面的效果，服务对象需要与同学交流互动，融入集体的生活。

四、服务计划

(一) 服务目标

1. 总目标

搭建服务对象支持网络，挖掘服务对象优势资源，注重服务对象发展、营造和谐融合的学校环境氛围，促进服务对象与外界的良性互动，使其在学校得到更好的成长。

2. 具体目标

(1) 帮助服务对象规范行为，改善服务对象无故攻击他人、抓女生头发等不良行为。

(2) 为家人、老师提供支持，学习服务对象情绪与行为问题的处理方法和策略。

(3) 完善服务对象的社会支持网络，协助建立两种以上正式网络，一种以上非正式网络。

（二）服务策略

1. 家庭支持需求

获得家人、影子老师的支持，改善服务对象目前的行为、社交等问题，增强服务对象与外界良性的互动。

2. 康复支持需求

链接康复机构资源相关方，将现有资源引入解决目前面临的生理、行为、社交等问题。

3. 专业支持需求

链接资源对班主任和科任老师进行相关培训，了解和学会如何应对服务对象的行为问题及应对策略。

4. 朋辈支持需求

建立同伴友好关系，增进与朋辈之间的良性互动，提高服务对象融入集体的能力。

五、介入过程

（一）第一阶段，收集服务资料，建立良好关系

社会工作者一开始先在课堂上和课间对服务对象进行行为、社交、情绪等方面的观察。在前期建立关系时，社会工作者和服务对象以玩专注力小游戏的方式联结情感，如"疯狂对对碰""叮咚彩色鱼塘"等游戏，社会工作者发现服务对象的记忆力很好，反应也特别快，及时给予服务对象鼓励，在服务对象做得对的时候运用暗号手势进行击掌。两三次面谈下来，社会工作者很快与服务对象建立起了良好的关系，成为服务对象在校的信任对象。

社会工作者多次与服务对象父母进行深入沟通，采用倾听、同理、无条件接纳、积极关注等技巧来加强彼此之间的情感联结，减少他们的排斥心理，得到他们的理解和认可，达成共识，共同努力解决服务对象面临的问题，帮助服务对象尽快适应学校生活。

（二）第二阶段，协助服务对象，初步建立常规

社会工作者结合自身优势，根据服务对象在校的一些行为表现，与服务对象约定了几个简短有力的指令（例如等待、暂停、回座位、坐下），通过刻意练习，帮助服务对象学习常规以及调整行为习惯。服务对象听到这些指令便能迅速作出相应的反应。例如，服务对象在课堂上常常离开座位走动，社会工作者在他不扰乱课堂纪律时不予干涉，但如果发现他有扰乱课堂纪律的苗头时，会迅速给出"回座位""坐下"的指令，经过反复刻意的训练，服务对象在情绪稳定的情况下，即使是其他老师发出指令也能够较好地遵守。

当服务对象与班级同学发生矛盾或出现影响课堂纪律的行为、情绪波动较大时，社会工作者给予及时的情绪疏导和人际关系方面的引导。

（三）第三阶段，提供家庭支持，促进家校合作

1. 获得家庭支持，链接康复资源

为了更好地帮助服务对象融入新环境，社会工作者和服务对象父母多次沟通交流，服务对象父母慢慢意识到可以通过科学专业的康复治疗帮助服务对象尽早融入社会，表示到儿童医院进行康复通勤时间较长，社会工作者链接学校附近康复机构和特教老师进行具体的行为、社交技巧康复训练，上午在校学习生活，下午进行专业的康复训练。除此之外，服务对象父母因工作繁忙上午无法进校陪读，寻求社会工作者支持，社会工作者帮助链接特教机构影子老师进校陪读，规范服务对象行为，并给予学习和生活上的正确指导。

2. 强化家庭支持，家长赋能培训

社会工作者注重服务对象家长对服务对象的居家练习、居家互动及教养方法的能力提升，强化家庭支持力量。因此，社会工作者在居家练习方面：录制21节《专注力小课堂》微课，服务对象和其他同学通过21天居家跟练打卡专注力练习，有效提升注意力；在居家互动方面：开展一场"游戏带领家长工作坊"，以寓教于乐的体验式学习方式教会服务对

象家长及其他家长 50 个简单有趣的亲子游戏，增进亲子之间在家里的互动，拉近家长与孩子之间的距离；在教养方式方面：开展 6 节小组"正面管教家长成长营"，通过案例讨论、情景剧等形式教会服务对象家长与其他家长掌握科学育儿的方法，学会合理表达情绪，愤怒管理、正面语言等 52 张正面管教工具卡，提升家长的家庭教育技能，促进良好的亲子沟通。

（四）第四阶段，增强老师专业知识，完善老师支持网络

组织学校班主任和科任老师参加学校购买的专业服务"我和特殊学生如何谈"主题讲座，从特殊学生的种类、特殊学生的症状、如何得到家长支持以及如何和特殊学生进行有效沟通等方面，提升老师对各类特殊学生问题的科学认识和理解，促进班主任及科任老师对服务对象的关爱与包容，给予服务对象有效的支持和引导。

（五）第五阶段，构建同伴互动环境，完善朋辈支持网络

社会工作者入班开展了一系列同伴支持活动，例如"同伴交往，友你友我""凝聚一心，你我同行""独一无二的我"等主题班会。通过了解服务对象的个别差异化，倡导学生对服务对象有更多的尊重与接纳。通过小组讨论、情景扮演等形式，培养学生理解、包容、共情他人的能力。学生通过学习与服务对象互动交往的小技巧，营造更加和谐的班级氛围。同时，由班主任在班内挑选出两名责任感较强的同学，作为爱心小天使，对服务对象在班的情况进行及时的引导。处理不了的时候，懂得及时联系影子老师或社会工作者进行跟进。

六、专业评估

（一）评估方法

1. 观察评估

通过观察法，比较服务对象接触服务前后的变化。社会工作者通过课堂观察发现服务对象的规则意识增强，课间的攻击行为减少。同时，服务对象在校如厕困难也得到了解决，现在可以独立上厕所。服务对象

的笑容比以前灿烂了很多，同学们对服务对象照顾有加，主动帮助服务对象，服务对象也可正常参与班集体活动。

2. 问卷评估

对服务对象目标达到情况以及服务满意度进行评估。服务对象家庭对社会工作者的服务非常满意，认为服务对象在行为矫正、情绪控制和社会支持网络等方面都有了比较明显的改变，对未来生活的自信心和生活动力都有所提升。

（二）目标达到情况

社会工作者介入后，服务对象的社会支持网络得到增强，获得康复机构和影子老师两个正式网络的支持，获得家长、班主任、班级小助手等多个非正式网络的支持。

（1）服务对象得到家庭网络支持，积极参与康复治疗并较好地融入学校生活，服务对象现在情绪稳定，能较好地听从指令，攻击行为减少，可以较好地融入学校新环境。

（2）服务对象家庭通过社会工作者的资源链接聘请了专业的影子老师进校陪读，更直接地给予服务对象行为、社交上的指导与支持，更有利于服务对象融入校园生活。

（3）服务对象可以正常上厕所，生理需求和健康问题都得到了解决，自身支持网络得到改善。

（4）班主任、学科老师学会了应对服务对象问题正确的引导方法，更清晰地了解了如何与服务对象交流互动，学校支持网络得到改善。

（5）同学们对服务对象照顾有加，主动帮助服务对象，服务对象也可正常参与班集体活动，朋辈支持网络得到改善。

七、结案

经过社会工作者干预，服务目标已基本达到。服务对象在校的情绪趋于稳定，在课堂上基本不离开座位，遵守秩序，无攻击行为，可以在学校如厕。服务对象的安全感逐渐增强，顺利适应学校生活。

经评估已达到预期成效，社会工作者告知服务对象将要结案，并做好结案准备及处理好离别情绪。同时做好每周一次跟进服务，巩固服务效果。

八、专业反思

（一）资源链接、多方协同

在本次案例中，社会工作者积极发挥资源整合的能力，帮助服务对象得到最大的改善和支持。社会工作者以尊重、接纳、理解、不批判为基点，全面客观了解服务对象的实际需求和困难，并以增加服务对象的社会支持网络为介入点，挖掘其优势资源，链接外部资源，协助服务对象建立新的支持网络。

（二）为服务对象父母提供情感支持

除了对服务对象个体提供的支持外，社会工作者还给服务对象父母提供情感上的支持，组织支持小组，将特殊学生父母组织在一起，通过小组分享，消除孤独感与无助感，组员可以了解其他人的情况，逐步产生相似感，进而发展出组员的一致性，让父母们有相互扶持的感觉。

九、督导评语

对于自闭症儿童来说，症状是不可逆的，想要通过个体辅导让其改变是很难的，自闭症儿童在普通学校学习和生活，面临着大出正常学生不知道多少倍的困难。社会工作者从服务对象实际需求出发，更多考虑其学校融入度和适应性，采用社会支持理论作为理论支撑，从家庭、学校、社会多个维度帮其搭建社会支持网络，帮助服务对象更好地适应学校生活，融入集体，得到来自各方的关爱，这对服务对象及其家庭来说都是最迫切的需要、最实在的服务，这也是"用生命影响生命"在服务对象身上最好的体现。

拉住悬崖边上的手[①]

——危机介入模式在学生心理危机辅导中的应用

一、案例背景

(一) 基本资料

L，女，17 岁，就读某民办中专二年级。和父母、奶奶生活在一起，来自潮汕家庭，家里兄弟姐妹较多，排行老四，下面还有一个弟弟。父亲是典型的潮汕人，做生意，对孩子的要求不高，平时比较温和；母亲全职在家，操持家务，比较宠爱弟弟，对 L 也还不错。L 对读书没兴趣，从小到大的学业表现较差，父母对她的学习期待也不高。和父母双方的关系一般，和奶奶关系相对好一些。

(二) 个案背景资料

L 从小性格内向，语言表达能力也不强，在小学时还有一两个好朋友，初中时基本没有，不会主动跟同学沟通，慢慢觉得同学不喜欢她，也不跟她玩。L 觉得自己的性格有缺陷，在学校遇到不开心的事情，会情绪低落，伤心、难受，但从来不和父母说，更不会和姐弟们说。L 一直比较叛逆，觉得自己和别人不一样，总想要证明自己是对的。

L 没有考上高中，父母让其读了一所民办中专，自己随便选了一个专业。L 近期不想上学，在家附近的一家工厂找了一个手工活，想着如果能

①　作者：刘娜娜，中级社会工作师，深圳注册社会工作者。

挣钱养活自己，就辍学打工。因为手工品不符合工厂质量要求，被老板劝退了，L很受挫，情绪一直比较低落。

近期L的父母在去接L返家的路上发生了交通事故，撞伤了路人，对方情况比较糟糕，一直在医院ICU住着，听到父母说要花很多钱给对方治疗。虽然父母没有埋怨L，但是L觉得家里要遭受很大的危机和经济压力，认为整个事情的罪魁祸首是自己。L心理压力很大，连续多日失眠，食欲减退，整天把自己关在屋子里，负面想法不断，认为自己无颜见父母家人，想要轻生，绝望之际，拨打了市中小学生心理辅导中心的热线。

二、理论运用与问题分析

本案例中的服务对象由于心理压力过大，具有自杀倾向的风险，社会工作者在线上辅导过程中果断运用危机介入模式。

危机介入模式是围绕着服务对象的危机而开展的调适和治疗工作，减轻危机事件的负面影响，帮助服务对象面对现实困难，通过提升服务对象的应对能力，恢复其社会功能。危机刺激来源分为发展性危机（如个人的成长和发展）、境遇性危机（如地震、车祸）和存在性危机（如生命无意义感、无价值感）。在本个案中，L面临着境遇性危机，也伴随着发展性危机和存在性危机，三种危机相互交织影响了L的心理和情绪状况，造成了她的心理失衡，社会功能下降。

其一，L长期经受个人成长发展的问题的困扰，当她进入依恋关系、朋辈关系发展的阶段，与父母、朋辈未形成良好亲密的互动，人际交往能力较弱。L处在青春期的关键阶段，此阶段生理快速变化和心理"半成熟"，由于大脑神经功能发育仍不成熟，情绪波动比较大，敏感脆弱，容易陷入自我同一性的矛盾中。

其二，由于突然遭受父母车祸撞人事件，L的精神和生活状况发生明显的变化。个人自责内疚的情绪涌现，让L备受精神折磨。父母到处奔波动用所有资源应对家庭困境，家庭遭受极大的经济危机。在这种情况下，L 发现用以往经验和方法难以克服当下的困难，长久处于痛苦不安、焦虑无助的状态，以致出现一些情绪障碍。

其三，受性格、不合理认知方式和对过往生活经历的负面影响让 L 对个人的存在和价值陷入深深的自我怀疑中。一是 L 从小性格内向敏感、渴望被关注，内心想法、矛盾冲突较多，容易产生精神"内耗"。二是负面生活事件的累积。在交友、学习、打工生活多方面的受挫，都让 L 感到一事无成，甚至产生"无能"感。三是非理性认知模式的影响。L 看待事情时容易陷入"糟糕至极""灾难化""极端化""情绪化推理"等非理性的思维模式中，遭遇挫折时不会自我调节，也不会向他人表达自己的情绪，导致负面情绪长时间积累，甚至想要采用伤害自己的方式来排解。

三、服务计划

（一）服务目标

消除危机带来的负面情绪，通过发掘内外的社会资源，帮助 L 恢复信心，提升应对现实危机的能力。

（二）服务策略

表 1　个案服务计划表

具体目标	跟进计划
1. 消除危机带来的负面情绪	1. 通过尊重、积极倾听、真诚、接纳等技巧引导帮助 L 舒缓负面情绪 2. 了解促发危机的诱发事件，评估风险等级
2. 提供支持，帮助恢复信心，发掘内外资源	1. 提供心理支持，协助 L 在无助中找到希望和力量 2. 帮助寻找积极资源，重拾 L 对外在世界的控制感
3. 提升应对危机的能力	1. 调整非理性认知，找寻可替代的方法 2. 制订安全计划 3. 链接资源，巩固辅导的效果

教育辅导领域

四、介入过程

（一）第一阶段，稳定情绪，确保安全

社会工作者接电话作自我介绍时，听到电话那头的 L 一直在哭，并且在努力压抑自己的哭声。社会工作者询问后，她尝试说明自己的情况，但是泣不成声，无法顺利地表达自己。社会工作者对其进行情绪安抚。了解她所在的位置，确保她当前是安全的。社会工作者安静地倾听 L 的诉说，让她有充足的表达机会，让压抑的情绪得到充分宣泄。

社会工作者："同学，你好，我这边在接听你的电话。你现在是不是特别难受，想要宣泄自己的情绪，没关系，难过的时候就要释放自己。不着急，慢慢来，我会在这里陪着你。"稍等了几分钟，社会工作者听到女生的哭声止住了，察觉到电话那头的女生似乎在一个封闭的空间，便问道："你现在是一个人待着吗？在哪里呢？周围有其他人吗？"

L："我现在在家里，在我自己的房间。"

社会工作者："哦，好的，你可以找一个舒服的地方坐下来，并且保证自己是安全的。"

……

（二）第二阶段，明确问题，评估危机

社会工作者了解到导致心理危机的诱发事件：前天父母在去接 L 从校返家路上发生了交通事故，把路人撞伤了，现在被撞的人还在医院，要花很多钱给对方治疗。父母没有对 L 说任何责备的话，但是家里其他姐弟说了 L，L 十分惶恐不安。此时，社会工作者体会到了 L 内心充满了愧疚、无助、纠结。社会工作者先关照 L 的这些情绪，协助她梳理内心的痛苦感受，释放压抑的情绪。社会工作者回应道："我一直在认真地听你说，从你的描述中我感受到了你的不容易，你心里想要做些事情帮助父母处理这件事，来弥补内心的不安，但又有点力不从心。"电话那头 L 听了社会工作者的话，虽然还有些哽咽，但整个人慢慢放松下来。社会

工作者意识到突发的"车祸撞人"危机事件给 L 带来了极大的焦虑和不安。事件发生后 L 整个人寝食难安,拒绝与他人沟通,并伴有自杀的意念。

同时 L 还说自己从小到大都不听父母的话,做了很多让父母失望的事情,总是等到发现做错的时候,才明白别人说的是对的。L 表示自己也想改变,可是控制不住自己,却每次又犯同样的错,自己也很无奈。

L 接着叙述自己"不顺利"的人生经历,比如自己的同学关系不好,不知道如何与同学相处,从小到大都是独来独往。没有太多朋友,偶尔有一两个朋友,但又觉得不能交心。下学期就中专三年级了,很快就要步入社会了,自己找了份工厂的工作,可是做出来的东西根本不合格,工厂老板还要重新返工,L 认为自己什么也做不好。社会工作者明显感觉到 L 对自己出现了非理性的认知,并且有绝对化和极端的认知倾向。

(三)第三阶段,给予支持,找回控制感

对话过程中,社会工作者对 L 目前的困扰采取了心理危机干预。一是给予情感支持,认为突然发生了这样的事情,让 L 及其家人很慌乱是正常的。L 为这件事情感到恐惧、不安也是正常的。父母没有责备本身就说明不想给 L 太大的压力,说明父母是很爱她的。二是向其输入希望,社会工作者向 L 表示现在发生了这样的事,对方还在治疗当中,结果现在还不确定,先不要给自己太大的压力,有时事情没有自己想象的那么糟糕,这个事情也需要慢慢地解决。三是帮助 L 恢复自信。L 不想让父母再次失望,想要改变自己,这说明她是一个内心善良的人,而且在遇到烦恼的时候就有求助的意识,主动寻求帮助,这本身就是正确而明智的选择。社会工作者愿意积极地帮助她。四是帮助 L 明白在这个过程中,父母、社会工作者都是她的社会支持力量,帮助 L 看到自身和外界的可用资源。社会工作者能够强烈地感觉到,L 在与其对话沟通中自信心和心理能量在逐步提升。

(四)第四阶段,调整非理性认知,找寻可替代的方法

针对 L 的认知偏差,社会工作者引导她还原觉得"一事无成"的经

历，让她看到自己任意推断的认知模式，并回顾近段时间的"打工经历"，让她转向关注积极的部分，帮助她看到事情的多面。通过探讨例外情况、成功经验，询问"在什么情况下，你的感觉没那么糟糕""以往出现强烈情绪的时候，你还用过哪些安全方法"，总结出还可以用情绪调节方法，如画画、看动漫、跟奶奶聊天。社会工作者不断传达理解与关心，引导她"愿不愿意尝试用一种对自己更好的新方法"；在她默许后，带领她运用正念疗法，鼓励她试着用旁观者的视角观察自己的情绪、与情绪共处。虽然初次练习正念时 L 并不容易进入状态，但表示感觉有变好一些。

（五）第五阶段，制订计划，得到承诺

在评估 L 的危机状态逐步缓解后，社会工作者带领 L 讨论制订具体的安全计划。

（1）当有自杀念头时，尝试用更理性的认知与自我对话。

（2）复习在辅导中与 L 讨论的内容。

（3）花时间做些让自己感觉好点、能控制自杀念头的事情。

（4）确认自己目前可用的资源。

快要结束的时候，社会工作者询问 L 现在是否感觉好一点。L 思考了一下，反馈说感觉好多了，说出来心里舒服多了，感谢社会工作者能够理解她，并让她认识到自己现有的一些情绪是正常的，接下来会积极面对，还提供了家人的联系方式。

（六）第六阶段，总结服务，巩固辅导效果，链接资源

最后，社会工作者与 L 一起复盘心理辅导的过程，为 L 提供以下建议。

（1）日常生活中要关照自己，注意觉察自己的情绪。压力大的时候，或者情绪低落的时候，可以采用正念减压的方式让自己放松下来。

（2）建议不管有任何困难、疑问，都能够像今天和心理老师沟通一样，主动向家人、自己的重要他人表达自己，沟通想法，寻求父母、家人或专业人士的帮助。

（3）考虑到 L 还是学生，社会工作者为 L 链接了后续的一对一的公益心理面询资源和专科医院的心理危机援助热线。也明确告知后续如果有困扰，欢迎打电话或面对面地交流。

五、专业评估

（一）评估方法及评估内容

1. 评估方法

根据个案的情况，采用问卷法进行评估。

2. 评估内容

（1）参考徐凯文的自杀自伤评估表，从自杀意念、自杀计划、自杀行为史、现实压力和支持资源等多方面综合研判 L 的自杀风险等级。本案例中的自杀自伤评估表如表 2 所示。

表 2　自杀自伤评估表

	无	有（低）	有（高）
评估自杀、自伤计划	0	1	2
评估既往相关自杀、自伤经历	0	1	2
评估目前现实压力	0	1	2
评估目前支持资源	2	1	0
临床诊断	0	1	2

备注：0~2分，可以回家，报告督导，需要观察随访
3~4分，报告行政领导，报告院系辅导员，密切观察随访；24 小时监护，24 小时后再评估。可以通知父母
5~6分，报告行政领导，报告院系辅导员，密切观察随访；通知父母，送精神科门诊，或精神科会诊，24 小时监护，强烈建议住院
7~10分，通知父母，立即住院

（2）邀请 L 填写个案意见评估表，了解其对社会工作者服务的满意

情况、问题的解决情况、对未来生活的信心。

（3）分别与 L、L 父母进行访谈，了解 L 的情况。

（二）目标达到情况

本个案为线上辅导个案，除线上 3 个小时的危机干预和心理辅导外，还与 L 链接了更多社会资源，后续跟踪了 1 个月。具体目标达到情况如下。

1. 目标一：消除危机带来的负面情绪

（1）跟进过程中，社会工作者觉察到 L 的情绪后，立即采取措施帮助其稳定情绪，帮助其舒缓负面情绪。

（2）在与 L 沟通的过程中，社会工作者发现 L 存在自杀风险的可能，在不断引导沟通中，帮助 L 重新建立与外界的情感链接，建立安全感，确保 L 的人身安全状态。

通过社会工作者的干预，L 情绪平复下来，自杀行为的可能性不高，"消除危机带来的负面情绪"这一目标，达到情况较好。

2. 目标二：提供支持，帮助恢复信心，发掘内外资源

按照徐凯文自杀自伤评估表评估，L 得分 3 分，研判 L 为中低自杀风险，当事人仅有自杀的念头，近期并无明确计划，更没有自杀准备与自杀未遂行为，且自杀冲动可控。按照中低风险自杀个案的介入策略，确定介入方向和目标是：提供心理支持、协助当事人寻找积极资源，重获应对危机的策略。在该辅导阶段，社会工作者参考徐凯文教授的心理危机干预"八步"法，并结合 L 的实际情况进行了适当修改调整。通过提供心理支持、积极赋能，发掘自身的优势和资源等方式帮助 L。

L 在绝望无助中看到了自身的力量，点燃了生的希望，与社会工作者、重要他人（父母、奶奶）重新建立了情感链接，重拾对外在客观世界的控制感，不断获得了应对现实困难和危机的勇气。

经综合分析，"提供支持，帮助恢复信心，发掘内外资源"的服务目标达到情况较好。

3. 目标三：提升应对危机能力

介入后期，通过认知疗法、焦点解决等技巧，帮助 L 发现自己的非理性认知，引导 L 思考更多面对困难的安全应对方法，尝试建立理性的认知模式；制定安全卡，具体化安全计划的内容，让 L 获得切实可行的执行方案，在日常生活中帮助 L 提升应对危机的能力。最后，社会工作者链接了公益资源，帮助 L 巩固辅导的效果。

在辅导后期，L 觉得社会工作者提供了很有效的帮助，同意结案和回访，还提供了家人的联系电话。因此，"提升应对危机能力"这一目标达到情况良好。

4. 社会工作者评估

根据 L 的自杀自伤评估表的前、后测对比及介入过程、回访的评估，L 家庭的车祸撞人事件以经济赔偿的形式解决后，L 轻生的想法很少再出现了，与家人的关系也稍近了一些，目前各方面状态好转。总目标达到情况良好。

六、结案

（一）结案原因

L 的自杀风险降低，危机状态解除，后续转介，转为一般的心理辅导跟进，计划的目标已经达到。

（二）结案处理方式及建议

与 L 共同回顾问题的解决情况、采取的行动和步骤，对 L 的转变给予认可和赞赏，继续告知 L 热线辅导的时间和流程。结案后，社会工作者会进行跟踪回访，每周回访 1 次，回访 1 个月。

七、专业反思

危机个案多是带着突发、紧急的痛苦和困惑前来求助，有着强烈希望改变自身现状的意愿，社会工作者需要化身为强大的"容器"和"稳

教育辅导领域

99

定剂"，用专业技巧抽丝剥茧帮助求助者解除危机状态，更好地应对当前的问题。危机带给每个人的感受和影响不同，社会工作者能做的就是相信服务对象在今后有能力面对与过去发生的类似的困难，即使遇到困难，也会有人帮他一起解决。危机导致的不仅有负面的影响，也有积极的意义和价值。危机包含危险和机会，危机的发生即意味着问题解决的机会和开始。专业的介入、真诚的陪伴是有力量的，可以化危机为转机。

八、督导寄语

本案例中，社会工作者介入效果明显，通过危机介入理论，帮助服务对象恢复信心，为其输入希望，重构其社会支持网络，帮助她找到解决困扰的策略。社会工作者灵活运用危机干预技巧，充分利用一切可利用资源，把危机热线与个案辅导相结合，也是做好个案管理和资源链接的体现。该个案也取得了良好的效果，服务对象的自杀危机状态解除，是很成功的典型个案。通过强化其内在优势，如自我价值、自尊自信等，巩固其持续性，全面提升服务对象的危机应对能力。

高考压力大　绿植来帮忙[①]
——园艺疗法在高三学生压力舒缓服务中的运用

一、案例背景

S 学校为深圳市直属高中，作为寄宿制重点学校，学生从高一开始就面临紧张的学习压力。社会工作者与班主任老师反馈高三学生学习压力大，频繁的月考也会造成部分学生的名次反复，带来情绪上的困扰。在上学期开展的学校学生服务需求调研结果显示，困扰高三学生最大的问题是学业压力，在日常咨询工作中了解到部分同学压力来临时有头痛、注意力不集中、肠胃痉挛等表现。因此社会工作者结合高三学生需要减压的服务需求，运用园艺治疗中的技巧和方法以开展小组工作的形式，通过种植养护、制作种子画、制作压花等活动帮助服务对象减压。

二、服务需求分析

生理层面：压力来临时服务对象生理处于紧张的状态，他们的需要是放松身体，舒缓因压力带来的头痛、注意力不集中、肠胃痉挛等身体状况。

心理层面：服务对象在压力来临时存在自我贬低、不自信的情况，需要帮助服务对象正确认识压力，在压力来临时懂得如何处理，获得与压力共处的能力。

---

① 作者：邱正平，中级社会工作师，深圳注册社会工作者。

教育辅导领域

社交层面：在压力来临时，服务对象倾向于自我消化，甚至不愿意与人交流，需要帮助服务对象在压力状态下也能主动与同学、老师交流沟通，并能在遇到困难时懂得求助，获得老师或朋辈的支持的能力。

三、理论运用

园艺疗法是利用人与植物的和谐互动关系为推力，通过身体运动、精神投入、希望期待、收获与享受等一系列过程，在营造和谐的人与环境关系中实现对个体、团体及社区的治疗、康复和发展目标，最终促进服务对象生理、心理和社会功能的调整、改善并达到复原目的的一种技术和方法体系。[1] 美国园艺疗法协会在 1997 年提出，园艺疗法是一种利用植物、园艺活动和大自然的环境来促进个体在身体、心理和精神上的功能，以提升认知与健康的过程。

运用园艺疗法开展减压服务，可帮助服务对象从繁忙高强度的学习节奏中解放出来，使其身处恢复性环境中，有利于帮助服务对象放松身体，注意力恢复，内心的杂念逐渐减少，从而达到彻底释放压力的目的。同时还可帮助服务对象建立对自然的亲密连接，感受到作为生命一份子的欢喜与敬畏，不随意自我贬低。同时，服务对象在种植和照护植物过程中获得能力感和成就感，感受到在压力状态下自身的正向改变，习得正向看待和处理压力的方法。

四、服务目标

一是运用园艺疗法注意力恢复理论相关知识，通过引导服务对象进行植物种植、养护活动，以提升服务对象专注力。

二是运用园艺疗法及生命理论相关知识，通过引导服务对象进行植物种植、养护、压花制作等活动，引导服务对象关注当下，减轻服务对象学习压力。

---

[1] SHOEMAKER C. Horticultural Therapy ［J］. Springer Netherlands，2014（12）：1-5.

五、服务过程

（一）服务对象招募

在高三年级招募有舒缓压力需要的学生，每节参与者8~12人。

（二）服务性质

开放性支持小组，因高三学生学习安排紧张，参与小组时间可能存在不确定性，故设置为开放性小组。运用社会工作小组活动中支持性小组工作方法在服务过程中引导服务对象学习分享和交流，帮助组员建立信任感、支持感等正向的连接，并将在小组中习得的分享、交流、获得支持的技能运用到实际生活中。

（三）服务时间

2021年12月8日、15日、22日、29日，以及2022年1月5日，16：40—17：25。

（四）小组内容及小组秩序

表1　小组工作计划表

节次/时间	主题/节次目标	内容	物资
第一节/ 2021年 12月8日	主题：小组成立＆种下种子 节次目标：组建小组，订立小组契约	1. 名字接龙，相互认识：社会工作者作自我介绍，邀请各位组员作自我介绍	PPT、铭牌、笔
		2. 对小组内容进行介绍，小组期望与目标澄清	PPT
		3. 植物与人的关系 （1）认识植物：提问，你最喜欢什么植物 你觉得植物有什么作用？引出植物的作用 （2）总结：人和植物的关系 （3）引出：小组开展目的	PPT

节次/时间	主题/节次目标	内容	物资
第一节/ 2021 年 12 月 8 日	主题：小组成立 & 种下种子 节次目标：组建小组，订立小组契约	4. 种下植物 （1）认识植物与种植工具 （2）带领组员按照相应步骤进行种子播种	种植工具、种子等
		5. 引导组员确定小组契约内容，并写在大白纸上，签上每个人的名字以示小组成立	彩笔、大白纸
		6. 社会工作者总结，小组结束	—
第二节/ 2021 年 12 月 15 日	主题：种子成长记 节次目标：通过小组活动提升专注力	1. 回顾上一节小组内容，预告本节内容	PPT
		2. 分享种子成长情况：引导组员分享每个人种下的种子生长情况	PPT
		3. 种子画介绍：介绍种子画制作的工具及制作步骤	打印的测评结果
		4. 种子画制作：开展种子画制作	种子画制作工具
		5. 回顾小组内容，分享感受，小组结束	PPT
第三节/ 2021 年 12 月 22 日	主题：植物养护与照顾分享（一） 节次目标：引导组员进行植物照护经验交流，增进沟通，互相支持，放松心情	1. 回顾上一节小组内容，预告本节内容	PPT
		2. 引导组员分享种植日记、种植的经验	PPT
		3. 向组员介绍压花的步骤、原理、工具	PPT、压花工具
		4. 带领组员开展压花制作	PPT、压花工具
		5. 回顾小组内容，小组结束	PPT

节次/时间	主题/节次目标	内容	物资
第四节/ 2021 年 12 月 29 日	主题：植物养护与照顾分享（二） 节次目标：引导组员分享照护植物的经验，心情变化，进一步增进组员沟通，互相支持，放松心情	1. 回顾上一节小组内容，预告本节内容	PPT
		2. 引导组员分享种植日记，种植的经验	PPT
		3. 向组员介绍压花卡片的步骤、原理、工具	PPT、压花卡片工具
		4. 带领组员开展压花卡片制作	PPT、压花卡片工具
		5. 回顾小组内容，小组结束	PPT
第五节/ 2022 年 1 月 5 日	主题：我和我的植物 节次目标：种植日记分享，小组回顾	1. 回顾上一节小组内容，预告本节内容	PPT
		2. 引导组员分享植物照护、种子画及压花作品	PPT、植物、种子画、压花作品
		3. 引导组员分享种植过程中心情的变化及在小组过程中的感受	PPT
		4. 引导组员分享小组中最难忘的事情	PPT
		5. 社会工作者告知本节小组结束，做离别情绪处理	PPT
		6. 社会工作者总结，邀请组员填写反馈表，小组结束	PPT、反馈表

六、服务实施效果

根据发展的 5 个阶段记录，本案例在各阶段的实施效果如下。

（一）形成阶段

在小组的形成阶段，组员对小组的参与比较积极，部分组员在刚开

教育辅导领域

105

始作自我介绍时善于与组员进行互动，当带领的社会工作者引导组员进行种植活动时，气氛顿时变得热烈起来。个别之前和别的组员不熟悉的组员相对较为沉默且被动，发言较少，行动较为滞后。部分组员性格开朗，分享较多，导致其他较为被动的组员没有时间分享自己的心得。社会工作者通过热身游戏，引导示范，运用尊重、同理、真诚的技巧，协助组员相互认识，澄清小组目标及社会工作者的工作价值观与工作方式，引导组员营造一个安全、信任和放松的小组氛围，在这个阶段组员开始熟悉起来。

（二）开始阶段

在开始阶段，因部分组员无法全程参与，小组成员存在矛盾、冲突的状况，来的组员还会对于不能用小组时间写作业学习感到一些遗憾，但又表示如果继续学习也是没有效果的，不如来参加小组放松一下，提高学习效率；组员在社会工作者讲解时能专心听讲，在动手制作种子画时，由于场地和物资有限，需要组员合作与互助，组员耐心等待、分享物资，并积极地解答或帮助其他组员，一定程度上促进了组员的互动和交流。因时间有限，部分组员的种子画没有办法在小组规定时间内完成，社会工作者与组员协商，组员可以利用课间来继续完成。

（三）转换阶段

经过上一阶段的冲突与试探后，组员敢于交流自己更私密的感受和情绪，在进行集体植物照护和养护中，组员之间相互认可和肯定对方种植的植物，小组成员不只是和社会工作者互动，而是与所有组员都能积极互动。社会工作者通过观察，发现一名之前很少发言的被其他组员认为"很内向文静"的组员，在这个阶段能很热情大方地向别人介绍自己的植物。

（四）工作阶段

在这一阶段，组员之间的配合更加默契，在分享压制的干花时，看到漂亮的干花原材料，组员间相互肯定，表示很有成就感。在制作压花卡片时，所有组员注意力高度集中，组员交流变得很小声，有条不紊地进行卡片制作。在分享时，组员表示在小组活动制作卡片时是自己近段时间以来最专注的时刻，"犹如进入了不被人打扰的世界，在自己的创作世界里徜徉"，还有组员表示在小组里很快把来之前的压力和焦虑等情绪抛到脑后，思绪和情绪得到了完全的清理，感受到了前所未有的放松，并表示看到成品的时刻感受到了成就感。

（五）结束阶段

到了结束阶段，社会工作者宣布小组即将结束时，有的组员显示出依依不舍的表情，也有组员主动询问，小组结束后是否可以把植物留在这里，或者继续利用空余时间完成未完成的种子画等。社会工作者首先鼓励组员将因小组结束产生的情绪表达出来，通过小组回顾等环节帮助组员回顾整个小组及在小组活动收获到的积极意义，肯定组员在活动中积极的一面，在创作中的创造性及所发生的改变。

七、服务评估

本次小组活动共开展 5 节，每节参与人数 8~12 人，参与 34 人次，小组组员出勤率为 68%，活动根据定性及定量评估要求，采取了问卷评估及访谈法等评估方式。

从过程评估方式中可以看到小组组员对每节活动的满意度较高，小组目标平均达到率 98.5%，具体情况如下：

（1）小组的目标达到率 100%。

（2）对社会工作者的满意度是 100%。

（3）小组内容的满意度是 98.5%。

表2　小组服务满意度调查表

调查项目	5 非常同意 （个）	4 同意 （个）	3 还可以 （个）	2 比较不同意 （个）	1 不同意 （个）	0 非常不同意 （个）	平均分
参加小组让我专注力得到提升	7	0	0	0	0	0	5.0
参加小组让我能关注当下	7	0	0	0	0	0	5.0
参加小组让我减轻压力、舒缓情绪	7	0	0	0	0	0	5.0
我对社会工作者的表现感到满意	7	0	0	0	0	0	5.0
我满意小组的形式	6	1	0	0	0	0	4.9

八、专业反思

（一）园艺疗法在学校社会工作中的可操作性

园艺疗法在学校社会工作的实施过程中，通用的过程模式依然有一些指引性的步骤和程序。[①] 在活动设计方面，需要根据服务对象的具体需要及学校的环境条件等来选择合适的方案和计划、园艺活动内容、植物种类、园艺疗法的程序设计；在过程参与方面，服务对象通过社会工作者的带领参与园艺疗法核心阶段，包含知识学习、具体操作、植物陪伴、持续作用等多个环节；在成果收获方面，社会工作者通过活动中形成的作品（如种子画、压花画、开花或结果的植物）、知识和技术等，促进服务对象的情感体验和能力提升；在促进分享与交流方面，社会工作者协助服务对象释放在参与过程中产生的情绪和情感，分享个人心得体会，促使他们获得安慰和个人的成长；在生命反思方面，社会工作者可对主

---

① CIPRIANI J, BENZ A, HOLMGREN A. A Systematic Review of the Effects Ofhorticultural Therapy on Persons with Mental Health Con-ditions［J］. Occupational therapy in mental health, 2017（1）: 47-69.

题进行升华，将现实反思上升到对生命的反思、对生活的反思或对自我成长的反思。

当然，在学校社会工作中开展园艺疗法相关服务，还需要考虑服务者资质、场地、物资等条件是否具备。一方面，因园艺疗法作为一种科学的服务方法，有一定的服务操作要求，服务者需要经过园艺疗法相关的知识、技能训练，不能盲目操作，以保证服务的质量；另一方面，实施园艺疗法的服务空间需具备可操作性，如应给种植环节提供可给植物浇水的场地和条件，制作压花或种子画环节，应提供配套服务工具（如压花工具、新鲜花材、各色种子、画板、明胶等）和可操作的空间。

（二）园艺疗法在学校社会工作服务中的可推广性

对应学校社会工作的服务内容，可尝试运用园艺疗法开展以下服务。

1. 开展身体健康和生命安全方面服务

开展种植活动可帮助学生保护视力，从植物的生长周期中认识自己的生命和身体的生长周期，意识到生命珍贵，从而更珍惜身体健康和生命安全。

2. 开展认知情绪与精神健康相关服务

园艺活动可帮助学生进行自我认知与探索，例如给植物命名、在照护植物的过程中融入个人的特色，在分享环节里表达自我情感和情绪。通过园艺活动平定个人情绪，学习良好的情绪管理知识和技能。

3. 开展能力发展与社会支持服务

在园艺治疗小组或活动中，通过设计分享交流、互帮互助等环节，在服务中分享植物照护经验、个人见闻和意见，为学生群体社交提供平台和机会，促进学生群体的社交能力发展。

（三）园艺疗法在学校社会工作服务中的适用性分析

首先，新颖的服务方式更乐于被服务对象接受，学生群体本身处在成长发展的阶段，相对于说教式的服务，他们更乐于接受创造性与参与性强的服务方式，因园艺疗法具有创造性、艺术性和主动性等特点，非常适合在学校社会工作中使用。

其次，园艺活动本身亲生命性使带有治疗性的服务成功去标签化，园艺疗法中常用的植物种植、制作压花、制作种子画等活动，让服务对象在参与服务过程中摘掉属于"心理有问题"才去参加的标签。在服务过程中服务对象表示，自己可以很大方自然地跟同学分享自己去参加园艺种植活动。

最后，园艺疗法中运用的植物、种子、鲜花等工具，可以成为服务对象的一种精神寄托或情绪释放的出口。在青春期情绪容易波动的青少年群体中，常常有万般情绪无从说起、无法释放的情况，能借助植物等帮助其释放情绪，不失为帮助服务对象度过特殊时期的好方法。

九、督导寄语

高考压力是高中教育尤其是高三学生难以逾越而又必须逾越的大山，面对 12 年寒窗苦读的检验，面对人生经历的转折点，高三学生除了全身心备战高考外，其实更需要历练自己的内心。学校老师和学校社会工作者一直想方设法帮助学生们减压。社会工作者通过学习运用园艺疗法，以植物、种子、鲜花为载体，既能让学生们参与培育生命的过程，感悟成长的魅力，又能让学生们享受教室以外的学习空窗期，从而达到释放情绪、释放压力的目标。园艺治疗小组注重组员的参与性，通过行动实践、参与体验，发现植物世界的美好和奥妙，通过组员之间合作和交流，相互抱团取暖，获得支持，这些都可以大大减轻高考生的压力，是一次非常成功的小组实践，尤其是园艺治疗后的成果，可以让学生感受到成功的喜悦。

拨开心理的云雾[1]

——关于上学恐惧症的个案介入

一、案例背景

（一）基本资料

服务对象小丹（化名），女，12岁，就读小学六年级。

（二）个案背景资料

接案原因：服务对象是一名小学六年级学生，六年级上学期因搬家转到新学校。服务对象成绩中等偏上，性格比较内向、敏感。开学不到一个月，服务对象断断续续有10天没上学，服务对象的父母只要提到上学，服务对象就发烧或者肚子疼，非常痛苦的样子。其间由服务对象父母带去医院做了全身检查并无异常，一旦父母同意她不去学校，一会儿身体状况就好转了。服务对象父母发现情况不太对劲，于是求助社会工作者。

家庭背景：一家六口，有爷爷、奶奶、爸爸、妈妈、2岁的弟弟。母亲是中学教师，父亲经商。家庭经济情况良好，家庭关系良好，家庭教育方式温和。

行为表现：发烧呕吐，逃避上学，躲在被窝不出房门，与父母发生争执。

人际关系：服务对象和同学关系一般，不主动交朋友。

① 作者简介：张晓湘，中级社会工作师，深圳注册社会工作者。

情绪状况：情绪低落且不稳定，容易烦躁紧张，发脾气。

健康状况：近两个月常常发烧，肚子疼，比较消瘦，精神状态较差，没有任何精神病史。

支持网络：服务对象有完整的家庭作为她的支持系统，且与父母关系良好。但缺乏朋辈支持，在新学校没有朋友。

二、理论运用及问题分析

（一）理性情绪疗法下的问题分析

理性情绪疗法认为人的情绪和行为障碍不是由某一激发事件所直接引起的，而是由于经受这一事件的个体对它不正确的认知和评价所引起的不合理信念，最终导致在特定情景下的情绪和行为后果。人的情绪是由人的思维、信念引起的，而不合理的信念往往使人陷入情绪障碍中。不合理信念的几个特征是：绝对化的要求、过分概括化、糟糕至极。

在本案例中，服务对象内向又腼腆，心思细腻且敏感，特别在意他人对自己的看法。开学的第一次模拟考试数学成绩75分，对于考后老师的批评，认为自己成绩不好，很没用。对于同学们的嘲笑，心里感到十分害怕，又不敢与任何人提起，从而导致情绪的困扰渐渐加深，对上学产生恐惧心理。社会工作者运用理性情绪疗法，为服务对象提供情绪辅导，消除其非理性认知。

（二）系统脱敏疗法下的问题分析

系统脱敏疗法是指通过服务对象的一般情况及表现，探究其心理问题产生的原因，结合咨询过程，采用放松训练、系统脱敏等治疗技巧，使其消除恐惧、焦虑等症状，恢复正常学习和生活。

在本案例中，服务对象进行SAS焦虑测验表测验，心理测验结果为57分，表现为中度焦虑。老师的批评和同学的嘲笑让原本性格内向、心思敏感的服务对象觉得特别丢人，只希望离开这个让她感到害怕恐惧的环境，因而不愿上学。服务对象的这种恐惧心理源于心理承受能力超负荷导致的植物性神经暂时性失调。服务对象出现的发烧、腹痛等表现是一种规避现实的行为。社会工作者通过帮助服务对象建立焦虑或恐惧等级，逐级消除上学恐惧症焦虑状态，以期望不受该焦虑或恐惧情境影响，顺利过渡到正常学习和生活。

（三）团体辅导下的问题分析

团体辅导指的是在团体的情境下进行的一种心理辅导形式，它是通过团体内人际交互作用，促使个体在交往中观察、学习、体验，认识自我、探索自我、调整改善与他人的关系，学习新的态度与行为方式，以促进良好的适应与发展的助人过程。

在本案例中，服务对象由于刚转学到一个新的环境，缺乏主动调整适应新环境的能力。社会工作者通过开展团体辅导活动，邀请服务对象到校参与活动，熟悉新的学习环境，消除陌生的恐惧感。在团体辅导的过程中，促进同学们形成良好的同伴交往观念，相互启发、模仿学习，从而拉近服务对象与同学之间的距离，增进友谊之情，增强服务对象上学的欲望。

三、服务计划

（一）具体目标

（1）消除服务对象的非理性认知，建立理性认知。增强自信心，以平常心应对考试。

（2）降低服务对象恐惧和焦虑状态，日常生活中学会运用放松技巧调节紧张情绪。

（3）增强服务对象交往意识，掌握交往技巧，提高交往能力，构建良好人际关系。

（二）服务策略

（1）运用真诚、聆听、同理、情感支持等技巧建立专业关系。

（2）运用理性情绪疗法帮助服务对象发现并消除由于考试成绩差而产生的非理性认知。

（3）运用系统脱敏疗法，帮助服务对象建立焦虑或恐惧等级，逐级消除上学恐惧症焦虑状态。

（4）开展团体辅导活动，协助服务对象建立良好同学关系，获取朋辈支持。

四、介入过程

（一）第一阶段，收集服务资料，建立良好关系

社会工作者进入服务对象家庭，了解和收集服务对象的基本资料。社会工作者了解到服务对象从小性格内向，心思敏感，但也乖巧听话。服务对象父母提到服务对象四年级就开始出现了害怕考试和害怕老师批评的情况。只要受到老师的批评她的情绪就非常低落，甚至号啕大哭，服务对象父母当时并没有特别关注。社会工作者还了解到服务对象父母对待服务对象的学习一直以来没有特别高的期待，不存在压迫式学习。

社会工作者与服务对象面谈，并与之建立专业关系。在这一环节社会工作者的工作开展较为顺利。因为提前和服务对象家庭成员了解了孩子的性格特点和兴趣爱好，社会工作者以服务对象感兴趣的话题作为切入口迅速与服务对象建立了良好关系，服务对象也表示愿意接受服务。

（二）第二阶段，与服务对象共同确定服务目标，协同非正式支持网络共同参与

社会工作者与服务对象一起分析目前出现的问题。服务对象基本认同社会工作者的分析，表示愿意接受社会工作者的服务。此外，社会工作者与服务对象的父母和主科老师进行面谈，和他们一起探讨服务对象目前存在问题的相关情况及处理意见，获得服务对象的父母和主科老师的支持，共同帮助服务对象改善上学恐惧症以及回归学校。如，服务对象的班主任发动同学们给她写小卡片期待她早日回校，回校后，服务对象的班主任还发动以前和她关系好的同学陪她一起玩，以建立她对学校的热爱之情和与同学的友情。

（三）第三阶段，消除非理性认知，建立焦虑等级，逐级脱敏

社会工作者根据服务对象个人存在的非理性认知，以理性情绪疗法为理论基础，主要采用主动的向导式治疗方法，结合服务对象的实际情况运用提问、辩论、鼓励、对质等技巧对服务对象进行辅导。其中，在面谈中了解到，服务对象非常介意别人对自己的评价。她非理性地认为："我考试考差了，被老师在班级点名批评，老师一定是放弃我了。"社会工作者发现服务对象的焦虑情绪主要来源于老师和同伴。于是，社会工作者通过让服务对象翻阅同学们和老师们写给她的爱心卡片，让她知道其实大家是关心她的，帮助她把非理性认知纠正为"我成绩考差了，老师批评我是觉得我可以拿更好的成绩，老师不是真的想批评我"的理性认知。最后，社会工作者引导服务对象了解自己焦虑情绪产生的原因，鼓励服务对象试着学会用平和的心态看待事情。

社会工作者根据服务对象对上学恐惧的焦虑情绪进行放松训练，建立焦虑等级，逐级脱敏。首先社会工作者引导服务对象建构属于她的焦虑等级，开始想象脱敏放松练习。按照以上建立的焦虑等级逐步脱敏，通过想象唤起服务对象上学的焦虑状态，在想象中反复呈现情景，评估焦虑水平，然后运用放松技巧进入放松状态，再次评估焦虑水平，直至焦虑水平达到最低值为止，一次治疗可以进行 1~3 个等级，经过 5~6 次脱敏治疗，服务对象再想象上学不再感觉焦虑紧张。

表 1　焦虑情绪等级评分表

等级	事件	分数（分）
0	当我在家时	0
1	当父母提出让我上学时	10
3	当父母带我去上学时	30
4	当我到了校门口时	40
5	当我看到班级同学奇怪的眼光时	50
6	当老师上课突然提问我时	60
7	当老师批评我时	70
8	当同学们嘲笑我时	80

（四）第四阶段，建立朋辈支持网络，完善社交功能

社会工作者根据服务对象不善于人际交往、沟通的情况，开展一系列团体辅导服务使服务对象获得良好的朋辈支持。团体辅导正是提供给同学们的一个沟通平台和尝试机会，一方面拉近同学之间的距离，另一方面也让彼此相互启发、彼此模仿学习，服务对象可以尝试与他人建立良好的人际关系。通过各个活动后的分享，让同学们明白一些人际交往的技能和方法，从而能把团体中的经验迁移到生活中，以使他们能够更好地处理人际关系。

（五）第五阶段，巩固已有成效，肯定服务对象改变

一周半后，服务对象终于自愿走进了教室，服务对象的班主任及科任老师当着全班同学的面，表扬她勇敢地克服困难，坚持上学。同时，老师们在上课时提一些她能回答的问题，并及时表扬，以恢复她的自信心。社会工作者帮助服务对象回顾自己的改变历程，肯定自己，树立信心，提升自我效能感。此外，社会工作者还和服务对象分享了毛毛虫破茧而出化成蝶的励志故事。服务对象感受到蝴蝶在蜕变的过程中是很痛苦的，但每一次的蜕变都会有成长的惊喜。由此，社会工作者引导服务对象不论今后的路如何，都要学会坚持不懈，散发属于自己的光芒。

五、服务评估

（一）评估方法

问卷测试：服务对象个案辅导前后两次心理测验结果比较，后测，焦虑自评量表（SAS）粗分、标准分明显下降，症状明显减轻。服务对象的焦虑水平降到了 34 分，已经恢复正常水平。

访谈法、观察法：通过观察以及与服务对象及其家人访谈了解服务对象的改变情况。

（二）目标达到情况

焦虑自评量表（SAS）前测结果 57 分，处于中度焦虑。后测结果 34

分，处于正常焦虑。根据观察记录，服务对象已经连续一个月恢复正常学校生活，并且没有出现发烧、呕吐，过分焦虑等躯体化症状。

自我认知方面，从认为大家都不喜欢自己到现在明白通过自己的努力可以改变自己，同时改变他人对自己的态度。

支持系统方面，人际关系明显好转，从原来没有朋友到有 4 个好朋友。与老师沟通交流明显增多，愿意参与班级活动。

六、结案

（一）结案原因

服务对象的自我和朋辈支持网络目前良好，她对自己也有了信心，且已经正常上学一个多月。

（二）结案处理方式

提前告知服务对象即将结案，处理离别情绪，帮助服务对象梳理个案过程，看到自己的进步，社会工作者留下自己的 QQ 号，并告知服务对象以后可以经常和社会工作者交流。

（三）结案建议

后续继续巩固服务对象的朋辈支持系统，社会工作者定期开展活动和鼓励服务对象积极面对学校生活。

七、专业反思

（一）建立良好的专业关系十分重要

提前向服务对象家庭成员了解孩子的性格特点和兴趣爱好，以服务对象感兴趣的话题作为切入口迅速与服务对象建立良好关系。

（二）找准问题突破口

上学恐惧症表现出来的躯体化症状，实质是心理问题。一开始很容易被误认为是生理性疾病，这需要有经验的社会工作者作出较为准确的判断和及时干预。在服务过程中，社会工作者发现，在解决这类上学恐惧症的个案时不能操之过急，给予服务对象理解和积极关注，及时关注服务对象的心理变化，否则服务对象会有恐惧和抗拒的心理。找到一个切入点是至关重要的，从服务对象感兴趣的话题入手，与服务对象谈论这方面的内容，建立良好的专业关系，为下一步的咨询展开打下良好的基础，借此来打开她的心扉，了解服务对象焦虑或恐惧的原因。

（三）多方协作，事半功倍

社会工作者除借助良好的专业关系、理论技能之外，还有家长、班主任、科任老师和同学等支持系统帮助服务对象，让服务对象感受到大家对她的关心和关爱，从而使个案辅导更加顺利。

八、督导评语

从专业服务上，本案例中，社会工作者很好地将理性情绪疗法融入服务中，从理念认知的转变、合理情绪识别、方法学习到理性情绪表达，实现了服务对象认知、态度、技巧三个维度的改善。很好地体现了社会工作者的专业性。

从专业理念上，社会工作者对服务对象的表现不仅能够做到接纳、包容，还更加注重帮助其搭建支持网络，帮助其更好地适应学校、融入班级，让服务对象能感受到来自老师、同学和社会工作者的爱。

我的情绪为何总是这么糟糕①

——理性情绪疗法在青少年社会工作中的运用

一、案例背景

（一）基本资料

小雨（化名），女，16 岁，籍贯广东潮汕。身体状况良好，偏瘦，身体无重大疾病。

（二）个案背景资料

小雨从养父母的口中得知，自己出生后，父母想要生一个男孩，因此把自己寄养于潮汕老家养父母家中，2 岁时父母把自己接回家继续抚养。虽然离开了养父母，但小雨和养父母一家关系亲近，养父母有一个孩子，比小雨大，小雨称其为"哥哥"。目前，小雨与父母、姐姐和弟弟共同生活，与父亲、姐姐关系较好，与母亲、弟弟关系紧张，常常发生矛盾。小雨认为母亲只疼爱弟弟和姐姐，不疼爱自己，亲子关系出现矛盾。小雨的家庭经济状况良好，父亲在企业工作，母亲为全职妈妈，较少与外界接触。小雨在班级有 4 个好朋友，但双方常常发生矛盾，小雨会因为一些小事让自己陷入低落情绪中，经常以冷战及独自哭泣的方式处理朋辈矛盾。小雨在其他学校有一个同年级的男朋友，成绩较好，初中的时候，男朋友常常会帮助小雨复习，高一进入不同的学校，小雨常

---

① 作者：黄绮雯，助理社会工作师，深圳注册社会工作者。

常在晚上用"老人机"发信息给男朋友,男朋友却时常不回复,打电话也不接,两人矛盾也渐渐增加。

高一开学后不久,班主任老师找到社会工作者,告知小雨情绪易激动,希望社会工作者可以关注其状况。为此,社会工作者以"随机抽取新生进行问卷调查"为由,邀请小雨前往社会工作者室见面,以轻松的方式展开咨询过程。咨询过程中,小雨多次谈及自身情绪容易激动,导致一个月内至少两次产生自杀想法,自杀计划是跳楼,但是认为跳楼死状太丑,还有可能上新闻,目前在查找不会痛及死状好看的自杀方式。初步评估小雨有自杀风险,应与其建立专业关系,商讨后期咨询计划。

二、问题分析与预估

(一) 服务对象的不合理信念,导致情绪起伏

养父母告诉小雨在其出生后,父母原本想把小雨送给养父母,后来被姐姐阻拦,后期转为寄养在养父母家中,2岁之后接回家中抚养。弟弟出生后,妈妈的精力都放在弟弟身上,小雨通过平日里观察母亲的举动,如母亲从小较少与自己的各科老师互动(小雨认为母亲不关心自己),去外婆家的时候,母亲只带弟弟和姐姐回去(母亲只疼爱弟弟和姐姐)等不合理信念,让她认为母亲原本便不想要自己,只想要姐姐和弟弟,而自己在这个家是一个附属品,没有价值感。

(二) 服务对象的偏差认知,导致自我否定和自卑

小雨认为自己缺点多,没有任何优点,做任何事情都做不好,因此家人和朋友都不喜欢自己。人际交往中常出现自我否定现象,认为与朋友发生争吵,原因都在自己,是自己的错误才导致矛盾争端,因此,经常责怪自己,否定自己。根据小雨的描述,她常常会把事件(如好朋友在多人场合无法关注自己、母亲对自己严格、男朋友没看信息及不接电话等),以不合理的认知看待(如认为好朋友便必须时刻关注自己、母亲严格即为不爱自己、男朋友爱自己则必须时刻关注自己的信息及接听电

话等），影响其情绪的波动，如伤心、孤独等，导致其产生过激行为和念头，如哭泣、自残和自杀想法。

三、理论运用

理性情绪疗法的基本人性观认为人既是理性的，也是非理性的。而服务对象常常以非理性的看法看待问题，导致情绪低落，并伴随自残现象及自杀想法，生活状态受到情绪影响。因此不仅要帮助求助者消除现有症状，还要尽可能帮助其减少情绪困扰和行为障碍在以后生活中出现的倾向。理性情绪治疗是通过帮助求助者解决因不合理信念产生的情绪困扰的一种心理治疗方法，这一目标的关键在于帮助求助者改变他们生活中非理性的成分，并学会运用现实、合理的思维方式看待问题。因此，通过理性情绪疗法协助服务对象建立合理信念，可以缓解情绪困扰及自我伤害的行为出现。

四、服务计划

（一）服务目标

协助小雨建立合理信念。

（二）具体服务计划

（1）针对小雨具有自杀想法的风险，社会工作者首要服务目标就是与她建立良好的专业关系，获取她的信任，然后对她的自杀风险的程度进行评估，确定是否需要进行紧急的危机干预。

（2）根据小雨的需求分析，了解她存在非理性信念，社会工作者运用尊重、接纳、非评判、自我披露等技巧，引导其改变认知，从而转变非理性信念。

（3）抓住小雨改变认知和信念的希望，及时发现她改变的动机和意愿，并引导其分享成功的体验。

（4）通过面谈，了解导致小雨产生情绪的事件，从事件的源头来厘

教育辅导领域

121

清非理性信念对发生事件的看法所导致的负面情况。

（5）进一步强化和巩固小雨的合理性信念，从而提高其对事件的正确认知，促进她建立良好的情绪疏导方法。

五、介入过程

（一）第一阶段，危机评估，界定是否需要紧急介入

小雨提及自身有自杀想法，因此，要对其进行简单的危机评估。小雨告知社会工作者，自己身体状况良好，与家人或者朋友发生矛盾的时候，心情低落会有自杀想法，但是仍然在寻找自杀的方式。小雨非常喜欢王俊凯，想在高中毕业后去看王俊凯的演唱会，因此不会轻易结束自己的生命。

开始和小雨建立关系，小雨告知社会工作者最近出现自杀想法的时候是新生入学军训结束后回到家中，自己想要选择日语班参加高考，父母不同意，双方发生争执。而前男友也在中学毕业后"出轨"他人，与自己分手，现男友又时常不接听自己的电话，多个事件叠加，使小雨萌生了自杀想法，当天晚上前往天台，天台的风舒缓了自己的烦躁，便在一旁独自思考，望着楼下空旷的街道，小雨开始害怕，想象坠楼后自己丑陋的样子，情绪渐渐缓解之后回到家中。

小雨讲述没有人爱惜自己，认为男友和自己分手，是自身的问题，因为自己不漂亮，成绩不好，各方面都不好，所以对方才会与自己分手；父母曾想把自己送人，因为姐姐的阻拦，自己才得以留下，认为父母都不想要自己，包括后来母亲对自己的行为，让她感觉自己是可有可无的。

根据小雨的描述，初步预估小雨由于不合理情绪的产生，导致出现情绪问题。小雨目前产生自杀想法的频率较低，并且自己有想要完成的事情，而这个事情目前是支撑小雨生存的希望，因此危机暂时缓解，但仍需要定期关注小雨的状态。与小雨商讨后续跟进计划，双方达成一致目标，约定定期咨询时间。

（二）第二阶段，协助小雨认识自身不合理信念引发的情绪问题

小雨近期与同学因为一些事情发生矛盾，导致其情绪低落，常常独自一人哭泣，责怪自己，认为自己的缺点多，成绩不好，外貌不好，处理事情情感化，感觉任何事情都做不好，才导致事件的矛盾激化。小雨告诉社会工作者，近期学校有校运会，班级没有人报名，小雨不希望有较多项目出现空缺，因此自己和朋友一起报名参加其中一项比赛。比赛当天，小雨和好朋友都因为有事没去参加比赛，导致班级同学认为两人故意不去，认为两人行为有损班级荣誉。因此在事发后的一个中午，其中一名同学在走廊骂小雨及其朋友。同桌曾尝试协调双方矛盾，并让双方互相道歉。小雨原以为矛盾已解除，但是后来对方态度依然没有改变，甚至向班主任"告状"，班主任当着全班同学的面批评自己和朋友，因此矛盾激化。小雨表示自己目前担心同桌的状态，因为自己和对方的矛盾，间接影响了同桌与双方的关系，导致同桌的心情不好，小雨再次责怪自己没有处理好同学关系，才让矛盾继续发展，也让自己的同桌陷入困境，社会工作者就此事件与小雨进行不合理信念讨论。

社会工作者和小雨关于与同学发生矛盾进行面谈，小雨认为自己在与同学发生冲突后，处理方法存在问题，承认自己存在错误，并表达了歉意，社会工作者在倾听了小雨的想法后，对事件进行了澄清。社会工作者详细地向小雨说明："你有没有发现，事件是因为没有参加羽毛球比赛从而导致你和班里同学出现矛盾，而你的信念是，你认为自己的缺点多，成绩不好，外貌不好，处理事情情绪化，感觉任何事情都做不好，所以才导致这个事件矛盾继续存在，从而引发了你的情绪变化，其实这件事和你的缺点、成绩、外貌都不关联，并且这只是其中一个事件出现矛盾，不能涵盖所有事件，这是一个不合理的信念。而同桌朋辈关系也并没有像你认为的恶化，而是出现了一些小误会，你把事情严重化了。"

社会工作者通过近期的人际矛盾事件，以不合理信念辩论的方式，

协助小雨认识到自身的不合理信念，通过对话内容，思考正确的认知，建立合理信念，提升对自身的肯定。

（三）第三阶段，与小雨进一步探讨其不合理信念

小雨近期参加辩论队的比赛，负责收集本次辩论赛主题筛选的话题，由队长进行整理及审核。但是在辩论过程中，自己并未找到直击对方的辩论点，导致自己的队伍未能进入下一轮比赛，辩论结束后，队长就小雨的辩论情况进行点评，但并未批评小雨。小雨认为是自己的原因导致队伍无法进入下一轮比赛，认为自己不适合继续留在辩论队，神情失落，询问社会工作者建议，自己是否适合留在辩论队。

社会工作者针对小雨在辩论赛中失利因素的总结进行了对话，小雨话里话外表达的意思就是辩论队在辩论赛中失利的原因是在自己所承担的任务中收集话题不够优秀。但是在和社会工作者一起梳理整个参赛过程后，确认收集好的话题是经过辩论队队长审核过的，而且队长没有提出任何异议。小雨意识到辩论赛失利是多方面原因造成的，也有可能是对方辩手的实力强大，己方整体实力确实不如对方。所以失利责任不应全部由自己承担，而且事实上辩论队也没有进行责任追究及失误的分析。小雨出现的非理性信念，严重打击了她的自信心，经过社会工作者的理性情绪辅导后，小雨决心好好总结本次参与辩论的经验，不再纠结于自己的不足，而是重整信心，与辩友共同努力，继续留心辩论队。

根据小雨的自我总结，可以发现小雨开始意识到自身存在的不合理信念。

（四）第四阶段，寻找小雨自我否定的源头

追溯小雨的家庭关系，小雨表示母亲常常因为一些小事便责骂自己，并且否定自己，认为自己什么事情都做不好。小雨渐渐认为自己的能力缺失，自我价值感低下，再加上之前领养事件，小雨认为母亲并不爱自己，也不想要自己，小雨渐渐拒绝与母亲正确沟通，亲子关系日渐僵硬，开始不断地自我否定。小雨在讲述的时候，声调也随着事件发展渐渐升

高，语气中夹杂着愤怒，眼泪滴落。社会工作者安静陪伴小雨，等到小雨停止哭泣后，让小雨尝试通过深呼吸的方式缓解情绪。让小雨回忆刚刚引出情绪波动的事件，小雨表示是"刚开始从养父母口中得知父母曾经想把自己送给养父母"，社会工作者与小雨谈论是否可以进行一些合理情绪想象的方式回想起当时第一次听到该事件的场景，并一起讨论过程中的情绪，小雨同意。社会工作者引导小雨以放松的姿势坐于座椅上，闭上眼睛并且回忆"四年级在养父母口中得知父母想把自己送人"的事件，尝试认识自己的情绪。小雨能够触摸的情绪是伤心、无助和愤怒，随之而来的是全盘否定自己的价值，否定父母给予的爱。在社会工作者不断的同理中，引导小雨换位思考，站在父母当时的处境，继续想象当时的情境，或许仍然会生气和无助，但是或多或少会理解父母的苦衷，然后回到现实中，即使父母有送养的想法和语言，但是并没有真正遗弃自己，从结果印证来看，小雨的父母对她是充满爱的。在社会工作者的引导下，小雨虽然没有全部释怀，仍感觉到胸口被堵，但是学会了变换角色和场景来思考问题，不会只从自己的认知层面去看待和思考父母的送养举动，说明小雨仍然是爱着父母的，而父母也不像小雨想象的那样，只关注和疼爱姐姐和弟弟。虽然小雨还不能完全改变自己的认知，但是她与社会工作者进行了约定，尝试与母亲独处，近距离感受和体验与母亲相处的过程。

小雨尝试与母亲进行一日陪伴，并且保持情绪稳定的状态和母亲沟通。社会工作者叮嘱她"当你发现自己生气或者难过时，就暂时离开母亲身边，自己用冥想的方式，关注自己的情绪，然后把注意力放在调整自己的呼吸上，等到心情平复，再继续陪伴母亲，你觉得可以吗？"

社会工作者与小雨达成协议，周末与母亲度过完整的一天，如陪伴母亲外出买菜、打扫房间、煮饭洗碗等，在此过程中可以寻找机会询问母亲送养自己的原因，和母亲来一场平和的交心；并打印合理自我分析表给小雨，关注本次咨询到下次咨询过程中的不合理情绪，在下一次咨询时进行讨论分析。

（五）第五阶段，缓解自我否定源头

经历了周末和母亲的相处，小雨之前对母亲的指责和愤怒有所缓解，发现自己从未真正认识母亲，虽然看似简单的家务活，实施起来却很劳累和琐碎，自己实在没有办法坚持，只完成了中午洗碗后，就开始躺下玩手机。在此过程中，小雨发现母亲年纪渐渐增长，虽然腰椎不是特别好，仍然坚持完成家务，渐渐有点心疼母亲，也感受到母亲对这个家的付出，对家里每个人的爱。母亲确实对三个子女的关爱程度不一样，但始终是爱自己的。小雨在相处间隙询问母亲领养事件，母亲表示自己当初也是跟对方开玩笑，因为奶奶一直希望有个孙子，但因为当时政策原因，想要第三个孩子便会被罚款，于是母亲才希望将其寄养在潮汕养父母家中，暂时缓解生第三胎的困难，当一切趋于正常生活状态，父母便把小雨接回了家中抚养。在寄养期间，父母也常去看望小雨，一直给予抚养费用，并不是真的想把小雨送给别人。母亲的话语，消解了小雨堵在心里的隔阂，渐渐释怀。

小雨表示自己与男朋友也分手了，分手的原因是通过自己观察，男朋友并不喜欢自己，刚开始会延续前男友的事件，认为可能自己做得不够好，才导致男朋友不回复自己短信，不在乎自己，也有点伤心。但是想到之前彼此讨论的不合理信念及同学的劝阻，小雨开始尝试填写分析表，认识到自身的不合理信念，明白不喜欢便是不喜欢，当初在一起的时候，自己是什么样子的，现在也还是那样，只是对方感情淡化了。分手使小雨难过，但是，却不会否定自己。

与小雨填写的自我分析表进行讨论，协助其巩固合理信念。对于小雨的转变，社会工作者给予积极的肯定及鼓励，并与小雨讨论，在下一次咨询前，自己发掘自己的优缺点，并且询问身边朋友及亲人自己的优点和缺点，尝试通过自己和他人的角度重新认识自己。

（六）第六阶段，合理信念的巩固

小雨与社会工作者分享自己收集的优缺点，并进行讨论。收集优点是希望小雨能发现自己身上的亮点，给予自己肯定，而收集缺点则是希望小雨能够合理认识自己的缺点，接纳自己的缺点，如果影响到自己日常生活，可以尝试慢慢改正自己的缺点，但是也要正确认识。

人际方面：小雨的交友方式也在渐渐改变，认识到自己之前对于同伴的期待过高，降低自己在人际交往中的期待，以合理信念的方式看待事件，情绪渐渐有所缓解，人际关系也渐渐缓和。而小雨也决定继续留在辩论队，并且积极参加每一场比赛，即使失败，也努力总结经验，不再以退队的方式逃避问题。

亲子关系：小雨渐渐释怀，对于送养事件及父母的重男轻女，小雨仍然会难过，但也知道父母是爱自己的，也在无条件地抚养着自己，自己也会去感恩，也尝试多和父母心平气和地沟通，让彼此能够更好地去理解对方。

六、服务评估

（一）小雨的自我评估

因为事件发生出现情绪过激时，会自己冷静，通过呼吸法的方式缓解自己的情绪，并归纳总结事件、自己的不合理信念和导致出现的状态，尝试写出相斥的合理信念，并在过程中进行自我情绪调节。因此人际关系有所缓解。

（二）小雨班主任的评估

小雨情绪有所缓解，前期上课情绪起伏较大，并且不愿意主动与班级同学沟通，目前与班级同学关系得以缓解。

（三）社会工作者的评估

通过回访和观察，小雨的情绪较为稳定，建立了正确的合理信念，并运用到日常生活的事件中，情绪得以缓解。

七、结案

根据回访及观察，小雨的目标基本达到。

结案以回顾事件的过程并且对其中的不合理信念——梳理，并协助小雨就事件写出合理信念。

小雨对于事件看法常常陷入不合理信念，严重影响情绪，在进行理性信念疗法后，明白建立合理信念的重要性，情绪得以缓解，人际关系渐渐恢复。

八、专业反思

第一次咨询以倾听和积极回应为主，让小雨感受到社会工作者的倾听和支持，避免直接指出小雨的不合理情绪，导致其感觉自身被指责，这是前期稳定关系建立的关键。在关系有所增进之后，再以适当的方式引导其思考问题，当小雨意识到问题点，再指出其不合理信念的方式较为稳妥。

亲子关系出现问题，并且小雨有自杀倾向，由于小雨不同意透露父母信息，与其商讨严重性，与班主任沟通小雨自杀倾向并且转达给父母，社会工作者未曾接触到小雨父母，在下次处理过程中，应该就该部分内容进行讨论，协助小雨了解与父母取得联系的必要性。

九、督导寄语

理性情绪疗法强调，引起人有不良行为和情绪的不是事件本身，而是不合理的信念，所以通过改变不合理的信念，促进情绪和行为的调整是该疗法的核心。对于青少年来说，他们的认知处于可塑阶段，包括自我认知、对自己与他人关系的认知等，而青春期又是一个自我意识的"觉醒"期，容易出现偏执、敏感多疑、自我否定等非理性的想法和观念，这些观念和想法又会影响他们的情绪和行为。所以，社会工作者通过与小雨就非理性信念进行讨论，调整信念，改善情绪和行为。该案例具有典型性和代表性，值得学习和推广。

遇见更好的自己[①]

——叙事手法在校园欺凌个案中的运用

一、案例背景

（一）基本信息

小晴（化名），女，14岁，就读初二年级。

（二）个案背景资料

1. 到访缘由

服务对象受到班级同学的嘲笑与排挤，感觉非常苦恼和郁闷，其好朋友看到她这种状态，于是劝说并陪同服务对象到心理咨询中心找社会工作者咨询。

2. 学业情况

服务对象对学习非常重视，课余时间不参加任何课外活动，把时间全都用在学习上，但是学业成绩并没有达到自己的目标，在班级中排名中等偏下，有时她也会因为成绩而怀疑自己的智商。

3. 家庭关系

服务对象是独生女，小时候和奶奶生活在老家。上小学之后，服务对象从老家搬来深圳与父母共同生活。

班主任反馈：服务对象的母亲性格非常开朗，是班级家委会成员，

---

① 作者：黄紫云，中级社会工作师，深圳注册社会工作者。

非常活跃，乐意为其他家长服务，非常受家长们的欢迎。

服务对象自述：我的父母对我很好，我不缺亲情，不过这些遭遇我也不敢跟我的父母说，怕父母担心。

4. 朋辈关系

服务对象自述：我从初一军训开始就被班上的同学取笑，给我取外号"小倩""芙蓉姐姐"，而且，只要我走过来，他们就会避开，甚至会说："你走开。""你好丑啊，快走开，恶心死了！"同桌也非常不愿意跟我坐，觉得分到跟我一起坐很倒霉，并且要跟我的桌子隔开一条缝隙，非常嫌弃的样子。这让我觉得非常受伤害，他们的表现让我觉得自己没有受到尊重，感觉自己是一件非常脏的东西，大家都这么嫌弃。因为我从小缺少友谊，所以，我非常渴望友谊，也非常珍惜友谊，但是，很少有人愿意跟我做朋友。我从小到大没有交到过知心的朋友。看到其他人都是成群结队，而自己只是一个人，会觉得非常难受。

我也曾经想过自杀，当大家接二连三地说我的时候，我就会觉得非常崩溃，很想死。因为经常被他们说，所以，我现在都很怕他人的眼光，变得非常拘谨，很多东西也不敢放手去做，会非常不自信。

我曾经为了吸引同学的注意力，跟班上的一个男生表白，反而换来了更多的嘲笑，这也让我非常苦恼。我非常渴望得到他人的关注、平等对待以及尊重。

5. 师生关系

服务对象非常渴望得到老师的关注和爱，可是，由于自己学习不好，比较自卑，不敢跟老师交流，觉得老师不喜欢自己，有不懂的问题也不敢主动跟老师请教。由于服务对象的成绩中等偏下，各方面都不突出，自身不主动，任课老师也较少注意到她。

班主任知道服务对象被同学们取外号，被班上的人嫌弃，班主任也批评过班上的同学，所以大家当着班主任的面时不敢叫她，背地里还是会叫。为此，班主任也表示无能为力。班主任表示："现在的初中生，基本上也很难听得进老师的教诲，我知道她很想要朋友，可是，我也真的很难让其他同学去跟她做朋友。"

二、问题预估与分析

（一）性格特征

服务对象具有较为严重的自卑心理，无论在学习生活中，还是在人际交往中，一直在自我否定、自我贬低，这些心理上的特征，导致服务对象不能发挥自己的潜能。

（二）学习困难

服务对象学习成绩处于中下游，导致在学校的学习不快乐，甚至怀疑自己的智商。

（三）家庭关系的问题

服务对象生活在父母较为优秀的家庭，她总是担心自己不够优秀会影响父母的形象，不敢与父母坦诚沟通，更怯于表露自己的心声，不利于服务对象与父母建立良好的关系。

（四）人际关系问题

服务对象内心渴望被关注，融入集体，渴望有朋友，但是在朋辈交往中没有获得尊重和平等的待遇，反而遭遇朋辈群体的嫌弃和取外号的处境，从而让服务对象感觉没有尊严，甚至沦为了校园欺凌的对象。

（五）校园欺凌的环境

从服务对象描述的事件，以及服务对象的感知，服务对象所处的环境存在校园欺凌的环境因素，如果社会工作者及老师不及时干预，对服务对象内心的欺凌会恶化，所以需要社会工作者联动资源，改善服务对象校园欺凌的环境。

三、理论运用

叙事疗法是一种后现代的心理咨询疗法，由澳大利亚临床心理学家麦克·怀特创立，它摆脱了传统上将人看作问题的治疗观念，通过叙说故事、外化、改写、见证、回溯等技巧，帮助来访者变得更加有力量，得到更多的自我成长。

由于服务对象长期受到同学们的嘲笑与排挤，也逐步内化了他人的评价，形成了自我否定的主线故事。她会不断地向社会工作者倾诉，自己如何失败，如何被欺负，如何被孤立等类似的故事。服务对象看不到"问题故事"之外的例外事件，看不到自身的优势和资源。

（1）在被欺凌的同时，她也在不断地抗争，她曾经想要努力改变自己的状况，并且做过一些努力，例如向班上的男生表白，虽然这些努力没有成功。

（2）虽然被班上大多数的同学排挤和取笑，但是，班上还是有少部分人，对她保持中立和接纳的态度。

（3）在班级之外，她也在其他班级中交到了朋友，还有人关心她的喜怒，有人愿意陪她一同前来心理咨询室咨询。

（4）班主任对服务对象的问题非常关注，也曾经做了很多努力去改善服务对象的处境，例如找取笑服务对象的同学面谈。

（5）服务对象的母亲乐观开朗，社交能力强，是一个很有能量的人。

四、服务计划

（一）服务目标

（1）重新建构服务对象对自我的认同，开阔服务对象视野，让服务对象看清自身在朋辈关系中的全貌，促使服务对象看到自身的资源和优势，提升服务对象的自信心。

（2）让班级的同学接纳、尊重服务对象，并且消除对服务对象的排挤和嘲笑。

（3）鼓励服务对象主动与同学、老师、父母等支持系统建立链接，并提升其与同学、老师、父母的沟通能力与技巧，改善服务对象的支持系统。

（4）与服务对象的班主任面谈，让班主任了解服务对象的情况，同理服务对象的处境，促进班主任与服务对象链接，改善班主任与服务对象的关系，除此，协助班主任开展主题班会改善服务对象的班级环境。

（5）通过家访与服务对象的母亲面谈，让母亲了解服务对象的烦恼与担忧，促进母亲同理服务对象的处境，与其共同探讨与服务对象的沟通方式，进一步深化服务对象与母亲的关系。

（二）服务策略

（1）电话家访服务对象母亲。

（2）班主任面谈。

（3）服务对象面谈。

（4）家庭作业/社会实践。

五、介入过程

社会工作者从个人与环境两个层面共同介入，并且分成前中后三个阶段推进。

个人层面：社会工作者带着解构聆听的态度，运用"故事叙说""问题外化""凸显特殊意义事件"等叙事手法，帮助服务对象澄清她是如何使用故事组织经验，赋予意义，并发现其生活故事中遗漏的部分，引导服务对象将不喜欢的自我认同（自卑、孤独、无力、无望的自我认同），转化成较期待的自我认同（自信、有力量、积极向上的自我认同），重建具有正向意义的生命故事。除此，社会工作者还鼓励并陪伴服务对象创造成功经验，进一步巩固新的自我认同。

环境层面：注重服务对象与环境中各个系统的相互作用，社会工作者通过与服务对象母亲、班主任面谈，协助班主任召开主题班会，改善服务对象生存环境，加强服务对象支持系统的修复和链接。

（一）服务前期，问题评估与咨询关系建立阶段

1. 服务目标

（1）与服务对象建立良好的咨询关系。

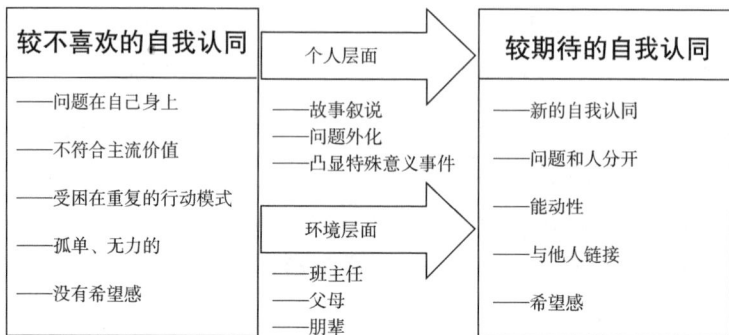

图 1　自我认同对照表

（2）了解服务对象的基本信息，分析服务对象被排挤的主要原因。

（3）与服务对象针对需求商定目标，制订计划。

2. 辅导方法

家访与面谈相结合。

3. 介入重点

（1）社会工作者将从生理、心理、社会三大层面收集服务对象的信息，并且针对服务对象被嘲笑的情况进行深入探究，侧重了解服务对象的主观经验，服务对象如何看待问题、问题的原因是什么、持续的时间、用什么方法解决等。

（2）结合叙事治疗理论、生态系统理论、优势视角理论，将收集到的信息进行分析、归类整理。

（3）与服务对象共同商量制订计划。

（二）服务中期，帮助阶段

1. 服务目标

（1）修复服务对象支持网络，鼓励班主任和家长给予服务对象正面回馈。

（2）调整服务对象的自我认识，提升服务对象的自信心。

（3）促使服务对象看见并且利用自身资源。

2. 辅导方法

家访与面谈相结合。

3. 介入重点

（1）社会工作者改善服务对象的支持系统。社会工作者与服务对象的母亲电话家访，以及与服务对象的班主任面谈，让班主任和家长了解服务对象的情况，促使班主任和家长看到服务对象的优势与力量，鼓励班主任和家长多给服务对象以正面反馈，增强服务对象应对困境的力量。

（2）社会工作者与班主任共同探讨通过主题班会的方式，调整服务对象与班级同学的关系。

（3）调整服务对象认知，鼓励服务对象多与老师、家长沟通交流，获取他们的支持。

（4）社会工作者运用叙事治疗中"外化对话地图"，通过引导服务对象外化其"不自信"，让服务对象与"不自信"分离，并且共同研究"不自信"是如何来到其身边的，它的发展历程及其对服务对象的影响是什么，对她生命的意义是什么，她将如何看待这个评价，为什么会有这样的评价，提升服务对象自我认同；除此还运用"凸显特殊意义事件"让服务对象看到，她的朋辈关系并没有她所想象的那么糟糕，并不是每一个人都不喜欢她，还是有很多朋友陪伴在她身边的。

（三）服务后期，结束与巩固阶段

1. 服务目标

（1）协助服务对象创造成功经验，强化正向经验，提升服务对象的自信心。

（2）回顾总结服务历程，巩固服务成效。

（3）评估服务成效，并且结案。

（4）让服务对象知晓并且意识到以后有困难可以继续找社会工作者帮忙。

2. 辅导方法

家庭作业与面谈相结合。

3. 介入重点

（1）服务对象唱歌非常不错，恰逢学校在开展艺术节，有"十大歌手"比赛，于是社会工作者便鼓励服务对象去报名参加，并且陪同其挑选演唱曲目，彩排歌曲，为其加油鼓气，尽可能为服务对象创造成功经验。

（2）回顾6次面谈经验以及"十大歌手"比赛的成功经验，巩固服务对象辅导成效。

（3）结合服务目标评估服务成效，并且结案。

（4）让服务对象明白，社会工作者就陪伴在其身旁，如果有需要，可以随时再找社会工作者。

六、服务评估

（一）评估内容

（1）评估服务对象个人的自我评价、情绪状况、人际关系状况（亲子关系、师生关系、朋辈关系）、学业等情况。

（2）评估本次服务辅导目标。

（二）评估方法

（1）结合服务目标询问服务对象，根据服务对象主观反馈进行评估。

（2）服务对象填写个案评估表进行评估。

（3）社会工作者通过观察服务对象的情绪状态、行为方式进行评估。

（4）社会工作者通过询问服务对象班主任、家长、朋友，了解服务对象近况，进行评估。

（三）评估成效

参加完校园"十大歌手"初赛之后，服务对象非常兴奋地跟社会工作者分享自己这段时间的经历和成长。她唱歌的时候，把高音唱破了，应该进不了决赛，但是都没有关系了，能够唱出来，她就已经很满意了。在她演唱的时候，看到有其他班的同学为自己加油，她感到非常欣慰。

她感觉到："也不是全世界所有人都不喜欢我，总会有人喜欢我，自己班的人不喜欢我，但也有其他班的人来支持。"

服务对象还告诉社会工作者，班主任主动找她聊天，还针对她的事情专门设了一节班会课，让她觉得非常受鼓舞。她现在已经不怕老师了，也能正常地与老师交流，以前都会觉得好紧张。

服务对象感慨："我们改变不了这个世界，就改变自己。向他们证明你足够优秀，用自己的优秀让其他人闭嘴。"

结合社会工作者自身观察，服务对象及其朋友、班主任、家长的反馈来看，虽然原先制订的目标中"让同班同学减少对服务对象的嘲笑和排挤"无法具体评估是否有所改进，但是服务对象原本被欺凌的受害者主线故事已经被积极提升自我的奋斗者支线故事替代，服务对象已经弱化了被嘲笑和关注，原先想要解决的问题，服务对象已经觉得不在意了，同时，服务对象支持系统也得到了很好的修复。综上评估，本次个案跟进，取得了较好的服务成效。

七、结案

服务对象主动提出结案。她觉得自己有力量面对班上同学的嘲笑和排挤了，已经不需要社会工作者的陪同，她目前更加希望能够专心学习，把成绩提上去。

社会工作者综合评估服务对象的现状，尊重服务对象的意愿，同意结案。

社会工作者带领服务对象回顾整个个案历程，强化服务对象的正面变化，并告知服务对象，虽然这次个人辅导已经结束，以后她如果遇到困惑或者困难还可以找社会工作者帮忙，社会工作者会在她身旁，伴她成长。

八、专业反思

在本案例中社会工作者改变以往过于关注欺凌者的教育，而将重心

教育辅导领域

放在提升被欺凌者的内在力量，修复被欺凌者的支持网络，让班主任主动跟被欺凌者沟通，及时表扬被欺凌者的正面改变，表达老师对其成长的关心，服务对象建立了自己的信念"我们改变不了这个世界，就改变自己。向他们证明你足够优秀，用自己的优秀让其他人闭嘴"。转变被欺凌者对语言欺凌这件事情的关注，从被欺凌的故事中走出来，看到生命的其他可能。除此，还可以通过主题班会的形式，调整跟风者以及沉默者对语言欺凌事件的认知。这种介入方式，对处理初中校园欺凌事件有一定借鉴作用。

九、督导寄语

本案例中，社会工作者选择的介入视角以及介入手法都是非常合适的。初中时期是一生中人格发展的重要阶段，也是自我意识形成与发展的重要时段，同时该阶段的学生可塑性也比较强，社会工作者灵活地运用"故事叙说""问题外化""凸显特殊意义事件"等叙事手法改变服务对象对自我的认知，调整看待自己的角度，遇见更好的自己，这不仅解决了服务对象当前的问题，对其未来的发展也非常有帮助。

妇女家庭领域

点燃生命的希望之光①

——增能理论在社区困境妇女案例中的运用

一、案例背景

（一）基本资料

服务对象阿华（化名），女，39 岁，已婚待业，全职妈妈；丈夫 41 岁，待业。两人育有 3 个女儿，年龄分别是 16 岁、10 岁、8 岁，一家人的生活主要靠服务对象丈夫的哥哥接济。大女儿于 4 年前诊断出患有抑郁症而休学，目前发展为双相情感障碍。服务对象另外两个女儿都在上小学。

（二）个案背景资料

阿华于 2003 年与丈夫结婚，婚后发现丈夫有家庭暴力倾向，她一度想与丈夫离婚，但丈夫会以"离婚就杀你全家"来威胁阿华，无奈之下，阿华选择了继续留在婚姻中，后育有 3 个女儿。丈夫不希望阿华上班，曾经去阿华的单位闹事，阿华因此辞职在家，一直全职在家带孩子。由于丈夫的家庭暴力、孩子养育理念、性格差异等导致夫妻关系长期不和，女儿们的成长也因此受到了影响。据阿华所述，她的丈夫反思能力比较差，并且多疑，没有安全感，不会承认自己的错误，会将全部责任推到阿华身上，不会体谅阿华。

———————————

① 作者：杨婷婷，中级社会工作师，深圳注册社会工作者；王恩艳，助理社会工作师，深圳注册社会工作者。

阿华大女儿在小学阶段性格开朗，学习成绩比较好，初一开始成绩中等，在初二开始有所变化，因为在朋友圈发的关于心情的信息被同学在学校里嘲笑，有割腕行为，后被确诊为抑郁症，从那时开始会半夜自己哭泣，情绪会大起大落，服用药物之后得到缓解。确诊后服药断断续续，情况时好时坏，从诊断到求助时有 3 年多没有上学，其间会不停地问阿华要钱买东西，如果阿华不给钱的话，会以自残的方式威胁阿华，不准阿华进入自己的房间，会经常辱骂阿华。阿华丈夫一直否认孩子生病，并且指责是阿华没有教育好孩子，反对阿华带孩子去医院复诊和服药。另外两个女儿不喜欢与爸爸相处，孩子的生活照料和课业辅导主要由阿华负责。

阿华娘家在农村，母亲早逝，她与父亲的关系一般，与哥哥的关系比较糟糕，获得娘家的支持很少。由于照顾婆婆比较频繁，所以婆婆有时候会给予经济支援。丈夫在家里排行最小，他的哥哥姐姐经济状况较好，经常会接济他们的生活，但是丈夫与他的哥哥姐姐关系一般。

二、理论运用及问题分析

（一）家庭系统理论

家庭系统理论有三个基本的观点：A. 家庭成员的"问题"是由整个家庭不良的沟通交流方式导致的。所有的家庭都是一个社会系统，家庭成员之间相互依赖、相互影响。B. 不能把家庭的问题归结为某个或者某些家庭成员导致的，而应把问题放在整个家庭的环境中，理解家庭成员之间的互动交流方式以及这样的方式如何产生和产生问题的具体过程。C. 家庭所面临的危机既是机会也是挑战。因问题而导致的家庭功能的失调能够有效解决。对于本案例中，阿华家庭呈现出的夫妻关系问题、大女儿心理问题及亲子关系问题等，都是由于家庭成员之间的不良互动所产生的，尤其是夫妻关系的影响。所以，在本案例中，要重建服务对象的家庭问题归因观念，提高其改变的动力，通过子系统的改变去影响整个家庭系统的变动。

（二）增能理论

增能理论的基本假设如下。

（1）个人的无力感是由于环境的排挤和压迫而产生的。其根源有：一是受压迫群体的自我负向评价；二是受压迫群体与外在环境互动过程中形成的负面经验；三是环境的障碍使他们难以有效地在社会中行动。

（2）每个人都不缺少能力，个人能力是可以通过社会互动不断提高的。

（3）服务对象是有能力、有价值的。社会工作者的作用是通过共同活动帮他们去除环境压制和无力感，使他们获得能力，并能正常发挥他们的社会功能。

（4）社会工作者和服务对象是一种合作的伙伴关系。

增能理论提出从以下四个方面助人：一是协助服务对象确认自己是改变自己的媒介；二是协助服务对象了解社会工作者的知识和技巧是可以分享和运用的；三是协助服务对象认识社会工作者只是其解决问题的伙伴，而自己是解决问题的主体；四是协助服务对象明确无力感是可以改变的。

在本案例中，服务对象缺乏非正式社会支持系统，在面对婚姻、女儿心理健康问题、亲子关系、孩子的教育、家庭经济困难等问题的时候，经常会有一种深深的无助感和无力感，甚至有的时候在负面情绪的笼罩下想放弃生命，"因为活得太累了"。导致服务对象深陷困境的是整个与她相关的生态系统，社会工作者要做的是让服务对象意识到目前的困难并非自己的原因所致，更多地引导她看到原生家庭及现在的家庭对她的影响，改变其负面自我认知及唯命运论，提升她的自我价值感和能力感，提升面对困境的心理韧性和勇气，重燃生命的希望之光。

三、服务计划

（一）服务目标

改善服务对象的负面情绪，让服务对象更有力量去面对困境。打破服务对象的"不良"家庭系统模型，寻找新的平衡点。提升服务对象的自我觉察能力，改善与家人之间的互动模式。

（二）介入策略

（1）疏导服务对象压抑的情绪，建立专业的关系，签订服务协议，共同制定服务目标。

（2）以家庭系统理论为指导，了解服务对象个人及家庭情况和存在的不良的家庭沟通交流方式，运用社会工作专业技巧和方法改善服务对象和家人沟通的方法，提升服务对象的能力，解决服务对象的相关问题。从而达到整个家庭系统的改变。

（3）告知服务对象一些抑郁症的患病机理，和陪伴及治疗大女儿病症的技巧和方法，提升服务对象在陪伴大女儿方面的力量感，为服务对象赋能。疏导服务对象由于照顾大女儿而带来的身心负面情绪，减轻心理压力。

（4）协助服务对象理解丈夫的心智不成熟，以及因受到原生家庭的影响会多疑、缺乏安全感的问题。运用同理等专业技巧，引导服务对象改善和孩子及丈夫沟通的方式。

（5）以增能理论为基础，运用社会工作专业技巧和方法改善服务对象的困境，提升服务对象自我的能力感和价值感，改善服务对象的无力感，增强面对和解决问题的心理韧性和能力。

四、介入过程

（一）第一阶段，给予情绪支持，建立专业关系，系统评估，初步制订介入计划

1. 介入重点

与阿华建立专业关系，进一步了解其家庭情况，给予阿华支持、帮助其舒缓负面情绪，共同商定、制订介入计划。本阶段包含 4 次面谈辅导。

2. 主要内容

阿华跟社会工作者诉说了大女儿被确诊为重度抑郁症时的状况，自己从难以接受到最后面对的艰难过程。在陪伴大女儿接受治疗时，家里没有人能够支持自己，婆家人跟丈夫都觉得大女儿只是青春期叛逆，没有必要去医院治疗及服药，阿华感觉无助、无力和无奈。社会工作者对阿华的勇气和坚韧给予了肯定，并给予了情绪支持。就家庭系统方面，阿华讲述了原生家庭及目前自己与娘家的关系，她与丈夫相识、相恋及目前的婚姻问题，她与婆家人的关系等。总体来说，阿华的非正式支持系统薄弱，母亲早逝，她与哥哥关系恶劣，与父亲关系疏离。娘家经济一般，有时候还需要她接济。丈夫有家庭暴力行为，夫妻关系不和，她想离婚但一直迫于丈夫的暴力要挟及孩子的抚养问题而选择继续留在婚姻里。由于长期不上班导致她的自我价值感低，全家的经济一直靠丈夫哥哥接济。面对阿华的种种困境和不幸，社会工作者给予了情绪支持，关注和倾听，同时运用负面情绪转化法进行情绪疏导，运用音乐正念疗法让她看到自己在面对困境时爆发出的力量和坚强，寻找自身从小到大的优点，重建积极自我认知，有信心去面对生活中的困难，并跟阿华一起制订介入计划。

3. 成效

阿华的焦虑恐惧情绪得到了一定程度的缓解，心情开朗了很多，表

示自己会继续努力，不会放弃，会根据女儿的兴趣，让女儿继续学习，会心平气和地跟丈夫沟通，让他慢慢改变。自己也会坚持每周一次跟社会工作者做辅导。

（二）第二阶段，聚焦抑郁症，鼓励阿华陪伴女儿积极治疗，并调整她与女儿的沟通和教育方式，减轻她的心理压力

1. 介入重点

探讨抑郁症的患病机理，鼓励阿华陪伴孩子积极治疗，并调整她与孩子的沟通方式，减轻她的心理压力。

2. 主要内容

社会工作者详细了解阿华大女儿被诊断为抑郁症后的治疗过程，阿华诉说了 3 年多来，服过中药，情况好转后就没有服用。后来去康宁医院看医生及做心理治疗，这个过程相对比较稳定。今年开始，大女儿的病情又变得反复，医生诊断已经发展为双相情感障碍，阿华表示非常担忧，而且会怀疑是自己对大女儿的教育方式出了问题，害怕自己的这种教育方式也会影响两个小女儿。"真的是怕了，再也不敢当父母了！"说到动情处，阿华掩面而泣。社会工作者运用共情和支持的回应，告知阿华导致孩子出现心理问题的原因比较多，大部分跟整个家庭系统有关，很难说只跟一个人有关（合理归因）。阿华情绪平复后，回顾大女儿出生后的夫妻关系，自己与婆婆、丈夫的姐姐的关系，以及自己在教育孩子的时候遇到其他家人的反对，而且其他家人教唆女儿不要叫阿华妈妈，等等。通过重新梳理这些事件，阿华觉察到了家庭不同成员的态度及互动关系对孩子的成长都有影响，包括丈夫的家庭暴力行为。针对阿华对两个小女儿教养问题的担忧，社会工作者了解到了目前两个小女儿各方面的表现，也引导阿华看到了"大女儿患病"这件负面事件背后的正面意义，阿华意识到自从大女儿出问题后，自己格外注意管理自己的情绪，尽量不跟丈夫发生正面冲突，也会用积极正面的方式跟女儿们沟通，自己也经常会看一些家庭教育相关的书籍。社会工作者及时进行"赋能"，引导阿华看到自己身上的优点和勇气。最后，社会工作者给阿华介绍了抑郁症相关的公众号，同时，建议她多了解一些关于抑郁症的相关知识，坚持服药、及时复诊、做心理治疗都是非常有利于康复的方法，阿华非常认可。同时，社会工作者也能深深感知到阿华面对一个双相情感障碍女儿的"折磨"所承受的痛苦，社会工作者教授其对女儿要钱、辱骂、以自杀相威胁时如何应对的技巧，例如深呼吸、数数法、负面情绪自我调适法、写信等，并就个别方法做了现场练习，通过布置作业的方式，让阿华在日常生活中自由运用。

3. 成效

社会工作者的共情、及时回应，探讨抑郁症的积极治疗方案，提供公众号及咨询师资源，积极倾听阿华大女儿的成长经历以及可能导致她出现心理问题的原因，引导阿华改变"都是我的错"的不合理信念，以积极的心态面对困境。令阿华觉得"社会工作者就像在黑屋子里照进来的一束光"，让自己变得勇敢、坚强。

（三）第三阶段，以增能理论为指导，整合支持系统（包含正式支持系统和非正式支持系统）资源，提升阿华解决问题的能力

1. 介入重点

社会工作者引导阿华看到自己身边的资源。整合支持系统（包含正式支持系统和非正式支持系统）资源，提升阿华解决问题的能力。

2. 主要内容

社会工作者引导阿华看到自己身边的资源。正式支持系统方面，鼓励阿华带女儿多参加一些亲子活动，作为全职妈妈，可以多参加女儿学校的家委会活动，这对于她自己融入社会及提升亲子关系都很有帮助。针对大女儿不愿意去康宁医院做心理治疗的问题，社会工作者转介隔壁社区资深的公益心理咨询师给阿华，这样也可以减轻阿华的家庭经济负担，对于持续治疗意义重大。对于女儿想学习知识但是缺乏经济支持，社会工作者引导阿华看到家庭系统里的资源，其实丈夫的哥哥、姐姐家庭经济比较富裕，可以适当请求他们的支援。从家庭教育的角度来讲，父亲的陪伴和教育对于孩子的成长也很重要，引导阿华可以适当地"缺位"，让丈夫也参与孩子的养育过程，这样既可以提升丈夫作为父亲的价值感，也能减轻阿华的身心压力。

3. 成效

阿华作为两个小女儿班级的家委积极参与学校和班级的活动，带着女儿参与社区亲子活动。大女儿到社区公益咨询师处咨询，病情逐渐稳定，能够持续服药，并且得到了姑姑的资助，每天去辅导机构学习 2 个小时的文化课。阿华的情绪管理能力得到提升，与丈夫的关系好转。

（四）第四阶段，聚焦家庭系统理论，婚姻关系辅导，提升亲密关系沟通方法和技巧，构建和谐家庭氛围

1. 介入重点

围绕婚姻问题，探讨可能让夫妻关系转好的方式和方法，提升亲密关系沟通技巧，构建有利于孩子成长的和谐家庭氛围。

2. 主要内容

社会工作者运用音乐疗法，引导阿华回顾婚姻中与丈夫一起走过的 15 年，去回顾婚姻的"甜蜜"与"伤害"。阿华将人生中年龄最美好的 15 年归结为"历练的 15 年"。重新梳理婚姻对于自己的意义，回顾起丈夫对自己的伤害，声泪俱下，社会工作者允许阿华表达对丈夫的愤怒、委屈、怨恨等。"恨能够表达之后，爱才会出来。"再引导阿华去总结丈夫的闪光点及丈夫让自己感觉温暖的片段。阿华也找到了丈夫孝顺、善良、顾家、爱自己等闪光点。社会工作者跟阿华探讨婚姻的意义，并告知阿华如果选择继续留在婚姻里，就需要注意保护好自己，例如避免用言语激怒丈夫，在发生家庭暴力后如何保护自己。运用学习到的 3F 沟通法引导阿华寻找与丈夫和谐相处的一些经验，从里面寻找可以借鉴的经验和技巧。同时，社会工作者从家庭教育的角度，告知阿华夫妻关系是家庭的核心，是家庭铁三角的基础，为了给孩子营造一个和谐的成长环境，努力修复婚姻关系。

3. 成效

阿华管理情绪的能力得以提升，也让丈夫参与孩子的陪伴，运用3F沟通法通过先间接（微信）后直接（面谈）等方式跟丈夫表达自己的想法和感受，增进了夫妻的交流，夫妻关系有所好转，家庭氛围更为和谐。

（五）第五阶段，巩固服务对象已有的改变，共同回顾、总结问题的解决情况、所用策略，帮助其树立面对未来的信心，结案

1. 介入重点

本阶段主要引导阿华回顾整个个案过程中探讨的问题，着重引导阿华看到自己在面对家庭困境时的努力和坚强，总结整个为期 10 个月的辅导性个案中学习到的例如情绪管理的技巧、如何与患有抑郁症的女儿沟通、夫妻相处的方法、抑郁症女儿该如何给予支持和帮助等，并回顾这些技巧和方法在现实生活中的运用心得。辅导前和辅导后阿华发生了很大的变化，由无力、无助和无奈的状态调整为积极、内心有力量、坚韧等心理感受，并表示自己会努力坚持，为女儿们树立一个榜样，也努力为孩子们营造一个温馨的家庭氛围。

2. 成效

服务对象的求助目标初步达到，她有能力面对生活中的问题，可以考虑结案。

五、专业评估

（一）评估方法及评估内容

1. 评估方法

根据个案的情况，采用问卷法、访谈法进行评估。

2. 评估内容

（1）邀请阿华填写个案意见评估表，了解她对社会工作者服务的满意情况，问题的解决情况，对未来生活的信心。

（2）与阿华进行访谈，了解目标达到情况。

（二）目标达到情况

本个案跟进时段为 2020 年 11 月至 2021 年 9 月，定期面谈，共 28 次，面谈频率为每周 1 次，其中有服务对象有急事请假的情况。

统计阿华填写的个案意见评估表结果，总体目标达到情况良好。阿华认为社会工作者提供了管教子女技巧、生活适应、行为问题、人际关系、婚姻关系、情绪辅导、家庭关系 7 类有效帮助。

表 1　个案意见评估表

评估项目	服务对象意见
1. 你对社会工作者的服务满意吗	非常满意
2. 总体而言，服务能否协助你面对/解决困难（满分 10 分）	9 分
3. 自接受本社会工作者服务后，你的情况是否改善（满分 10 分）	9 分
4. 与社会工作者接触后，你应对困难的信心如何（满分 10 分）	8 分
5. 本个案结束之时，你与社会工作者双方商定的目标能否达到	基本达到

从与阿华访谈结果来看，总体目标达到情况良好。通过本次服务跟进，服务对象面临的问题得到了改善，改善的方面主要是情绪、认知和行为。情绪：服务对象从过去的压抑、容易在孩子面前发脾气，转变为会平和地控制和调整自己的情绪。认知和行为：明白造成孩子现在的情况的原因，孩子持续看心理医生和吃药是最好的治疗方式；明白了丈夫是因为原生家庭造成的不善于与子女进行有效沟通，改变了和丈夫沟通的方式。从以上几个方面评估，服务目标达到，可以结案处理。

社会工作者自评，总体成效良好。社会工作者了解服务对象近期和家人相处的模式，与之前相比有所改进，先生愿意接送孩子上下学，大女儿也愿意持续看心理医生，服务对象表示非常感谢社会工作者。最后，社会工作者告知服务对象结案处理，并处理好离别情绪，社会工作者告知后续还会回访。

六、结案

结案原因：阿华的负面情绪已获得改善，解决问题的能力获得提升，有信心面对未来生活中出现的问题，介入计划的目标已经达到。

结案处理方式及建议：提前告知服务对象结案时间，结案前逐渐延长每次会谈的间隔时间。最后的辅导中，与阿华共同回顾问题的解决情况、采用的行动和步骤，对阿华的付出给予认可和赞赏。社会工作者进行跟踪回访，每隔1月回访1次，回访半年。

七、专业反思

秉持助人自助的理念，避免社会工作者越位。增能理论认为服务对象本身具备潜能去应对生活中的适应不良，他们自身是有能力和资源去解决自身问题的。在该个案的跟进过程中，社会工作者要留意自己的反移情，不要被服务对象的无力无助感所覆盖，过于想去"救她于水深火热之中"，殊不知，"授人以鱼不如授人以渔"，要把"给予"的过程转换为"挖掘"，给服务对象一个机会，让她自己去学着解决问题。因此，社会工作者要谨记面对服务对象最终的目的是提升服务对象解决问题的能力，而不是简单地解决服务对象的问题，剥夺服务对象成长的机会。

八、督导寄语

社会工作者面临的服务对象深陷家庭暴力、自我价值贬低、子女教育无力、女儿因心理问题造成生命受到威胁等多重困境，十分考验社会工作者的专业服务能力。还好社会工作者克服了畏难情绪，勇敢向服务对象伸出了希望之手。服务对象的家庭问题是多方面的，依靠外力干预，只能治标不治本。所以，社会工作者想到为服务对象赋能，并帮助服务对象构建支持网络，才能真正挽救服务对象于水火。只有服务对象自身强大了，才能找到问题的"线头"，从而解决家庭及个人成长的问题。

走出产后抑郁　重启幸福人生[①]

——心理社会治疗模式在产后抑郁个案服务中的运用

一、案例背景

（一）基本资料

小颖（化名），38岁，已婚，与丈夫育有一名6个月男婴，还在母乳喂养中，目前一家3口和婆婆一起居住。丈夫41岁，是一名技术员，性格内向，不爱说话，近期与服务对象夫妻关系紧张。婆婆72岁，为照顾服务对象及孙子随迁来到S市，不会使用各种现代化产品，如洗衣机、空调等，与服务对象关系一般。公公在老家，与服务对象交流不多。服务对象对孩子极其看重，关系紧密。

（二）个案背景资料

接案当天晚上10点半，服务对象因情绪不佳离家一天后回家与丈夫出现激烈争吵，情绪无法控制，后丈夫报警，社区值班领导致电社会工作者请求协助处理。社会工作者前往了解到服务对象因产后抑郁出现情绪无法自控的情况，社会工作者与其沟通，疏导其情绪至凌晨2点多，与其商定进行一对一个案服务。

服务对象作为家中老大，自述童年期父亲对服务对象的教育方式为责骂式和贬低式教育，对服务对象非打即骂，从小到大家庭生活氛围非

---

① 作者：郑碧，中级社会工作师，深圳注册社会工作者；吕敏，中级社会工作师，深圳注册社会工作者。

常压抑；服务对象与丈夫来自不同地区，双方的文化背景与习俗皆存在较大差异，恋爱及结婚期间均未感受到男方家庭的重视，而丈夫也不以为意，对此服务对象一直耿耿于怀。

婚后夫妻备孕多年未能成功受孕，其间看过很多医生也吃过很多药皆无效果，两人承受较大压力，后经历了重重困难才终于成功受孕。服务对象表示丈夫完全无法理解自己的辛苦，没有给自己想要的支持。产程 20 余小时，经历了非常痛苦的生育过程，月子期间由丈夫亲戚照顾，但在开奶、孩子吃和睡方面都没有处理好，导致孩子吃睡习惯方面出现极大的问题，服务对象非常自责于自己不能很好地带孩子，情绪压抑更多，最终爆发。

情绪无法自控爆发几次后，服务对象察觉到自己可能出了问题，后到附近医院经医生确诊为产后中度抑郁，而丈夫对于服务对象的情况不知道该如何去应对和处理，夫妻关系更加紧张。

二、理论运用与问题分析

心理社会治疗模式认为个体的发展受到生理、心理和社会三个方面的影响，且这三方面又相互作用，共同影响服务对象的成长过程。该理论模式立足于生理、心理和社会三重因素的综合分析与协调，以此协调个人与社会环境的关系，推动个人内在自我需求的真正实现。在本个案中，服务对象呈现出包括失眠、食欲不振以及身体容易疲倦、感到无力的生理机能弱化现象；情绪波动大、经常哭泣、心情低落、悲观失望、自己精神状态差等心理表现。具有缓解疲劳及恢复产后身体状态的生理需求，消除过往负面经历影响、缓解焦虑紧张情绪的心理需求，改善与丈夫紧张关系、获得外部信息支持、建立有效社会支持网络及重返职场的社会需求。

其一，服务对象在备孕期间吃了很多药，身体状况本就不佳，经历了艰难的生产过程，加之母乳喂养每晚需起来 3~4 次喂奶及更换尿布，白天还要兼顾家务照顾孩子。因孩子经常醒来，服务对象晚上睡不好，白天也没办法补觉，每天睡眠时间不到 6 个小时，睡眠质量极差；长期亲力亲为照顾孩子，产后月子也没坐好，时常会感觉到腰膝酸软、浑身无力。

其二，服务对象比较要强，属于完美主义者，事事都要做万全准备，但在怀孕、生产甚至产后的孩子照顾方面都遇到了各种各样的意外情况，很多事情觉得束手无策，孩子吃睡习惯不佳、健康状况较差、夫妻关系也变得很糟糕，都导致服务对象对自身能力和魅力产生了严重的怀疑。情绪自控能力下降，常无端哭泣、发火，严重时出现歇斯底里的症状。对于未来的生活感到悲观失望，精神状态不佳，常常感到难以集中注意力。

其三，服务对象的父母兄弟都在老家，与服务对象关系一般。服务对象当前与丈夫以及婆婆的关系都不好，家庭内部支持较少；原本服务对象有一份比较高薪的工作，怀孕后期因为身体原因离开了工作岗位，与原来的同事也基本没再联系；平时主要精力都放在了家庭和孩子身上，与邻里之间的关系也不紧密，此前没参加过社区活动，与社区党群基本没有交集。服务对象的社会支持系统基本处于停摆状态。

三、服务计划

（一）服务目标

帮助服务对象调整身心状态、改善家庭关系、提供有效社会支持，并最终摆脱或缓解中度抑郁症状。

（二）服务策略

表1　个案服务计划表

具体目标	跟进计划
1. 心理疏导，陪伴服务对象应对抑郁症，减轻病症困扰	1. 了解什么是产后抑郁症，对自己患病的原因进行分析，进而对症下药 2. 陪伴倾听，引导服务对象宣泄负面情绪，自我觉察，厘清现实处境，调整心态以应对当前困难 3. 改善服务对象的自我认知，找到适合自己的压力疏导方式，减轻疾病困扰

具体目标	跟进计划
2. 陪伴服务对象一起找到更加适宜的家庭沟通模式，改善夫妻关系，促进家庭和谐	1. 分析夫妻沟通中存在的问题 2. 夫妻一起面谈，就夫妻沟通中存在的问题进行探讨，找到合适的解决之道
3. 提供和链接社会支持，助力服务对象重新建立有效社会支持网络	1. 链接产后康复及身体锻炼相关公益资源 2. 邀请服务对象参加社区开展的妇女服务活动，拓展朋辈支持网络 3. 提供可靠的育儿知识信息平台 4. 运用职业生涯规划相关知识陪伴服务对象找到重返职场的方向和方法

四、介入过程

（一）第一阶段

1. 介入重点

与服务对象建立专业关系，进一步了解服务对象患病的情况、家庭内部关系状态，给予陪伴支持，帮助其舒缓负面情绪。

2. 主要内容

在此次个案服务之前，服务对象未曾参与过社会工作者开展的服务，与社会工作者并不熟悉，在前几次面谈中，主要与服务对象相互认识，介绍社会工作者的专业身份、服务内容和了解服务对象的患病情况；此前服务对象到医院就诊，爱丁堡产后抑郁量表（EPDS）评分结果为 21 分，结合面谈，医生给出了中度产后抑郁的诊断结果，情况较为严重。且服务对象也表示孩子吃睡照护困难，自己最近与丈夫、婆婆的关系都非常恶劣，不止一次想要离婚，结束这段婚姻。面谈过程中，社会工作者主要通过积极倾听、真诚、同理、有效回应等技巧舒缓服务对象低落、

妇女家庭领域

155

悲观、焦虑紧张的负面情绪，并与服务对象一起探讨产后抑郁的病理原因和特征，运用"探索—描述—宣泄"技巧，陪伴服务对象描述和分析自己困扰产生的原因和发展过程，为其提供必要的情绪宣泄机会，减轻服务对象的内心冲突，改善其整体情绪状态。

（二）第二阶段

1. 介入重点

共同制订服务计划；陪伴支持，提供宣泄机会，舒缓负面情绪；帮助服务对象进一步探索自身困扰产生的原因，厘清现实处境，提出建议并找到适合的应对技巧；探讨育儿技巧，提升婴儿照顾能力，减轻照护压力。

2. 主要内容

服务对象通过前期的探索，认为自己抑郁症确实是由于孕产及育婴过程艰难、压力大、丈夫支持不足、自身身体激素变化以及事事要求完美的性格而引发的，故而在面谈中与社会工作者就这些方面的经历、问题、困难进行了深度的探索剖析，同时也以第三方的身份客观评定和分析自身的现实情况，反思过往存在的一些诸如"我的丈夫只关心孩子，一点都不爱我""我感觉我这个妈妈做得很失败"等错误认知，社会工作者通过间接疗法邀请服务对象丈夫参与个案面谈，帮助其了解抑郁症病理及学习作为家人要如何为患病者提供支持等，加大服务对象丈夫的支持力度。丈夫的参与让服务对象感受到丈夫对自己的关心和爱，自我怀疑得以减轻。针对自己情绪不稳、状态不佳的情况，服务对象更愿意通过在楼下散心、找一个安静的地方慢慢调节的方式来处理而非服用抗抑郁药物，社会工作者尊重服务对象的决定，相信服务对象有自我调适和发展的能力。育儿技巧的讨论与学习贯穿于整个服务过程，社会工作者充当资源提供者，通过一些育儿公众号、书籍以及经验分享的方式陪伴服务对象一起找到更加适合自身的育儿之道。

（三） 第三阶段

1. 介入重点

链接产后康复相关公益资源；运用职业生涯规划相关知识帮助服务对象做好重回职场准备；邀请服务对象丈夫参与个案面谈，学习夫妻沟通技巧，改善夫妻关系，明确婆婆的孩子照顾者角色，提升家庭支持。

2. 主要内容

社会工作者将自己一直在跟练的免费线上直播瑜伽课程分享给服务对象，邀请服务对象参加线下公益产后修复瑜伽课程，与社区其他妈妈加强联结；然后将附近几所医院中与产后修复相关的资讯信息提供给服务对象并由其自行选择；同时，社会工作者运用职业生涯规划知识与服务对象一起分析，为回归职场做准备，包括证券行业当前的行业动态和就职要求、服务对象自身 SWOT 分析、入职匹配优化提升等；邀请服务对象丈夫与服务对象一起面谈，就家庭内夫妻沟通模式进行探讨，主要集中解决"有始无终没有回应、计划变更无反馈、不认同不合作不支持"三大不良沟通模式，服务对象夫妻关系得到很大改善。经过一段时间的尝试和观察，服务对象最终决定将孩子交给婆婆照顾，自己重新投简历面试重回职场。至此，服务对象外部支持网络得以拓展，社会支持力量逐渐提升。

（四） 第四阶段

1. 介入重点

巩固服务对象已有改变，共同回顾个案服务过程，总结经验方法，帮助其树立生活信心，进行结案。

2. 主要内容

该阶段社会工作者与服务对象的面谈频率逐步降低，面谈间隔时间逐渐延长。与服务对象就整个个案服务过程、问题的解决情况、采用的方法策略等进行回顾，巩固服务对象学习到的身体训练方法、自我情绪管理技巧、夫妻沟通技巧、婴孩照护技巧。对服务对象的努力付出给予赞赏和鼓励，增强服务对象独立面对和解决问题的信心。服务对象相信自己已经有能力面对未来，认为预期的目标已经达到，与服务对象达成结案的一致意见，顺利结案。

五、专业评估

（一）评估方法及评估内容

1. 评估方法

根据个案的情况，采用前后测、问卷法和访谈法进行评估。

2. 评估内容

（1）结案时邀请服务对象再次进行爱丁堡产后抑郁量表测量，与接案前的测量结果进行对比。

（2）邀请服务对象填写个案意见评估表，了解其对社会工作者服务的满意度情况、问题的解决情况、对未来生活的信心等。

（3）分别与服务对象、服务对象丈夫进行访谈，了解服务对象现在的身心状态。

（二）目标达到情况

本个案跟进时段为 2022 年 5 月 31 日至 10 月 27 日，与服务对象及其丈夫定期进行面谈，共 10 次，邀请服务对象参与产后修复公益瑜伽课 11 节次，邀请服务对象参与社区形体礼仪课程 1 次。具体目标达到情况如下。

1. 心理疏导，陪伴服务对象应对抑郁症，减轻病症困扰

（1）跟进过程中社会工作者将产后抑郁相关知识打印出来与服务对象一起学习，提供信息，陪伴服务对象了解抑郁症，探索患病缘由，宣泄负面情绪，服务对象情绪状态越来越好。

（2）陪伴服务对象一起探索适合自己的放松解压方法，通过散步、瑜伽锻炼、产康训练等方法，服务对象的身心状态都得到很好改善，在结案阶段，再次邀请服务对象进行爱丁堡产后抑郁量表测量，分数下降

至 12 分，相比接案前服务对象在医院的 21 分下降了 9 分。

在个案意见评估表中，服务对象认为社会工作者能够协助自己应对抑郁困扰，使其状态得到很好改善。综合而言，心理疏导、陪伴服务对象应对抑郁症、减轻病症困扰这一目标达到情况良好。

2. 陪伴服务对象一起找到更加适宜的家庭沟通模式，改善夫妻关系，促进家庭和谐

服务过程中期，社会工作者邀请服务对象及其丈夫一起面谈，就夫妻间不良沟通状态进行分析，找到了更加适合当前家庭需要的新的沟通模式并进行模拟练习。夫妻双方能够就家庭重要事项进行相对有效的沟通，夫妻关系也得到较好改善，社会工作者与服务对象及其丈夫进行结案访谈时，双方均表示目前夫妻沟通更顺畅，关系也更紧密。

整体而言，陪伴服务对象一起找到更加适宜的家庭沟通模式，改善夫妻关系，促进家庭和谐这一目标达到情况良好。

3. 提供和链接社会支持，助力服务对象重建有效社会支持网络

（1）社会工作者运用党群公益项目资讯，邀请服务对象积极参与练习，身体状态得到很好的提升改善。服务对象也在参与社区活动的过程中认识了更多的妈妈，朋辈支持网络得到很好拓展。

（2）社会工作者运用自身所学的职业生涯规划相关知识陪伴服务对象一起进行职场分析，为服务对象重回职场做了充足的准备，服务对象表示自己现在对重新找工作回归职场充满了信心。

综合以上，提供和链接社会支持，助力服务对象重新建立有效社会支持网络这一目标达到情况良好。

社会工作者评估：根据服务对象填写的个案意见评估表及最后一次面谈的评估，服务对象当前的身体健康状态得到很好改善，情绪也比较平稳，孩子的照顾问题有效解决，与丈夫及婆婆的关系和谐，也新结识了一些邻居朋友，整体的身体、心理状态佳，社会支持力量也得到加强。总目标达到状况良好。

妇女家庭领域

表 2　个案意见评估表

评估项目	服务对象意见
1. 你对社会工作者的服务满意吗	非常满意
2. 总体而言，服务能否协助你解决困难	完全解决
3. 自接受本社会工作者服务后，你的情况是否改善	完全改善
4. 与社会工作者接触后，你应对困难的信心如何	非常有信心
5. 本个案结束之时，你与社会工作者双方商定的目标能否达到	能

六、结案

（一）结案原因

服务对象的问题已经得到解决，服务对象丈夫在家庭中会持续给予服务对象支持，计划的服务目标达到。

（二）结案的处理方式及建议

提前告知服务对象结案时间，结案前逐渐延长每次会谈的间隔时间。最后一次面谈中，与服务对象共同回顾问题解决情况、采用的行动和步骤，对服务对象的努力付出给予赞赏和鼓励。结案后，社会工作者线上跟踪回访，每隔一个半月回访一次，回访半年。

七、专业反思

产后抑郁与抑郁症存在很大的区别，和产妇特殊的孕产经历息息相关，社会工作者此前虽开展过抑郁类服务，但对于产后抑郁类的知识了解还相对不足，接案初期一直担心不能很好地为服务对象提供支持，缺乏信心，但服务对象全程毫无保留的信任和配合，服务对象丈夫的支持都给予社会工作者鼓舞。社会工作者在个案服务过程中持续学习相关知识并与服务对象互通有无，从服务对象身上获得信心与能量，在不断探讨摸索的过程中共同成长。立足专业关系，服务过程也是社会工作者与服务对象互助成长的过程。

根据心理社会治疗模式，从服务对象的生理、心理及社会三个维度介入提供支持，助力服务对象状态恢复。社会工作者运用直接治疗技巧中的非反思性技巧"探索—描述—宣泄"帮助服务对象宣泄负面情绪，运用反思性技巧"现实情况反思、心理动力反思与人格发展反思"助力服务对象看到个人现实处境并寻求自我成长，找到应对产后抑郁症的合适途径。运用间接治疗技巧，通过辅导服务对象丈夫沟通技巧改善夫妻关系、提供资源陪伴服务对象生理康复、邀请服务对象参加社区活动拓展朋辈网络等方式，改善服务对象周围环境，帮助服务对象重建有效的社会支持网络。

多部门联动，构建预防产后抑郁社区服务体系。根据流行病研究显示，产后抑郁影响着 10%～20% 的中国新生儿产妇，实际上可能有更高比例的产妇在产后经历着一些亚抑郁综合症状。对于新生儿母亲和家庭而言，产后抑郁可能对母婴身心健康和家庭和谐造成严重的负面影响。产生产后抑郁的原因多元，主要包括个人身心状态不佳、痛苦的孕产经历、不良的家庭和社会支持等，在该个案服务中，社会工作者期望通过心理疏导、生理康复、家庭关系改善、朋辈支持网络构建等方式帮助服务对象全方位获得支持，摆脱产后抑郁的困扰。此外，可以从预防角度出发，与社区工会、妇联、社康、妇幼保健院等相关组织一起联合打造预防性服务体系。从产后抑郁知识宣传活动、孕产妇心理调适知识讲座、孕产妇朋辈支持小组、好丈夫好爸爸课堂、孕产妇定期走访支持关爱等角度出发，全方位构建孕产妇支持体系，减少产后抑郁发生的风险。

八、督导评语

产后抑郁原本属于医学范畴，但是发生在社会工作服务对象身上，这就要求社会工作者去探求能够满足服务对象个人和家庭的服务方式。社会工作者能够恰到好处地运用心理社会治疗模式，从服务对象的生理、心理及社会三个维度介入提供支持，充分发挥社会工作者的专业优势，

妇女家庭领域

积极运用面谈技巧，帮助服务对象释放负面情绪，减轻对自我身心健康以及养育新生儿的担忧，从而缓解心理压力。链接多方的社会资源，为服务对象提供产后风险防范、产后康复、身体与心理知识普及，让服务对象有能力有信心安全度过产后康复期。在社会工作者干预全程中，社会工作者既是支持者，同时也是陪伴者，是社会工作者较为成功的专业实践。

孩子，妈妈陪你慢下来^①

——当事人中心疗法在多动症儿童家庭个案中的运用

一、案例背景

（一）基本资料

阿梅（化名），海南人，37岁，已婚，初中学历，性格乐观开朗，在一家公司做保洁员，收入稳定。阿梅于2007年结婚，2008年生下儿子小欧（化名），一家三口与公婆住在一起。阿梅的丈夫及公婆都是深圳原村民，每年都有村里的分红。丈夫比较爱玩，喜欢上山找野货、外出聚会，没有正式工作，阿梅对此很不满，婚后前几年夫妻关系紧张。2014年，在阿梅的劝说下，丈夫找到了一份正式工作，出去跟朋友聚会的时间也减少了，夫妻关系有所好转。

儿子小欧10岁，四年级，乖巧懂事，非常喜欢看书，学习成绩较好。日常生活中阿梅是小欧的主要照顾者，负责小欧上学放学的接送、作业辅导等，母子俩互动多，因此小欧跟母亲的关系更为亲密，与父亲的关系一般。小欧与奶奶的关系有些紧张，奶奶认为小欧做事拖拖拉拉，经常会批评、唠叨小欧；小欧与爷爷的关系一般。阿梅认为自己的教育理念与公婆有所不同，但老人都是为了孩子好，尊重两位老人。

（二）个案背景资料

阿梅曾多次参加社会工作者在社区开展的妇女活动，添加了社会工

① 作者：肖莉珍，高级社会工作师，深圳注册社会工作者。

作者的工作 QQ 号，对社会工作者非常信任，但已有 3 年未与社会工作者接触。

阿梅一直很重视对小欧的教育，期望小欧能养成良好的生活习惯，学习上没有给小欧太多压力，只要能完成老师布置的作业就可以了。2018 年 2 月开学后，阿梅好几次接到班主任的电话，说小欧在学校有过激行为，一是喜欢抠鼻子，弄得满手都是，同学对此非常反感；二是情绪容易激动，出现过激动时用水杯打自己头、在教室大喊大叫的情况，最严重的一次曾发脾气跑到教学楼顶层。班主任非常担忧，认为小欧一定有问题，要求阿梅带小欧去医院检查。

阿梅认为小欧的成绩还不错，主要是情绪管理不好，容易着急，没有严重到要去医院检查，不知如何处理班主任的要求，非常焦虑、担忧、无助。因此阿梅主动向社会工作者求助，表示不管检查结果如何都希望社会工作者能定期跟小欧聊一聊。在咨询社会工作者后，阿梅决定带小欧去儿童医院做检查。经检查，医生诊断小欧患有注意缺陷多动障碍（以下简称多动症），建议小欧做药物治疗、行为管理，阿梅觉得很难接受这个结果，担心公婆知道后更加不喜欢小欧，不知道后续该怎么处理，没有头绪。

二、理论运用与问题分析

当事人中心疗法是一种非主导式辅导，认为人有能力去发现自己心理上的适应不良，又可以通过改变自己来寻求心理健康，且知道尊重他人，能够对别人产生同感，发展亲密的人际关系。所以如果把人安排到适当的环境中，就可以促进人努力达到正常的行为，从而使其获得生活的满足。当事人中心疗法的六项必备条件如下。

（1）两个人有心理上的接触。

（2）服务对象处在一种无助、焦虑、混乱的状态中。

（3）社会工作者在这个关系中保持一种真挚、协调的状态。

（4）社会工作者对服务对象无条件地接纳与尊重。

（5）社会工作者能对服务对象产生同理心，不从自己的观点立场看待对方。

（6）服务对象能体会社会工作者对自己的尊重和同理。

根据当事人中心疗法分析，阿梅曾多次参加社会工作者开展的妇女活动，双方已建立良好的专业关系，且在阿梅咨询社会工作者时，社会工作者能无条件地接纳与尊重阿梅，让阿梅得到尊重与被理解。从当事人中心疗法实施的六项必备条件来看，具备使用该疗法的条件。

阿梅性格乐观、开朗，本身具备潜质，是积极的，在儿子被确诊为多动症后，阿梅处于无助、焦虑、混乱的状态，敏锐地觉察到自身的负面情绪，认为无法独自应对这一困难，期望获得外界的支持，主动寻求社会工作者帮助。根据当事人中心疗法的原理，将阿梅作为服务对象，如果社会工作者能理解阿梅的内在情感，与阿梅建立安全、自由的专业关系，阿梅就会动用自身的大量资源去进行自我理解，使自己朝着她想要去的方向发展，努力地去应对、解决儿子小欧患有多动症这一问题。

三、服务计划

（一）服务目标

建立安全、自由的专业关系，给予服务对象支持，提升其处理问题的能力，帮助其处理小欧患有多动症引起的人际交往和学习方面的问题。

（二）服务策略

表 1　个案服务计划表

具体目标	具体策略	执行人
给予阿梅支持，改善其负面情绪	1. 面谈中使用真诚、无条件的尊重、同理心三项专业技巧，给予阿梅支持 2. 每次面谈时了解阿梅近期的情绪状况 3. 帮助阿梅获得丈夫、公婆的支持	社会工作者负责
针对小欧的多动症，确定治疗方案	1. 面谈初期讨论不同的治疗方法可能面临的结果，咨询儿童医院、康宁医院的专业医生，确定治疗方案 2. 阿梅根据《中国少年儿童 30 天注意力提升（第一册）》对小欧进行行为训练，社会工作者给予引导	医院负责，阿梅、社会工作者协助
与阿梅协作，减少小欧的不良行为，缓和与同学的关系	1. 通过面谈的形式激发小欧改变的动力 2. 通过家庭作业帮助小欧减少不良行为 3. 阿梅在日常生活中监督小欧完成家庭作业 4. 阿梅带小欧参加社区开展的儿童活动、亲子活动，提供与社区其他孩子交流的机会 5. 每次面谈时与阿梅反馈跟进情况	阿梅负责，社会工作者协助
与阿梅协作，增加小欧的情绪管理知识	1. 以个别面谈为主，面谈中社会工作者与阿梅共同学习情绪管理、处理负面情绪的知识 2. 阿梅监督小欧完成家庭作业，并进行情景演练 3. 鼓励阿梅主动与班主任沟通，说明行动计划，获得支持	社会工作者负责，阿梅监督、配合

四、介入过程

当事人中心疗法将介入的过程详细分为 7 个阶段，分别如下。

第一阶段：求助者对个人的经验持僵化、刻板和疏远的态度。

第二阶段：求助者可以畅谈自我以外的话题。

第三阶段：求助者能流畅地表达客观的自我。

第四阶段：求助者能自由地表达个人过去的情感。

第五阶段：求助者能自由地表达当前的感受，但仍有所迟疑。

第六阶段：完全接受过去那些被阻碍和否认的情感。

第七阶段：求助者不需要帮助就可以自由表达自己。

这 7 个阶段并非截然分开、界限清晰的，而是有机结合的。社会工作者总计跟进 10 次，根据介入的情况，将介入过程分为 4 个阶段。

（一）第一阶段

1. 介入重点

与阿梅重建专业关系，进一步了解其家庭情况，给予阿梅支持、帮助，舒缓负面情绪，共同商定、确认介入计划。本阶段包含 2 次网络辅导和 1 次面谈辅导。

2. 主要内容

儿子小欧被确诊为多动症之后阿梅非常无助，丈夫和公婆文化水平都不高，给不了自己太多支持。阿梅内心抗拒医生提出的药物治疗方案，难以接受小欧是个"有病"的孩子，不知道该怎么办。社会工作者通过无条件的绝对尊重和同理心与阿梅重建专业关系，让阿梅在倾诉时缓解焦虑、无助的情绪。随后社会工作者使用真诚的技巧，向阿梅表达担忧，与其讨论不作处理的后果，情况是否会恶化？经过讨论，阿梅决定暂时选择药物治疗和行为训练的方式来处理小欧的问题，其中行为训练使用医生推荐的专业书籍《中国少年儿童 30 天注意力提升（第一册）》。阿梅与社会工作者共同讨论、制订介入计划；确定改变小欧不良行为的家

妇女家庭领域

庭作业，阿梅期望社会工作者能给予自己一些专业的建议。社会工作者再次使用真诚的技巧，表明小欧的情况家长是最为重要的介入主体，意义非凡，社会工作者是无法替代的，阿梅表示理解和认同。

3. 总结

本阶段阿梅最初不愿意正视问题，缺乏改变的动机和意愿，内心不愿意直面小欧患有多动症的问题，社会工作者运用真诚这一技巧，让阿梅意识到问题无法回避，需要自己直面问题，承担解决问题的责任。

（二）第二阶段

1. 介入重点

持续营造安全、自由的会谈氛围，缓解阿梅的负面情绪；帮助阿梅获得丈夫的支持，共同应对小欧的问题；了解阿梅为"减少小欧不良行为"这一任务付出的努力。本阶段包含2次面谈。

2. 主要内容

阿梅在丈夫的陪同下前来。阿梅表示丈夫近两次有陪同一起去复诊，对小欧的治疗给予支持。公婆已经知道小欧在服药治疗，婆婆还是会批评、唠叨小欧，阿梅认为这对小欧的恢复有负面影响，与丈夫商量要分开住，丈夫也表示同意，但考虑股份公司的分房还没有下来，暂时保持现状。在社会工作者的引导下，阿梅愿意尝试跟婆婆沟通一下。小欧有较大变化，服药后多动症的各种症状都有缓解，注意力集中很多，班主任老师给予认可，服药的副作用是小欧偶尔会有腹痛，阿梅觉得问题不大。在阿梅的监督下小欧能认真完成家庭作业，一旦小欧出现抠鼻子、用水杯打自己头的情况，阿梅会及时温和地给予提醒，有明显的效果，小欧的不良行为由原来的一周多次减少到每月1~2次，大幅度减少，与同学关系有所缓和。社会工作者现场指导阿梅如何使用《中国少年儿童30天注意力提升（第一册）》，并指导阿梅对小欧进行行为训练。

表2 "做更好的自己"行动计划表

对象	预期目标	计划内容	执行人
个人层面	缓解多动症的症状	进行药物治疗	医院负责，家长配合
	减少乃至消除影响社交的负面行为	改变负面行为：①抠鼻子；②用水杯打自己的头；③莫名大叫；④发呆	社会工作者负责，家长监督、配合
	提升社交技巧、情绪管理能力	以个别面谈为主（需配合完成家庭作业、进行情景演练等）	社会工作者负责，家长监督、配合
学校层面	获得学校老师的支持	与班主任沟通，说明行动计划，获得支持	家长负责，社会工作者协助
	营造安全、适合成长的校园氛围	联络社会工作者进校园开展反校园欺凌活动	社会工作者负责
家庭层面	缓解多动症的症状	根据《中国少年儿童30天注意力提升（第一册）》进行行为训练	家长负责，社会工作者协助
	帮助更好地融入学校	给予正面鼓励，帮助改变在学校的负面行为	家长负责，社会工作者协助
社区层面	提供接触陌生同龄人的机会，增加与社区其他孩子之间的交流	参加社区开展的儿童活动、亲子活动，提供与社区其他孩子之间交流的机会	家长负责，社会工作者协助
	提升自信心	作为亲子义工参加社区活动，提升自信心	家长负责，社会工作者协助

阿梅主动向社会工作者倾诉婚后头几年的状态，夫妻关系紧张，丈夫经常玩到半夜才回家，阿梅内心焦虑、愤怒、自卑，想过要离婚，但放心不下小欧。阿梅认为小欧患有多动症跟自己怀孕时情绪不好有关。阿梅认为现在夫妻关系已经有所缓和，在阿梅回顾丈夫过去的"混账事"

时，情绪较为稳定，夫妻俩正在准备要二胎。在阿梅倾诉时，社会工作者积极倾听，准确地感受阿梅过去的情感体验，给予同理和肯定，随后社会工作者针对夫妻沟通给予阿梅专业的建议。

3. 总结

本阶段阿梅在面谈中变得更为开放，对社会工作者的信任进一步增加，能完全、真正地接受社会工作者，主动发现、调节自身的负面情绪，自由表达过去的情感；阿梅能敏锐地察觉到生活中的其他问题，主动作出调适和应对。

（三）第三阶段

1. 介入重点

巩固已建立的会谈氛围，让阿梅可以继续自由地表达；与阿梅讨论如何应对开学换老师的情况；继续了解阿梅为"减少小欧不良行为""增加小欧的情绪管理知识"这两个任务付出的努力。本阶段包含 3 次面谈。

2. 主要内容

阿梅表示小欧的不良行为已经基本消除，为奖励小欧，阿梅带小欧回老家海南玩了一个月。阿梅认为经过药物治疗后，小欧的情况已经稳定，暂时不需要根据《中国少年儿童 30 天注意力提升（第一册）》进行行为训练了。阿梅对小欧现在的状态是满意的，但担心暑假结束后孩子老师可能会调换。小欧的班主任和数学老师对小欧的情况比较了解，每次发现小欧情绪激动时能有很好的方法应对，帮助小欧恢复平静。在与社会工作者讨论后，阿梅决定提前跟班主任沟通，尽量减少换老师对小欧带来的负面影响。阿梅表示在生活中，自己运用社会工作者提到的赞美技巧，及时肯定婆婆的优点，让婆婆有所改变，唠叨的频率略有降低。针对增加小欧的情绪管理知识这一任务，社会工作者推荐书籍给阿梅，阿梅表示后续会买回来学习、使用。最后阿梅在社会工作者的引导下，提出生活中还有很多逆境，并思考小欧该如何独立面对。

表 3　奖励计划表

"做更好的自己"奖励计划

奖励目标：梧桐山一日游

日期	星期一	星期二	星期三	星期四	星期五	星期六	星期日
自己打分							
妈妈打分							

猪鼻子＝抠鼻子（改变的方法有：1.找隐蔽的地方抠鼻子；2.用纸巾包住）

走地鸡＝激动的时候用水杯打自己头（改变的方法：1.深呼吸；2.数数；3.找自己喜欢看的书或玩具；4.减小打头的动作幅度）

3. 总结

本阶段阿梅能直面小欧的问题，主动联合丈夫的力量，对问题进行处理，由此可以看出阿梅处理问题的能力获得提升。

（四）第四阶段

1. 介入重点

巩固服务对象已有的改变，共同回顾、总结问题的解决情况、所用策略，帮助服务对象树立面对未来的信心，结案。该阶段包含 2 次面谈，其中 1 次为网络辅导。

2. 主要内容

该阶段社会工作者逐渐延长每次会谈的间隔时间，在面谈时提出关于结案的工作安排。阿梅表示在丈夫的支持下，婆婆也有所改变，对小欧的唠叨、批评减少很多。开学后数学老师被调走，小欧也能较为平稳地接受。小欧的作文写得很棒，多次被老师表扬，自信心获得增强。阿

妇女家庭领域

梅认为自己现在能主动发现小欧的优点，对小欧的接纳度增强。在复查中，医生提出小欧进入青春期后，情绪波动会变大，可能会加药，阿梅提出"没必要放大"的话语，觉得对于小欧的一些行为、语言没必要放大，有时候连大人都没办法控制好自己的情绪，更何况小孩呢！社会工作者及时给予认可。此外，阿梅主动学习情绪管理的知识，对自己的教育方式进行反思，并计划根据书本知识来改变自己的行为。对小欧容易情绪激动的情况，阿梅总结了一套有效的应对方法，在社会工作者的提醒下，阿梅决定后续努力的方向是让小欧自己处理负面情绪，而不是每次都要自己帮忙。预期目标已经达到，阿梅有信心面对未来，顺利结案。

3. 总结

本阶段压力对于阿梅的影响程度降低，基于过去成功的经验，阿梅树立了应对问题的信心。

五、专业评估

（一）评估方法及评估内容

1. 评估方法

根据个案的情况，采用问卷法、访谈法进行评估。

2. 评估内容

（1）邀请阿梅填写个案意见评估表，了解其对社会工作者服务的满意情况、问题的解决情况、对未来生活的信心。

（2）分别与阿梅、小欧、医生进行访谈，了解小欧在学校的情况。

（二）目标达到情况

本个案跟进时段为 2018 年 4 月 3 日至 12 月 19 日，定期面谈，共 10 次，其中含 3 次网络辅导。面谈频率为每月 1 次，其中 7 月阿梅回老家，未安排面谈。

（1）统计阿梅填写的个案意见评估表结果，总体目标达到情况良好。阿梅认为社会工作者提供了管教子女、生活适应、解决行为问题、处理人际关系、处理婚姻关系、情绪辅导、处理家庭关系等方面的技巧，给予了有效帮助。

表4　个案意见评估表

评估项目	服务对象意见
1. 你对社会工作者的服务满意吗	非常满意
2. 总体而言，服务能否协助你面对/解决困难（满分10分）	8分
3. 自接受本社会工作者服务后，你的情况是否改善（满分10分）	8分
4. 与社会工作者接触后，你应对困难的信心如何	非常有信心
5. 本个案结束之时，你与社会工作者双方商定的目标能否达到	部分达到

（2）从与阿梅、小欧访谈结果来看，总体目标达到情况良好。阿梅表示小欧经药物治疗后，已解决注意力不集中的问题；对比辅导前，小欧抠鼻子、用水杯打头的行为基本消除；与同学的关系有所缓和，并交到新的好朋友；小欧的情绪管理知识有所增加，但暂未达到自己的期望。阿梅对未来充满信心，认为自己可以学习情绪管理知识，来教小欧。小欧自述现在已经没有抠鼻子、用水杯打自己头的行为，在学校的朋友比以前多了。社会工作者与小欧的主治医生电话沟通，医生表示通过专业量表的测量，经药物治疗后小欧多动症的症状已经基本消除，后续需定期服药，定期复查。

（3）社会工作者自评，总体目标达到情况良好。社会工作者发现在跟进的过程中，阿梅有三个明显的、正向的改变。一是解决问题的能力获得提升。例如主动学习有关情绪管理的知识、主动与学校协调，当医生提出小欧进入青春期后可能要增加服药量时，阿梅也能坦然面对。二是阿梅能完全接受过去婚姻中发生的不快，对自己有更为积极的看法，不再压抑自己过去不愉快的情绪感受。三是阿梅对小欧的接纳度提升。接受辅导前，阿梅对小欧的拖拉行为不满，较少在社会工作者面前赞美、肯定小欧，辅导过程中阿梅对小欧的肯定逐渐增多。

六、结案

（一）结案原因

阿梅的负面情绪已获得改善，解决问题的能力获得提升，有信心面对未来生活中出现的问题；计划的目标已经达到。

（二）结案处理方式及建议

提前告知服务对象结案时间，结案前逐渐延长每次会谈的间隔时间。最后两次辅导中，与阿梅共同回顾问题的解决情况、采用的行动和步骤，对阿梅的付出给予认可和赞赏。结案后，阿梅继续帮助小欧学习情绪管理知识，社会工作者进行跟踪回访，每隔两月回访 1 次，回访半年。

七、专业反思

避免"助人自助"变成社会工作者帮助。当事人中心疗法认为服务对象本身具备潜能去应对生活中的适应不良。在跟进个案服务时，社会工作者看到服务对象的第一反应常常是"我可以怎么帮他！"好像身上肩负着一种使命感，想要用自己的力量让服务对象摆脱困境，当然也不排除享受"给予"的满足感，抱着这样的心态，在跟服务对象接触时，恨不得把手上所有的资源全部塞给服务对象，好让服务对象有一丝转机。其实这样的想法、做法，无形中剥夺了服务对象去尝试的机会，慢慢地让服务对象形成一种惯性思维"社会工作者能帮我做……"，形成依赖，更严重的是服务对象慢慢地也忽视了其实自己是有能力去解决自身的问题的。这是一个很严重的错误，社会工作者常常挂在嘴边的"助人自助"就这样被冷落了，如果换一种思维呢？"他可以怎么帮助自己？"把"给予"的过程转换为"挖掘"，给服务对象一个机会，让他自己去学着解决问题。因此，社会工作者要谨记面对服务对象最终的目的是提升服务对象解决问题的能力，而不是简单地解决服务对象的问题，剥夺服务对象成长的机会。

同理不等于安慰。当事人中心疗法中最重要的专业技巧是同理心，在实际运用中，社会工作者常常会把安慰当成同理。当一名家庭主妇诉说丈夫有外遇，儿子不关心自己时，社会工作者的第一反应是回应"不要太难过，你已经做得很好了!""没事的，会好起来的!"类似的语言，这样的句子其实很无力，一名伤心、自卑的家庭主妇希望听到什么？慢慢地去体会她的心情。如果你是她，你的内心该是多么的痛苦，而安慰的话语又是多么的单薄，只会让人觉得外人都是站着说话不腰疼罢了!她需要的并不是一个可以安慰她的人，而是能够明白、理解她内心感受的人。把服务对象内心的感受用适宜的语言简短有力地表达出来，让服务对象觉得她的感受有人能够明白，从而说出更多的心里话，让"同理"不只是单薄的"安慰"。

八、督导寄语

社会工作者在面对服务对象儿子患有多动症的问题后，没有想第一时间去链接优质的医疗和心理资源去介入服务对象儿子的问题，而是从社会工作基本价值取向出发，服务对象更需要的是"自助"而非"他助"。这一点是非常难能可贵的，是真正从服务对象的视角出发，去挖掘服务对象的优势资源，让服务对象能够构建自己的资源网络，从而有效地解决服务对象儿子多动症的问题。从服务效果来看，通过以当事人为中心的介入，有效改善了服务对象的无力感，使其更有信心参与儿子的成长，从而达到改善家庭、改变儿子的目标。

妇女家庭领域

构建庇护网络　摆脱家暴旋涡①

——危机介入后的支持系统建立

按照《中华人民共和国反家庭暴力法》规定，"家庭暴力"是指"家庭成员之间以殴打、捆绑、残害、限制人身自由以及经常性谩骂、恐吓等方式实施的身体、精神等侵害行为"。一般来说，家暴困局中的女性有以下一些特征：受虐妇女综合征，即低自尊，认为自己应对施暴者的行为负责，有严重的罪恶感和心理压力，并患有身心疾病，相信除自己之外没有人能够帮助自己解决问题；暴力循环论，即婚姻暴力是有规律的，呈现出周期性循环发生的特征；暴力正常化，即长期经受暴力的妇女逐渐将暴力行为视为日常生活的一部分，将其正常化，否定自己的能力，不相信自己能够摆脱暴力。

一、案例背景

（一）基本资料

杨某某，湖北人，女，50岁，已婚，文盲。

（二）个案背景资料

服务对象和丈夫孕育两男一女，目前大儿子、女儿都结婚生子，小儿子在读大学。服务对象年轻时和丈夫来深圳做生意，孩子由老人带大，亲子关系纠缠与疏离。目前在深圳有两套房子，均在男方名下，一套在

---

① 作者：裴巧妹，助理社会工作师，深圳注册社会工作者。

福田，并用这套房子贷款，全款买下罗湖的另一套房子。5年前老公出轨，开始对服务对象施暴。为了躲避丈夫的殴打，服务对象长期在外打工，不回家。丈夫以夫妻关系不和为由，向法院提出诉讼离婚，并要求服务对象净身出户。

2021年10月26日，服务对象在酒店做保洁期间，其丈夫带着自己的兄弟，到酒店殴打她，致使她手臂大面积出现瘀青，服务对象报警处理，由于担心丈夫会再次带人施暴，求助福田区妇联，由社会工作者进行服务。

二、问题分析与预估

（一）主要问题

（1）服务对象丈夫联合其兄弟对服务对象有5年家暴过程，对服务对象造成心理和身体的双重打击，2021年10月26日严重施暴后，服务对象非常恐惧丈夫会再次对她家暴，造成生命危险，于是报警请求保护，申请《家庭暴力告诫书》，同时向法院申请《人身安全保护令》。

（2）服务对象不识字，需要申请法律保护开具相关证明时，不能独自办理。

（3）服务对象丈夫在服务对象上班的地方进行施暴，对其工作产生了很大的影响，领导要求解决好家庭问题再来上班，经济来源受到影响。

（4）服务对象缺乏法律知识和自我保护意识。对长期的家暴选择隐忍，并且只要丈夫回心转意，她愿意原谅并过完一生。但丈夫出轨后，离婚态度坚决并要求她净身出户。由于服务对象家里房产和财产都是丈夫负责管理，服务对象想要得到公平的财产分配，却不知道如何处理。

（5）三个孩子都是由老人带大，孩子们与服务对象的关系纠缠与疏离，当家里发生家暴和分割财产的时候，孩子态度冷漠，对服务对象打击很大，一直叹息和孩子们的关系，需要进行心理疏导。

（6）社会支持网络缺乏，服务对象性格比较内向，平时不主动结交朋友。老家在湖北农村，当地对离婚后的女性非常不友好，在不了解具体事件的情况下，往往无中生有，损害个人名誉，服务对象非常在意村里人的说法，当发现其丈夫出轨，就选择不回老家，留在深圳务工。深圳没有亲朋好友，没有人可以给予生活上的支持、精神上的宽慰，需要进行情感支持。

法规解读：

　　《家庭暴力告诫书》简称告诫书，由基层公安机关开具，针对家庭暴力中的加害人作出告诫。告诫书由公安机关开具，对于制止家庭暴力行为具有很强的震慑作用。同时，告诫书是认定家庭暴力事实的有力证据，所以非常重要。告诫书就是为了震慑加害人，使其不敢再次施暴。

　　《人身安全保护令》是一种民事强制措施，是人民法院为了保护家庭暴力受害人及其子女和特定亲属的人身安全、确保婚姻案件诉讼程序的正常进行而作出的民事裁定。

（二）服务对象优势

（1）服务对象性格坚强，能够积极勇敢地面对家暴和被离婚事件。

（2）服务对象身体健康，具有劳动力，已经找到工作单位，除本身工作收入外，还捡废纸赚钱。如果丈夫不在单位闹事，可以拿到稳定的收入，有单位宿舍居住。

（3）社会支持网络的出现。报警事件已引发相关单位对服务对象的关注，深圳市妇联、梅亭社区工作站愿意帮助她。

（三）问题分析

　　服务对象存在大量的问题，需要长期多次的服务才能解决，社会工作者认为，应该将危机介入模式与社会支持网络结合，一方面通过危机介入帮助服务对象摆脱暴力旋涡，保证生命安全；另一方面通过社会支持网络，帮助服务对象争取多方资源：比如通过相关法律知识的辅导让服务对象了解离婚的知识和途径，为她提供有效的信息；帮助服务对象申请家暴基金，度过这段时间；为服务对象进行心理疏导，恢复希望；帮助服务对象建立社会支持网络。

三、理论运用

（一）危机介入模式

危机是指一个人的正常生活受到意外危险事件的破坏而产生的身心混乱的状态。危机通常可以分为两类：一是成长危机，即每个人在成长过程中需要面对不同的任务而产生的危机；二是情境危机，即因生活情境的突变而引发的危机。危机介入模式就是针对服务对象的危急状态而开展调适和治疗的工作方法，通常涉及：①减轻危机事件的负面影响；②利用危机事件帮助服务对象解决目前面临的现实问题，同时提升服务对象适应环境的能力。

（二）社会支持网络

社会支持网络指的是个人能够获得的，得以维持社会身份并且获得情绪支持、物质援助和服务、信息等，使之能与社会重新接触。

依据社会支持理论的观点，一个人所拥有的社会支持网络越强大，就能够越好地应对来自环境的各种挑战。个人所拥有的资源是指个人社会网络中的广度和网络中的人所能提供的社会支持功能的程度，包括个人的自我功能和应对能力。以社会支持理论取向的社会工作，强调通过干预个人的社会网络来改变其在个人生活中的作用。

四、服务计划

（一）服务目标

救助期间，通过危机介入模式，帮助服务对象去法院申请《人身安全保护令》，确保生命安全；通过社会支持网络，提供各种有利于婚姻问题解决的咨询信息及解决渠道，和服务对象一起争取更多的社会资源的帮助。最终，服务对象能接受离婚并学会争取合理的财产分配，协助服

妇女家庭领域

务对象走出家暴的旋涡。

（二）服务策略

（1）阻止服务对象丈夫家暴行为，向法院申请《人身安全保护令》。

（2）厘清服务对象与丈夫的婚姻关系，作出明确的决定。

（3）为服务对象申请家暴基金，帮助服务对象度过困难时期。

（4）为服务对象联络公益律师咨询离婚事宜。

（5）为服务对象进行心理疏导。

（6）建立社会支持网络。

五、服务过程

（一）危机介入

协助服务对象到公安机关开具《家庭暴力告诫书》，到社区工作站开具居住登记表，到法院申请办理《人身安全保护令》，保证服务对象的人身安全。

2021 年 10 月 26 日，服务对象向警方报警，原因是服务对象丈夫带着自己的兄弟到服务对象工作的酒店停车场施暴，他们要求服务对象在一份文件上按手印，由于服务对象不识字，不知道文件上是什么内容，于是拒绝，丈夫便对其拳打脚踢，连续施暴，致使其左上臂有 4 处长约 5 厘米的瘀肿、上段后侧瘀肿区见条状表皮擦损血痂、压痛；左手背、右上臂、上唇都有瘀肿。服务对象十分恐惧，之后便报警，经警察处理，男方赔偿 1000 元医药费结束案件。服务对象担心丈夫再次施暴，在民警的建议下，求助福田区妇联，妇联安排社会工作者协助服务对象。服务过程中社会工作者发现服务对象不能清晰地表达诉求，最终经过社会工作者协助，民警为服务对象开出《报警回执》，到人民法院办理了《人身安全保护令》，服务对象稍感安心，警察也警告服务对象丈夫，如果再次施暴就会被拘留。其间，社会工作者了解到服务对象离家 5 年，丈夫出轨，两人感情破裂，服务对象丈夫污蔑服务对象外面有人，要求其净身出户。服务对象没文化不识字，只能被动应对，没有方向和方法。

（二）厘清服务对象与丈夫的婚姻关系，作出明确的决定

社会工作者安排一个安静的面谈环境，给服务对象准备一杯温水，引导服务对象通过回忆，讲述夫妻多年的生活，彻底厘清自己的思路。服务对象说丈夫年轻的时候是个很好的男人，在别人眼中憨厚老实，他们勤奋工作，养育三个孩子长大，孩子们都是由老人带大，虽然不在身边，但孩子经济上要什么，他们都尽量满足。眼看着孩子们都长大了，大儿子研究生毕业已经结婚，女儿也结婚生子，小儿子上了大学。5年前丈夫出轨，开始对其施暴，但是她内心是希望丈夫回心转意，能够请她回家的。只可惜老公反而说她外面有人，说她长得丑，又没有文化，现在更要和她离婚，并且要求她净身出户。服务对象说，现在她可以什么都不要，但是一定要保证属于自己的财产全部给孩子，不能给第三者。

（三）社会支持网络：向深圳市鹏星家庭暴力防护中心申请"救急金"2000元，用于验伤、治疗和紧急生活

在了解到服务对象经济现状之后，社会工作者分析可以链接非正式的资源为服务对象解决暂时性经济需求，向深圳市鹏星家庭暴力防护中心提交相关资料，申请到2000元的救急金。

（四）向深圳市妇联申请法律援助，帮助服务对象厘清离婚的流程和财产分配

服务对象的丈夫主动提出离婚，社会工作者帮助服务对象分析，首先需要律师指导，于是链接到妇联公益咨询的张律师。在她的分析下，服务对象了解到如果和丈夫打官司就可以争取到利益最大化，但是律师全权负责就要出律师费，是一笔很大的费用，目前对她来说负担不起。经过和张律师的几次交流，她说可以先起诉，打赢了按照获得的财产的比例再付律师费。

服务对象把这个情况和孩子们以及娘家的兄弟姐妹沟通。娘家人要

服务对象一定离，争取财产利益最大化，如果需要律师，自家的亲戚就有做律师的，可以联系，费用要出但价格适中。服务对象的大儿子和小儿子都表示这是自家的事情，何必要把钱给别人，要离婚就协议离婚。

社会工作者经过多方了解，向深圳市鹏星家庭暴力防护中心咨询法律援助相关问题，跨省打官司的资源支持，与深圳市福田区妇联的张律师反复就服务对象不同的问题沟通，总结出利益最大化的方案并提供给服务对象。服务对象在此次事件中，每天都会接各种电话，已经显得疲惫不堪，情绪低落，社会工作者进行情绪安抚，输入希望。本着服务对象自决的原则，提供支持。

不久后，服务对象接到法院的电话，服务对象丈夫在老家起诉离婚，此时服务对象就比较被动，需要回家出庭。回家前，社会工作者再次与服务对象分析离婚的利弊和离婚方式的利弊，供服务对象参考。服务对象回湖北老家后社会工作者进行电话跟进，了解进展。服务对象阐述："自己决定离婚，打官司是为了给孩子拿到最大的利益，不想自己奋斗多年的财产给别人，只要孩子爸爸把财产留给孩子们就可以。孩子们都不希望打官司，我打官司拿到钱也不开心，我最终还是要给他们的。我不想让孩子们觉得妈妈不好，都是妈妈的错，我已经和亲戚律师沟通，去法院协议离婚！律师说也是有法律效力的。"

(五) 社会工作者对服务对象进行心理疏导

在整个家暴和离婚的过程中，服务对象表现出来的情绪还算平和，性格属于温柔内向，服务对象对社会工作者表示：自己不太想麻烦别人，总觉得家丑不可外扬，如果不是自己实在不识字，真的不想麻烦妇联和社区，自己现在一无所有，也没有办法回馈别人，感到深深的自责、自我打压和否定。

服务对象最在意的就是自己的三个孩子，在整个事件中，最让服务对象伤心的是，几乎没有一个孩子站出来劝爸爸妈妈不要离婚，或者为她说一句话，服务对象很心痛，觉得自己的教育很失败。只有小儿子会打电话关心自己。

丈夫在家暴的 5 年中言语的侮辱和身体伤害都给服务对象很大打击。据服务对象回忆，其丈夫和别人造谣中伤她不守妇道，说她有性病，要求去医院做检测，她没办法只好去检查，结果什么问题都没有。服务对象丈夫多次用暗疮针戳她的脑门，恐吓她，让她在一份文件上按手印。回想起这些，她会控制不住地流眼泪。

社会工作者在多次面谈的过程中，全程耐心陪伴与倾听，让服务对象可以在安静的环境中好好倾诉，宣泄压抑已久的情绪。流泪难过时，社会工作者适时握住服务对象的手给予支持，当服务对象明显表示出沮丧和自我贬低时，社会工作者输入中立的价值观，让服务对象客观地看待自己以及周遭的环境，让服务对象重拾信心去面对新角色、新生活。

（六）鼓励服务对象参与社区活动，建立社会支持网络

离婚后服务对象回到深圳打工的地方，时常想到自己的情况，还是会悲伤难过。她只有拼命地工作，不让自己停下来，才能够忘记之前的事情，社会工作者发现后，通过电话沟通，强调其自身的价值，安慰情绪，鼓励她参与社区活动，结交新朋友，拥有属于自己的社交圈。

经过社会工作者的沟通和交流，发现服务对象曾经经营理发店，具有很好的理发手艺。社会工作者所在的社区有一支义剪服务队，于是推荐服务对象参与。服务对象在团队中感受到服务他人的美好、组织的温暖。由于她本身的技能优秀，深得居民的喜爱，由此构建了服务对象本身的社交圈，得到来自居民和团队的支持。

六、结案评估

社会工作者在和服务对象沟通后，确认其已经与丈夫协议离婚，生命安全不会受到威胁，财产分配已经处理好，周遭环境和自身情绪已经稍微缓和，目前只要好好工作，修复内心的创伤，服务对象已经可以面对新角色、新生活，因此达到服务目标，落实服务过程，可以结案。

七、专业反思

第一，社会工作者本着服务对象自决开展个案，有时并不能让服务对象在离婚案件中获得应有的利益。社会工作者相信每一个人与生俱来的尊严，认为人们应当被允许尽可能地自己决定自己的生活方式。这一价值理念中隐含了对服务对象成长、改变，以及发展解决问题能力的信任。此次社会工作者已经将获得离婚后应得利益的方式告知服务对象，但面对服务对象选择放弃争取利益的选择，虽然很无奈，但因为这是服务对象自己的选择，只能选择尊重。

第二，相关职能部门在给予困难群体帮助时，尽量流程清晰化、简单化；社会工作者在协助服务对象办理《人身安全保护令》《家庭暴力告诫书》的时候，发现相关职能部门对业务办理流程指示不太清楚，对没有文化的服务对象来讲更是困难重重。

第三，社会应为外来务工女性建立社会支持网络。外来务工的女性，离开家乡的亲属支持网络，跟随丈夫来异地务工，个别人由于自身性格和文化水平的限制，难以在流入地建立社会支持网络，一旦遭遇家暴很容易陷入孤立无援的状态，导致外来务工女性陷入长期暴力困境中无法自救。

八、督导寄语

家暴个案是对妇女权益的严重损害，也是对社会平等道德原则的践踏，本案例中社会工作者始终坚守社会工作的服务原则，陪伴服务对象度过险境，链接各方面的社会资源和支持网络，帮助服务对象维护自身的合法权益，并且能够从服务对象所处的家庭环境及个人能力出发，尊重服务对象自我抉择的权利。在整个案例服务细节中都体现了社会工作者的专业和敬业。期待社会工作者能够总结家暴个案的服务经验，并转化成一种防护资源，为更多遭遇家暴妇女提供有力的帮助。

被家暴女童坎坷"回"家路^①
——家庭治疗在儿童青少年家暴个案中的应用

一、案例背景

（一）基本资料

服务对象小花（化名），女，11 岁。

（二）个案背景资料

引发/重要事件（接案原因或途径）：2020 年 12 月，热心市民来电反馈至街道信访处，表示服务对象在家中遭受家庭暴力并停学在家，警察已上门教育警诫，后转介至心理社会工作者，心理社会工作者由此接案。

家庭结构：服务对象家庭为重组家庭，家庭成员包括服务对象继父（36 岁）、服务对象母亲（36 岁）、服务对象、继父与服务对象母亲所生育的 1 名女童（8 岁，小学二年级）、2 名男童（分别为 3 岁 2 个月、1 岁 7 个月）。

服务对象刚出生母亲便与父亲离婚，此后很少返回服务对象父亲家中看望服务对象，且未支付抚养费，服务对象在父亲家中成长。父亲家庭为重组家庭，家庭成员包括服务对象父亲、服务对象继母、服务对象、服务对象父亲与继母生育的 1 名男童。服务对象在父亲家中成长至 10

① 作者：蓝土英，助理社会工作师，深圳注册社会工作者。

岁，父亲因服务对象母亲长期未支付抚养费将其母亲起诉至法庭，服务对象母亲表示无法支付抚养费，判处及协商结果为此后服务对象由母亲抚养，因此服务对象来到母亲家庭。

行为表现：服务对象存在不良习惯，如随意拿取他人钱财及物品、随地大小便、高空掷物等，也存在辱骂、诅咒、威胁等言语习惯。

情绪状态：服务对象情绪较为内敛，较少直接表露自身情绪。

健康状况：服务对象身体发育迟滞，营养不良，较为瘦小。

二、问题分析与预估

第一，服务对象不良习惯难以更改：服务对象拿取他人财物等不良习惯养成时间久，自控能力较弱，且服务对象母亲管教方式不当，较难得到改善。

第二，服务对象入学困难，个人身心发展迟滞，服务对象学习基础薄弱，习惯较差，难以适应学校的学习，且服务对象因户籍问题难以进入公立学校就读，加之服务对象家庭孩童多，依靠继父一人，经济来源难以支持服务对象就读私立学校。

第三，社会支持力量薄弱，服务对象来到新的生活环境，除母亲家庭外无同伴、亲戚等其他支持力量。

第四，存在家庭暴力行为，服务对象身心创伤大，服务对象继父教育方式较为宽容与接纳，但其时常加班，较少在家中，而服务对象母亲教育方式较为粗暴，常常恶语相向，甚至打骂服务对象，家庭暴力对服务对象的身心健康造成极大的伤害。

第五，服务对象家庭内部系统恶性循环，服务对象不良习惯的发生与服务对象母亲的暴力管教形成恶性循环，破坏家庭系统平衡与功能，对家庭成员互动及情绪状态影响较大。

三、理论运用

（一）结构家庭治疗理论

结构家庭治疗理论是由美国的米纽秦与其同事在 20 世纪 60 年代创立的，结构家庭治疗理论认为个人的问题都只是表象，而将焦点主要放在家庭的组织结构以及成员互动过程中。家庭是一个整体系统，它会在其所允许范围内进行适当的变动，尽可能保持其原有的结构模式。结构家庭治疗理论认为家庭结构的改变会引起家庭系统中各个成员行为与精神状态的改变。因此，它的治疗对象是整个家庭而不是一个个体。在治疗过程中，目标就是观察并评估问题家庭的成员互动模式，通过家庭内部成员的互动来发现不良的家庭功能，找出这些家庭系统中出现问题的实质，并重建家庭结构，改变不良的成员互动模式，明确此系统中的家庭角色及权力架构形式，达到家庭功能的改善，从而解决个人的问题。

在本案例中，服务对象的症状深受家庭成员之间的互动影响，家庭成员及家庭结构的变化使得服务对象难以适应新的家庭结构及互动，打破了服务对象母亲原有的家庭结构的平衡，改变了家庭成员的行为与精神状态，导致家庭部分功能失调，因此，要改善服务对象不良习惯及亲子关系，需要从整个家庭系统出发，找出家庭系统中出现问题的实质并重建家庭架构。

（二）萨提亚家庭治疗

萨提亚家庭治疗认为个体由于早期的生命体验，基本的普遍性渴望（被爱、被接纳、被确认、被肯定）被满足、未影响生存时，会发展出真诚一致的沟通姿态；当渴望没有被满足，对生存有所威胁时，则发展出不够健康的生存姿态。即个体为了求生存而发展出来一套自动化模式，主要包括讨好型、指责型、超理智型、打岔型、真诚一致型。

讨好型生存姿态能关注到情景和他人，但忽视了自我。主要表现是漠视了自己的价值感受，将权利拱手让给他人，并对所有的事情点头称是。

指责型生存姿态能关注到情景和自我，但忽视了他人。主要表现是以评判、命令、寻找错误、指责等方式表达敌意。超理智型生存姿态能关注到情景，但忽视了自我和他人。主要表现是冷淡、严肃而高人一等的神情、僵硬而刻板的姿势等。打岔型生存姿态既不能关注到情景，也不能关注到自我和他人。主要表现是抓不住重点、不合时宜的行为等。真诚一致型生存姿态既能关注到自我，也能关注到他人和情景。

在本案例中，服务对象在早期生命体验中，被爱、被接纳、被肯定等渴望没有得到满足，甚至对生存造成了一定威胁，逐渐发展出不良生存姿态，主要为讨好型，在母亲面前漠视了自己的情绪感受，并对所有的事情表示顺从。而服务对象母亲表现的主要是指责型，以批判、命令、否认、指责等方式表达对服务对象的敌意，提到与服务对象相关事宜时多表现为易激惹、愤怒等情绪。

四、服务计划

（一）服务目标

改善亲子关系，减少家庭暴力：减少服务对象与其母亲的矛盾冲突，减轻亲子间冲突张力，促进良好沟通方式的形成与发展，促进亲子间良好互动，促进服务对象母亲对不良教育方式影响的认知，改善教育方式。

改正服务对象不良行为习惯：减少不良习惯出现的频率，逐渐改正不良习惯，同时增加服务对象良好行为出现的频率，养成良好行为。

促进服务对象自我增能：疏导服务对象情绪，帮助服务对象学习情绪控制、情绪表达、调节能力，增强自控力，提升服务对象应对问题、解决问题的能力，促进服务对象发展。

促进服务对象家庭系统平衡，建立良好家庭生态环境：促进服务对象家庭成员之间的良好互动，有效沟通，增强家庭成员间的相互支持力量，营造接纳、和谐、互助、友爱的家庭环境。

（二）服务策略

（1）社会工作者对服务对象及其家庭成员进行心理教育。社会工作者教授服务对象控制冲动的行为方法，鼓励服务对象探索尝试，并给予正面反馈。同时，社会工作者告知服务对象所在发展时期的身心特点，增强对服务对象的认识与理解，并教授行为强化及行为消退的原理及方法，鼓励服务对象母亲积极尝试，增加良好行为的正强化及不良习惯的负强化，逐步改善服务对象行为。

（2）多部门协作，链接资源。协同律师、民警、妇联、反家暴等工作人员开展联合教育，从不同角度告知服务对象母亲家庭暴力的影响及严重后果，让其认识家暴的严重性，停止暴力行为。同时，通过不同部门为服务对象家庭申请救助，帮助服务对象家庭减轻经济压力。

（3）通过心理咨询、卡牌、沙盘等形式帮助服务对象及其家庭成员舒缓情绪，探索学习情绪调节方法，增加对自身情绪的觉察；学习沟通方法，增强有效沟通，减少矛盾冲突。

（4）利用家庭治疗方法，深入家庭，促进家庭成员功能的发挥，改善家庭互动模式。

五、介入过程

（一）第一阶段

1. 介入重点

停止家庭暴力，改善服务对象母亲不良教育方式。

2. 主要内容

面谈前期，社会工作者从服务对象、服务对象母亲、邻居、保安等处了解服务对象遭受的家庭暴力时长、方式等事宜，了解服务对象身心状况，帮助服务对象及其母亲舒缓不良情绪，告知服务对象母亲暴力教育的不良影响及后果，但服务对象母亲并不接纳，社会工作者多次进行心理教育并无明显改善，社会工作者便与律师、民警等专业人士协同家访，从专业角度告知服务对象母亲家暴的严重后果，提高她对家暴的认识，并为服务对象母亲解答相关法律疑惑。在社会工作者的协同努力下，服务对象母亲减少了家暴行为，服务对象身上的伤痕明显减少。

（二）第二阶段

1. 介入重点

与服务对象建立良好关系，了解服务对象及服务对象家庭需求与目标，并就服务目标达成一致。

2. 主要内容

社会工作者与服务对象进行家访谈话，了解其身体状况，表达关心，并了解服务对象的需求与问题，但服务对象由于母亲的威严并未过多表达。社会工作者对服务对象父母进行家访及电访谈话，了解服务对象的家庭状况，了解服务对象父母对服务对象的态度与看法，服务对象母亲表示自己十分艰辛，服务对象行为恶劣，难以管教，导致夫妻关系及邻里关系变差，自身的情绪波动也很大。服务对象继父则表示此前没有遇到这样的情况，自己也不知道如何应对，也常常担心妻子的做法带来不良后果，社会工作者适时为其提供情绪疏导服务，帮助其倾吐内心苦楚。此外，社会工作者还了解了服务对象父母的需求，为服务对象母亲链接了民政救助资源，并就服务目标达成一致。

（三）第三阶段

1. 介入重点

改善服务对象不良行为习惯，促进亲子关系。

2. 主要内容

首先，社会工作者了解到了服务对象不良习惯的诱因。社会工作者从服务对象及其母亲处了解到，服务对象与其生父生活时，生父再婚并育有一子，此后生父便无暇顾及服务对象，继母对服务对象并不好，甚至连饭都不给服务对象吃，服务对象饱一顿，饿一顿，甚至翻捡垃圾桶找食物吃。不仅如此，服务对象生父甚至教唆服务对象到商店偷饮料，随后便是偷取钱财，并称如有人打骂便破坏其门口晾挂的衣物，周而复始，服务对象逐渐形成了不良习惯和不良认知，难以自控。社会工作者及时给予安抚及支持，帮助服务对象及其母亲接纳服务对象的现状，纠正服务对象的不良习惯。其次，社会工作者利用认知重构，帮助服务对象纠正不合理认知，通过咨询增强服务对象改变动力，鼓励服务对象改变不良习惯，教授服务对象控制冲动行为的方法，鼓励服务对象探索尝试，并与服务对象形成约定。然后，社会工作者告知服务对象父母，服务对象不良习惯形成的原因及应对方法，并教授行为强化和行为消退的方法，鼓励服务对象母亲积极尝试，给予服务对象正面反馈，增强家庭成员对服务对象改变的肯定与支持。经服务对象母亲反馈，服务对象不良习惯出现次数减少，行为得到一定改善。

（四）第四阶段

1. 介入重点

改善服务对象情绪状态，促进自我增能。

2. 主要内容

服务对象形成了讨好型应对方式，对母亲不敢反抗，社会工作者在其不良习惯得到改善、亲子关系有所缓和后，鼓励服务对象表达自身情绪与想法，告诉母亲自己想要怎么做，自己想要改变的决心以及希望母亲如何做，但表达的过程并不顺畅，服务对象遇到母亲的质疑及反驳时不敢再次表达，社会工作者对服务对象的尝试给予支持与肯定，鼓励服务对象尝试表达，思考、探索应对方法。同时，社会工作者也鼓励服务对象母亲多给予服务对象鼓励与支持，增多良性互动，共同探索亲子沟通方法。

（五）第五阶段

1. 介入重点

利用家庭治疗方法，改善家庭互动模式。

2. 主要内容

服务对象母亲在某些情况下会再次使用暴力对服务对象进行管教，社会工作者利用聚焦、提问方式帮助服务对象及其母亲明确出现这种反复的情况，然后通过家庭会议的方式，听取服务对象的意见，保持平等沟通。此外，社会工作者还促进服务对象继父、妹妹和弟弟在家庭中的教育、陪伴、鼓励等功能的发挥，加强了家庭成员的沟通交流及良性互动。

（六）第六阶段

1. 介入重点

巩固服务对象良好行为，增加服务对象家庭系统稳定性。

2. 主要内容

目前服务目标大致达到，巩固服务对象积极行为，家庭系统维持平衡稳定一定时间后，服务效果逐渐显现。

六、专业评估

（一）评估方法

根据个案情况，采用观察法、访谈法进行评估。

（二）评估内容

（1）服务对象遭受家庭暴力情况。

（2）服务对象不良习惯情况、亲子关系。

（3）服务对象自我调节能力状况。

（4）服务对象家庭系统平衡状况。

（三）预期目标达到情况

（1）改善亲子关系，减少家庭暴力，促进亲子间良好互动，促进服务对象母亲对不良教育方式及其影响的认知，改变教育方式。

（2）改善服务对象不良习惯，不良习惯出现次数减少，积极行为出现次数增多。

（3）促进服务对象自我增能，服务对象学习到了情绪调节的方法，勇敢尝试表达与沟通，个体功能得到发展。

（4）促进服务对象家庭系统平衡，建立良好家庭生态环境，服务对象家庭成员之间支持、陪伴的功能得到发挥，家庭成员情绪状态得到改善。

（四）服务对象及家属评估

服务对象及家属在面谈中对社会工作者的出现及帮助表示感激，对社会工作者的工作态度及方法给予认可，也非常感谢社会工作者伸出援助之手，使服务对象各方面都得到了改善，服务对象的家属对自身行为也进行了反思。

（五）心理社会工作者工作效果评估

在本次服务中，社会工作者运用专业理论及技能为服务对象进行服务，秉承助人自助的理念，充分同理服务对象的同时不断鼓励支持服务对象发掘自身能量，帮助服务对象及其家庭改善困境，回归家庭的温暖。

七、结案

（一）结案原因

服务目标达到。

（二）结案处理方式

准备结案。与服务对象面谈时提前告知结案时间，让服务对象做好结案准备。结案会谈中与服务对象回顾总结，鼓励服务对象保持良好状态及应对方式，并告知服务对象在有需要时寻求社会工作者的帮助。

（三）建议

社会工作者可将服务对象母亲转介至另一社会工作者处开展心理咨询服务，并与社会工作者及时沟通。

八、专业反思

家庭暴力作为严重的社会问题，一直受到国内外的广泛关注，在我国，受传统观念的影响及客观情况的限制，社会对家庭暴力的关注大多集中在妇女权益保护上，对儿童遭受的家庭暴力问题关注较少。儿童作为身心发育不成熟的个体，家庭暴力对其产生的伤害很大，甚至会产生不可逆转的后果。社会工作者在服务过程中，要主动出击，积极主动把服务送进校园、送入社区、送到有需要的儿童青少年面前，加强反家暴知识普及，减少家暴行为出现，为儿童青少年成长营造良好环境，促进儿童青少年的良好发展。

九、督导评语

此次案例通过个案介入，很好地凸显出服务成效，如服务对象不良行为的改善、家庭关系的改善、经济支持等，社会工作者秉持助人自助的理念，根据家庭治疗理论，从家庭入手，并且能够联动多个部门，积极为服务对象整合外部资源，增强服务对象的社会支持。通过案例过程可以看到社会工作者在改善服务对象的问题上的努力和付出，并且服务成效明显，社会工作者在个案服务中，能够重点介入服务对象的行为改变，帮助服务对象回归正轨，保证服务对象正常入学等方面，是服务对象成长与改变最具体的表现。

"隐形的爸爸"[①]

——结构式家庭治疗模式在个案辅导中的运用

近几年，"丧偶式婚姻"一词频频走红，"爸爸"这一家庭角色的失衡，引发了很多"妈妈"的不满，从而衍生出各种家庭矛盾、家庭问题。

一、案例背景

服务对象阿文（化名），38岁，大专学历。服务对象的女儿在学校攻击同学（打、抓、咬），几乎每两天被其他家长、老师投诉，每次家长会，服务对象都会留下来被老师批评。在家里，服务对象的女儿欺负弟弟，抢弟弟玩具，打弟弟，甚至打妈妈，不听话，不喜欢回应别人。对家人以外的人，极少主动打招呼，也不回应别人的话，可以用冷漠来形容。服务对象的丈夫是家里最小的，姐姐出嫁，目前服务对象一家与公公婆婆同住，公公婆婆很惯着儿子。服务对象在一家公司上班，有时候挺忙的。服务对象丈夫下班后基本以玩手机游戏为主，偶尔出去，但甚少操心子女，也极少关心家务事（核心家庭有关的事情），服务对象称其为"隐形的爸爸"。

二、问题预估

（一）社会工作者的初步预估

根据最先的预估，在服务对象的所有困扰问题排序中，女儿的行为

① 作者：文静，中级社会工作师，深圳注册社会工作者。

问题是最困扰服务对象的，在分析女儿行为问题背后的根源时，社会工作者尝试了解家庭的互动及结构，并逐步认识服务对象的家人。

（二）社会工作者对服务对象家庭的关注

根据服务对象女儿的情况，社会工作者尝试运用沙盘游戏了解服务对象女儿的内心世界。通过沙盘游戏，社会工作者看到了服务对象女儿的内心世界，在服务对象的女儿心里妈妈离她更近，但妈妈忙于家务和带弟弟，爸爸是在房子正对面的车里，是隐形的角色，可以折射出她与爸爸的距离远，爸爸在她的世界里是隐形的角色。由此，社会工作者看到了服务对象丈夫和女儿的疏离，开始从家庭方面介入。

三、理论运用

结构式家庭治疗模式以家庭作为基本的治疗单位，假设家庭的动力和组织方式与个人的问题密切相关，通过家庭动力和组织方式的改变来解决个人和家庭的问题。家庭结构是指家庭成员之间的固定化的交往关系，它是在家庭成员的交往过程中形成的，也表现在家庭成员的交往过程中，并制约家庭成员的交往过程。如果家庭成员沟通和交往中边界模糊，就会导致不同的病态家庭结构，具体有以下几种情形。

纠缠与疏离：指各次系统之间的边界模糊或混淆，该封闭的不封闭，该开放的不开放，从而导致家庭角色的混乱，造成家庭成员的问题（婆媳关系、夫妻关系）。

联合对抗：纠缠与疏离往往使家庭中某些成员结成同盟，而与其他成员相对疏远乃至对立。当发生冲突时，同盟者会不分青红皂白一味维护本同盟的成员。这种壁垒分明的情形就是联合对抗。

三角缠：是通过第三方来实现双方的互动，这样就把第三者带入两人关系中。它是一种非直接的互动（夫妻之间吵架，要孩子来传话）。

倒三角：在核心家庭中权力一般操纵在父母手中，但一些家庭由于某些原因，导致子女支配父母或子女与家长争权的现象，这就是倒三角。

本案例中服务对象的家庭系统存在病态的家庭结构。

一是爸爸与女儿之间的疏离。爸爸在女儿的世界里基本是隐形的，爸爸白天要上班，晚上玩游戏，妈妈辅导写作业，周末也是妈妈带着出去玩，爸爸陪伴的时间很少，爸爸和女儿的关系是疏离状态，女儿对妈妈有强烈的依赖和需求。

二是联合对抗。当服务对象对丈夫的不承担、沉迷游戏表达出不满时，服务对象要面对的是公公、婆婆、丈夫的联合对抗，公公婆婆理所当然地认为儿子的问题是合理的，在强大的对抗力量下，服务对象势弱，无力改变，对女儿的行为问题表达出越来越多的焦虑。

四、服务过程

(一) 以"专家"的身份进入家庭

随着对服务对象家庭成员的熟悉，社会工作者邀请服务对象的丈夫一同参与辅导的过程，并逐渐得到了服务对象丈夫、女儿的接纳，服务对象的丈夫支持服务对象来见社会工作者，并积极报名中心的亲子活动。特别是服务对象，把社会工作者当成"专家"，信任社会工作者，每次辅导都带着笔记本。服务对象及其丈夫也会积极回应社会工作者，服务对象的整个家庭模式、结构社会工作者都非常清晰，服务对象公公、婆婆也知道社会工作者走进这个家庭。

(二) 勾画出潜在的结构

在信任关系建立的前提下，社会工作者带着服务对象及其丈夫一起重现了家庭相处模式及存在的问题，并带着他们看到了潜在的家庭结构，服务对象丈夫的原生家庭结构，及对核心家庭结构的影响。服务对象丈夫也表示，慢慢看到了自己缩在自己的原生家庭里是长不大的，也忽略了自己的核心家庭，更看到了妻子在核心家庭承担了太多。

(三) 强调优点

在这个过程中，强调优点是非常重要的。社会工作者自始至终都非常肯定服务对象对家庭的承担、爱和奉献、无私，服务对象多次落泪。服务对象很主动地找更多学习途径和书籍，想让自己掌握更多知识。社会工作者也引导服务对象看到丈夫的积极改变，服务对象的丈夫真诚面对自己的失误和不足，并因为感受到妻子的不容易而减少玩游戏的时间，还能积极参加中心的亲子活动。随着服务对象丈夫的逐渐变化，服务对象的信心不断上涨，她的情绪也得到了舒缓，焦虑感降低。

（四）采取干预措施改变结构

最难的是采取干预措施改变病态的结构，虽然服务对象的家人都有一些积极的改变，但要改变病态的家庭结构仍然是不够的。在不同的辅导阶段，社会工作者与服务对象寻找不同的干预措施。

1. 初阶段，布置不同的家庭作业

在辅导的初阶段，社会工作者和服务对象约定，以布置家庭作业的形式让行动具体化。如，努力达到父女相处 1 小时；发现女儿的 6 个优点；小家庭一起出游等，这些具体的行动，让服务对象的丈夫能有更多时间与核心家庭成员相处，家庭成员互动也多起来，爸爸这一角色也逐渐显现。服务对象也用自己的笔记本记录了丈夫的每一次家庭作业完成情况，也是丈夫改变的体现。

2. 中阶段，支持服务对象建立家庭契约

服务对象的信心逐渐增强，她的动力被完全激发了，附近有关的家庭教育讲座、书籍她都一一搜罗，主动学习。在社会工作者的引导下，服务对象有了构建家庭文化或家庭契约的想法，但一直找不到一个很好的切入点。在一次偶然的机会，服务对象全家在看电视剧的时候，电视剧里的家庭每当有大事或要事要商讨时，会摇铃铛，全家人只要听到铃铛声就立即开家庭会议。这个小偶然带给服务对象良好的契机，也走进了服务对象的家庭。

家庭小铃铛是一个很好的工具，当有重要事情时，她摇铃铛，代表需要全部家庭成员开会。当小家庭有需要时，她拉上丈夫一起商量，加大丈夫的参与度和知情权。在她的发动下，家庭契约的内容逐步完善，家庭结构也在发生着变化，丈夫逐渐从原生家庭的庇护中走出来，在核心家庭中发挥越来越大的作用。

3. 后阶段，家庭契约常态化，社会工作者逐渐走出服务对象的世界

当整个辅导过程进展顺利时，整个家庭不断发生好的变化，服务对象与社会工作者面谈，多了欢声笑语，整个人轻松多了。服务对象和女儿报了国学班，每天一起读书，丈夫和儿子一起游戏，丈夫慢慢地从手机游戏的世界里来到了家里，丈夫开始参加家长会、社区活动，甚至和服务对象一起读育儿书籍，女儿和弟弟也能友好地相处，女儿这学期担任了语文、数学、英语三科的组长，再也没有收到投诉，成为老师的小助手。很多在服务对象一年前看来不可思议的事情，慢慢地都出现了，在服务对象对社会工作者的依依不舍中，社会工作者约定了结案。

五、专业评估

(一) 评估方法及评估内容

1. 评估方法

根据个案的情况，采用问卷法、访谈法进行评估。

2. 评估内容

(1) 邀请服务对象丈夫和女儿填写个案意见评估表，了解其对社会工作者服务的满意情况、问题的解决情况、对未来生活的信心。

(2) 分别与服务对象丈夫、女儿进行访谈，了解服务对象家庭沟通交流以及相处模式改善的情况。

(二) 目标达到情况评估

1. 爸爸与女儿亲子关系的改善

通过个案意见评估表反馈，爸爸和女儿都为个案服务的效果评分 8.5 分，服务对象和女儿都对彼此关系的改善给予了认可。从社会工作者的面谈和观察发现，爸爸能够根据与社会工作者的约定，每天完成与女儿 1

个小时的独处，并进行作业辅导，尽最大努力参与家庭集体活动和家庭会议，女儿发现了爸爸的改变，明显愿意与爸爸沟通，并积极表达自己的观点和分享自己的心情，爸爸逐渐找回了角色认同，并体验到了角色的价值所在。

2. 改变家庭结构

由于服务对象家庭中的爷爷、奶奶不认同服务对象的行为习惯，导致家庭结构形成对抗，即爸爸、爷爷、奶奶与服务对象和女儿形成了家庭对抗。在爸爸逐渐完成家庭任务、参与家庭活动、履行家庭契约的过程中，爸爸逐渐被妻子、女儿、儿子所认可，爸爸的角色回归，给妻子和子女带来改变，家庭中逐渐出现主动沟通的情况。爷爷、奶奶也感同身受地发现家庭关系变得和谐了，家庭结构由联合对抗转化为团结友爱。改变家庭结构的目标基本达到。

六、结案

个案服务通过运用沙盘治疗和结构式家庭治疗的方法，让服务对象的家庭结构得以改善，爸爸与子女沟通交流、相处的时间增多，爸爸的"回归"让家庭的氛围感好转很多。通过与服务对象的面谈，认为本次个案服务的目标达到，同意结案，并约定结案后如有需要继续跟进服务的，可及时联系社会工作者。

七、专业反思

（一）社会工作者要有剥洋葱的信念，寻找问题的根源

接下这个个案之初，社会工作者更多的是将焦点放在孩子的行为问题上，但做了很多的尝试，没有明显地改善孩子的行为。当社会工作者带着剥洋葱的心态，一层一层地剥开，才看到问题的根源在于家庭结构的病态，孩子的问题是长期以来逐渐形成并严重化的。

（二）在做家庭辅导个案中，最难也最挑战社会工作者的是与服务对象家庭成员关系的建立

让服务对象接纳社会工作者、信任社会工作者是比较容易的，但服务对象带着社会工作者走进家庭，社会工作者要得到服务对象家人的信任是比较具有挑战的。在这个辅导个案中，服务对象的坚持和积极改变带给社会工作者很大的支持，社会工作者在游说服务对象丈夫一同加入辅导过程中，服务对象的丈夫出现态度反复的情况，社会工作者采取的"曲线救国"战术发挥了作用，社会工作者邀请服务对象一家人参与中心的趣味运动会、亲子活动，社会工作者以一种更自然的方式走近服务对象丈夫，也慢慢获得了服务对象丈夫的接纳。

（三）社会工作者要相信服务对象的潜能

在这个辅导过程中，服务对象展现出来的动力是很强的，她在整个过程中付出了很大的努力，而社会工作者更多的是肯定她、同理她，她愿意为家庭作出各种尝试和努力，带出了整个家庭的潜能，女儿、丈夫、公公婆婆，整个家庭系统都在往好的方面发展。

（四）共同的行动有利于社会工作者和服务对象共同成长

在整个过程中，社会工作者能看到服务对象的变化是很大的，从情绪、情感、能量等方面，当服务对象想学习塔罗时，社会工作者和服务对象一起报了学习班，后来服务对象又跟社会工作者分享了三本育儿书籍，当社会工作者不断鼓励服务对象时，社会工作者也和服务对象有了共同的行动，在辅导的过程中，社会工作者给服务对象的是陪伴、支持、鼓励和影响，社会工作者与服务对象不仅知识增加了，能量也增加了，社会工作者也见证了服务对象一步一步走向幸福家庭的过程。

八、督导寄语

结构式家庭治疗模式着重提高个人的自尊、改善沟通及帮助人活得更"人性化"，而非只求消除"症状"，治疗的最终目标是个人达到"身心整合，内外一致"。本案例中社会工作者深谙结构式家庭治疗技巧，能够关注到因为家庭成员中爸爸角色的缺失，从而影响孩子的成长，甚至家庭系统。通过社会工作者的干预，家庭中各角色回归正位，发扬家庭成员的优点，家庭中存在的问题就自然而然地实现了自愈。

社区建设领域

外卖小哥的"骑遇记"①

——社会支持理论在流浪青年个案中的运用

一、案例背景

（一）基本资料

服务对象小陈（化名），20 岁，男，无业，广西荔浦市人，中专未毕业，家庭为贫困户。父亲 62 岁，在家务农；母亲 38 岁，患有眼疾，双目失明；弟弟 7 岁，在读小学。小陈来深圳务工一年，家里经济收入主要来源于他的工资和贫困补助。

（二）个案背景资料

服务对象一年多前与老乡来深圳务工，在龙华区富士康、福田区特保突击队工作过。后老乡因工作需要去坪山发展，服务对象留在罗湖成为一名外卖骑手。在罗湖的一个多月里服务对象无法接受外卖平台计算工资的方式，认为平台克扣员工工资，多次去派出所、劳动保障部门等投诉与申诉，但都未获得满意结果。因此服务对象在罗湖各社区开始寻求帮助，一开口就要找社区书记，希望凭借一己之力告倒外卖平台、讨回工资。

当服务对象向老围社区寻求帮助时，已处于无业、流落街头的状态。因原生家庭经济困难，服务对象每月的工资都寄给父母，仅给自己留下

① 作者：张由慧，助理社会工作师，深圳市注册社会工作者。

基本生活费，失去经济来源后，基本生活难以维持。在外奔波流浪的日子里身份证也丢了，因不知如何补办，想进一步找工作受困。

二、问题分析与预估

（一）服务对象面临的主要问题

（1）服务对象目前没有稳定工作，没有安全的住所，流落街头，基本生活难以维持。

（2）身份证明丢失，由于是异地户籍，不知如何补办，没有身份证信息，很多救助性政策无法享受。

（3）深陷"告倒外卖平台、讨回工资"的想法无法自拔，服务对象需要运用法律武器理性维权，但是苦于没有资金，没有正确途径。

（二）服务对象当下的主要需求

（1）寻找一份包吃住的工作，获得稳定的经济来源以维持基本生活。

（2）协助服务对象完成身份证补办。

（3）协助服务对象处理外卖平台劳资纠纷，舒缓其负面情绪。

三、理论运用

社会支持理论认为，一个人所拥有的社会支持网络越强大，就能够越好地应对各种来自环境的挑战。个人所拥有的资源又可以分为个人资源和社会资源。个人资源包括个人的自我功能和应对能力，社会资源是指个人社会网络中的广度和网络中的人所能提供的社会支持功能的程度。社会支持理论强调通过干预个人的社会网络来改变其在个人生活中的作用。特别对那些社会网络资源不足或者利用社会网络能力不足的个体，社会工作者致力于给他们以必要的帮助，帮助他们扩大社会网络资源，提高其利用社会网络的能力。

服务对象随老乡来深圳务工一年多，与老乡相隔甚远，日常来往联系少，服务对象获得外界非正式资源支持的力度不足。服务对象在深圳一年多，辗转于龙华、福田、罗湖三个区域，每个区域生活时间不长，对外界环境不熟，社会支持网络薄弱，个人环境适应与应对能力有待提升。再加上服务对象20岁，中专未毕业，社会阅历与文化水平较浅，应对各种生活挑战，利用社会支持网络的能力不足。因此，在社会支持理论的指导下，通过社会工作者干预，扩大服务对象社会支持网络资源，提高其利用社会网络的能力。

四、服务计划

（一）了解服务对象诉求

通过面谈了解服务对象基本情况，确定服务对象身体状况，多方沟通，收集资料，更全面了解服务对象境遇与诉求。其一，向服务对象本人了解基本情况；其二，向外卖平台方了解薪资克扣原因；其三，向派出所了解相关调查结果。

（二）预估社会支持资源

依据服务对象诉求，盘点可提供支持的非正式、正式资源，预估服务对象可利用的社会支持网络资源。服务对象来深圳一年多，在龙华、福田、罗湖工作时间不长，身边关系好的朋友同事不多。再加上两个老乡在坪山，相隔甚远，日常来往联系少，可获得非正式资源支持的力度薄弱。因为社会工作者的加入，服务对象可获得社区、社会工作者及辖区派出所等正式资源支持。

（三）扩大社会支持网络

其一，尝试联系服务对象在外卖平台上班时要好的同事，寻求同事的支持，为服务对象提供短暂的住宿；其二，联系辖区派出所，协助服务对象办理临时身份证和补办正式身份证，让服务对象能正常生活与寻找工作；其三，在办理临时身份证及开具无犯罪证明后，整合辖区企业资源，协助服务对象寻找包吃住的工作，以获得稳定的经济收入与住所；其四，通过专业辅导，协助服务对象处理外卖平台劳资纠纷，舒缓其负面情绪。

（四）提升社会支持网络利用能力

与服务对象建立良好专业关系，制订详细的服务方案，逐步挖掘服务对象潜能，同理服务对象情绪，聆听服务对象内心的感受，适时给予鼓励与支持，肯定服务对象的改变，在解决服务对象问题的过程中，逐步提升服务对象利用社会支持网络解决所面临困境的能力。

（五）促使服务对象恢复正常生活

定期回访，了解服务对象生活情况与经济状况，及时给予服务对象鼓励与支持。引导服务对象参与社区服务与志愿服务，鼓励其参与社区事务与社区建设，促进服务对象与社区居民建立联系，恢复正常生活。

五、介入过程

（一）明确需求，资源预估

服务对象来深圳一年多，因与外卖平台劳资纠纷离职，流落街头，居无定所。在近一周街头流浪的生活中，服务对象身份证遗失，不知如何补办，导致重新找工作受阻，只能继续流浪。加上与外卖平台的劳资纠纷，服务对象情绪激动，期望能"告倒"外卖平台，讨回薪资。为此，服务对象向派出所报案，向劳动保障部门发起投诉，皆无满意结果。因此，服务对象期望社区能从中协调。

经社会工作者评估，首先要解决服务对象流落街头的现状，询问服务对象在深圳或罗湖有无亲人朋友可提供短暂居住。服务对象联系之前在外卖平台一起上班的同事，该同事可提供短暂住所。其次，服务对象身份证遗失，社会工作者联系辖区派出所为其补办。针对服务对象无工作的情况，社会工作者了解服务对象就业意愿及职业意向，协助服务对象在辖区寻找合适的工作岗位。针对服务对象与外卖平台的劳资纠纷，社会工作者同理服务对象的焦急与愤怒，倾听服务对象对外卖平台的不满，肯定服务对象找派出所、劳动保障等部门处理问题的正确性，鼓励服务对象积极、理性地与平台沟通，争取早日讨回欠款。

（二）扩大社会支持网络，提升资源利用能力

1. 梳理非正式资源，解决服务对象流落街头的现状

服务对象来深圳一年多，在龙华、福田、罗湖工作时间不长，身边关系好的朋友同事不多。一起来深圳工作的两个老乡也去了坪山，相隔甚远，平常基本不联系，身边能给予支持的朋友甚少。服务对象突然想到在外卖平台上班时与一同事关系较好，平日送外卖也相互帮衬过，服务对象想到他可能会帮自己解决住宿问题。

2. 联系辖区派出所，解决服务对象身份证补办问题

关于身份证办理，服务对象不清楚非户籍人口在深圳是否可以异地办理身份证，应该去哪个部门办理，需要准备哪些材料等。经社会工作者联系辖区派出所，了解清楚服务对象异地办理身份证所需的材料与流程，告知服务对象办理事项，在确认已经清楚的情况下服务对象明确近期就去办理。

3. 整合辖区企业资源，协助服务对象获得合适的工作机会

社会工作者了解服务对象就业意愿及职业意向，服务对象期望找一份在餐厅或酒店包吃包住的工作。服务对象目前没有收入来源，在同事家暂住也是无奈之举，后期有经济来源后还是想搬出来，不想麻烦同事。在深圳生活，每天吃饭与租房成本较高，服务对象每月还要寄钱回家，工资难以支撑。结合服务对象意愿，社会工作者提供了辖区比较合适的餐饮店及保安的工作，服务对象都去应聘面试。经过综合考虑，服务对象最终选择某餐饮店，在补办临时身份证和开具无犯罪证明后，服务对象重新获得工作机会。

4. 专业辅导，协助服务对象处理劳资纠纷及负面情绪

针对服务对象与外卖平台的劳资纠纷，社会工作者同理服务对象的焦急与愤怒，倾听服务对象对外卖平台的不满，感受服务对象找过派出所、劳动保障部门投诉无果的难过，及时肯定服务对象采取理性、正确

的方式讨薪。经过服务对象联合其他相关同事，多次与外卖平台交涉沟通，最终拖欠的 1000 多元工资全部发放。

（三）困境解除，重获生活希望

经过一系列问题的解决，服务对象意识到自己一直揪着与外卖平台劳资纠纷的事，对自己的生活产生了巨大的影响。同时，也在这一过程中感受到了社会的温暖、社区的温暖、社会工作者的温暖，感觉到整个社会都在帮助他，像派出所、社区、企业、社会工作者等。服务对象说自己工作稳定后，也要做义工，帮助他人，回报社会。针对服务对象困境的解决与意识、行为的改变，社会工作者十分欣慰，对服务对象的想法给予充分支持，随时欢迎服务对象参加义工服务，也时常邀请服务对象参与社区服务。

六、结案评估

经过社会工作者评估与服务对象自评，服务对象的困境得到解决，服务目标均已达到。服务对象在餐饮店获得一份包吃住的稳定工作，经济收入除去每月给父母的钱，基本可以保障自我生活。在社会工作者的协助下，服务对象顺利办理了身份证，解决了与外卖平台的劳资纠纷。

经过一系列问题的解决，服务对象的社会支持网络得以扩大，利用社会支持网络资源的能力得以提升，重新步入正常生活。社会工作者协助服务对象梳理社会支持网络、盘点社会支持网络资源、预估和使用可利用的社会支持网络资源，扩大个人社会支持网络和提升社会支持网络资源利用能力，更好地应对来自环境的各种挑战。

七、专业反思

社会工作者运用社会支持理论，梳理服务对象社会支持网络、盘点社会支持网络资源、预估和使用可利用的社会支持网络资源，从而扩大服务对象社会支持网络，提升社会支持网络资源利用能力，促使服务对象能更好地应对来自环境的各种挑战。服务对象来深圳一年多，社会支持网络薄弱，面对困境处于十分被动的局面，经过社会工作者专业辅导，搭建起个人—社区—社会的资源支持网络，通过挖掘服务对象潜能，提升服务对象社会支持网络资源利用能力，促进其问题解决从而得以正常生活。

八、督导寄语

本个案服务案例框架清晰，逻辑性强，重点突出，成效显著。案例着眼于当下民生之所需，解决社会问题，真正做到专业服务"助人自助""生命影响生命"。本案例在社会支持理论的指导下，构建服务对象社会支持网络，挖掘服务对象潜能，为陷入困境流落街头的外卖骑手解决切实困难，服务成效十分显著，具有良好的推广性和示范效应。

高龄老人南下疗伤，反哺社区重燃"义"生[①]
——社会支持网络在高龄独居老人案例中的运用

一、案例背景

（一）基本资料

张钰（化名），女，79 岁，独自居住在深圳市罗湖区。

（二）个案背景资料

张钰是湖南人，丈夫 2003 年已故，女儿 2013 年癌症病逝，儿子早年移民加拿大。张钰在女儿病逝后伤心过度，孤身前往深圳疗伤，近期刚搬到社区，现独自租住在一套两居室的房子里，时常感到孤独和寂寞。张钰在深圳有一个干女儿和侄子，但是他们日常也极少联系，最近一次联系还是在去年儿子从加拿大回来看望她的时候，张钰非常担心自己高龄独居的现状。

二、问题分析与预估

张钰曾于 2020 年 2 月某夜突发呼吸困难，独自熬过一夜后，第二天身体情况好转，但也因此非常担心自己高龄独居的现状。张钰于 2020 年 9 月 17 日来到社区党群服务中心找到社会工作者，并向社会工作者提出了以下 4 点困扰和诉求。

---

① 作者：刘祖溶，助理社会工作师，深圳市注册社会工作者。

（1）向政府申请独居老人使用的定位器和报警器。

（2）请社区帮忙找可提供晚间居家睡眠陪伴照顾的学生或白领，服务对象提出可给服务费。

（3）了解深圳能给外地户口老人提供养老服务并自带医院的养老院。

（4）刚搬来社区没有认识的人，感到很孤独。

三、理论运用

社会支持理论源自鲍尔拜的依附理论，社会支持网络认为人类无法自绝于社会而存在，人类生存需要与他人共同合作，以及仰赖他人协助。社会支持的增加，会使人们的身心健康显著提高；社会支持适时介入有压力的环境，可以预防或者减少危机的发生。张钰虽已来深圳 7 年，但至今并未在深圳建立起自己的社会支持网络，社会工作者预判张钰是一个防御心较强的人，日常生活中多是独处，社会支持网络较薄弱，对社区缺乏归属感，因此产生了不安全感和孤独感，加上高龄，身体开始走下坡路，高龄独居的忧愁始终围绕在她心头。

四、服务计划

（1）协助张钰咨询独居老人使用的定位器和报警器，解决独居老人紧急安全问题。

（2）协助张钰理性分析自身现状，合理考虑是居家养老还是养老院养老，如果居家养老如何保障自身安全，如果选择养老院养老如何挑选合适的养老院。

（3）通过链接各类活动资源，协助张钰融入社区生活，重塑社会支持网络。

五、介入过程

（一）建立专业关系

社会工作者在社区党群服务中心热情接待了张钰，并详细地记录了张钰的相关信息及具体需求。在张钰讲述到女儿病逝哽咽时，社会工作者认真倾听，并轻声安慰，给予其精神支持。在亲切的言语中，社会工作者和张钰建立了较为和谐的专业关系。

（二）回应服务对象的具体需求

在张钰的邀约下，社会工作者来到了张钰家中进行访问。张钰家客厅被各类盆栽堆满，显得空间狭小，窗帘半遮，光线较为昏暗，屋内因空气不流通，气息混浊。社会工作者和张钰进行了简单的寒暄后，为张钰科普了报警器和定位器的原理。张钰经过思考后，选择暂且放弃购买报警器和定位器。

此外，社会工作者还为张钰送上了深圳市所有敬老院的名单，且为张钰推荐了符合服务对象要求的养老院（带有医院的养老院）。社会工作者柔和地告诉张钰，社区现在还没有为独居老人寻找夜间居家睡眠陪伴照顾的学生或白领的服务，社区也没办法保证找到的人一定可靠，根据张钰的意愿和自身情况，社会工作者建议张钰请一个居家保姆照顾起居。张钰感激地收下了养老院名单，并表示，自己喜欢自由暂时不会去养老院居住，又担心保姆会因为她高龄独居做出危害她生命的事情，且她现在身体健康，暂时不考虑请保姆。此外，她刚搬来这个社区，没有朋友，对这里的周边都不熟悉，不敢轻易相信他人。社会工作者为其举例其他的社区独居老人现今的生活状况，鼓励她多出来活动，多来社区党群服务中心参加活动，并承诺会为其介绍新朋友。

（三）链接社区资源，拓宽服务对象社会支持网络

1. 调动社区物业资源，保障服务对象居家安全

社会工作者积极调动了社区物业资源，与小区管理处队长一起到张钰家中走访。管理处队长仔细地检查了张钰家中的可视电话，家中水、电、天然气等设备，并和张钰沟通，表示回去后会跟同事们开个会，让同事们多加关照。张钰满脸惊喜，感谢了社会工作者和管理处队长的悉心关照。此次探访初步建立了张钰和社区物业的链接系统。为了保障案

主户外安全，社会工作者建议张钰随身携带紧急联系人的联系方式以及个人社保卡、老人证等证件，方便紧急情况下可以及时得到就医，张钰欣然同意。

2. 链接社区老年协会资源，帮助服务对象寻找同伴

在社会工作者的组织下，社区老年协会会长带领会员来到了张钰家中探访。社区老年协会会长向张钰介绍了社区老年活动场所和详情，并邀请张钰经常来社区老年协会走走、坐坐。张钰非常高兴地与会长他们攀谈，笑声爽朗，精神奕奕。

3. 整合社区活动资源，引导服务对象融入社区

彼时，社区创文正在如火如荼地进行着。社会工作者提前向社区同事了解到，9 月 29 日下午有一场社区大扫除活动，有很多老年义工都会来参加。经过社会工作者的评估后，社会工作者郑重邀请张钰和居民们一起参加社区创文活动。令人欣喜的是，张钰非常爽快地答应了，还非常踊跃地询问社会工作者自己是否需要携带扫帚和垃圾铲来社区。当天下午，张钰提前来到党群服务中心等待工作人员的安排。社会工作者为其穿上义工红马甲，并为她安排了一份夹烟头的工作。此外，社会工作者还将张钰介绍给了其他居民义工，并将热心义工周阿姨和张钰安排在了一组，让她们共同行动。社区大扫除结束后，张钰回到党群服务中心，告诉社会工作者自己今天很高兴，认识了很多老年义工朋友，她还请社会工作者以后有这类活动时一定要通知她。自此，社会工作者按照张钰的兴趣，陆续为其链接了社区"超能义工"成长小组、老年人继承法讲座、插花、义工团建等社区活动资源。

（四）服务对象寻回人生价值，反哺社区

经过社会工作者和张钰的共同努力，张钰逐渐融入了社区，并找到了生活的新方向——做义工。社区内大大小小的义工活动都有她的身影，她说在义工活动中，感觉到自己是"有用"的，原来社会还是需要她的。她在社区重新找回了"家"的感觉。当社会工作者 12 月再次家访时欣喜

地发现，张钰家里的植被都被摆放得整整齐齐，屋内整洁明亮，空气流畅，整间屋子都散发着阳光的味道。

六、结案评估

个案结束后，社会工作者运用个案意见评估表进行了评估。评估表显示，张钰对社会工作者的工作非常满意，认为经过服务，自己的情况有较大的改善，并重燃了面对困难的信心，认为个案目标已达到。

因张钰的问题已得到较为圆满的解决，社会工作者和张钰商量后，决定结束本次个案辅导。社会工作者带领张钰回忆初次相见以来，一起经历的点滴，肯定了张钰的改变，并鼓励张钰把这份转变坚持下去，从而影响更多和自己经历类似的高龄独居老人。临别时，张钰紧紧握着社会工作者的手，嘱咐社会工作者多来看望自己。社会工作者点点头，并表示自己就在"楼下"，可以随时来找自己。

2021 年 6 月 28 日，张钰为社区的社会工作者们送来了一封感谢信和一面锦旗，感恩社区工作人员的关怀。

七、专业反思

（一）一般技巧分享

社会工作者在实务中发现，在老年人服务领域中，许多老人都会和社会工作者倾诉年轻时的经历，甚至会出现不断重复地讲述同一个故事、同一个烦恼等情况。有时候，有些经验不足的社会工作者甚至会被服务对象"牵"着走，逐渐远离了原设定的个案场景，把"辅导"变成了"闲聊"。因此，老年人服务对社会工作者的耐心、同理心等基本素质要求更高。社会工作者在日常服务中，要熟练地运用共情、聚焦、澄清、回应、支持等技巧。

（二）情绪处理分享

社会工作者在倾听服务对象人生故事和烦恼的时候，极易被富有感染力的服务对象带进"角色"里，从而出现移情的情况。社会工作者在个案工作中，应保持对"移情"的警惕心，可以在同理服务对象的基础上，多做一步，如思考服务对象表述的动机和需求是什么，从而更好地帮助服务对象解决难题。

（三）心路历程分享

此次个案是社会工作者独立开展的第一个辅导性个案，一开始，社会工作者情绪非常紧张、担忧并多次出现"移情"的情况。但在社会工作者督导的支持、鼓励、指导下，社会工作者慢慢地在个案服务中找回了"主动权"，并顺利地引导个案的发展方向，在帮助服务对象重新找回人生方向的同时，也提高了自己的实务能力。

八、督导寄语

随着老龄化社会的到来，独居高龄老人的需求日益凸显。社会工作者能够敏锐而精准地评估到服务对象的孤独和不安全感。发挥资源整合者的角色，重建服务对象的社会支持网络系统，在社区、老年协会、物业管理处等多方联动下，服务对象对于社区的归属感、安全感和幸福感得到了提升，最终找到了"家"的感觉。有时候，社会工作者的"多做一点点"，就会让服务对象的整个生命状态发生焕然一新的变化。本案例对于社区高龄独居老人的社会工作专业服务具有借鉴意义！

我的能量网①

——社会支持理论在残障家庭服务中的运用

一、案例背景

（一）基本资料

刘女士，女，49岁，因照顾身患残障的儿子，身心疲惫，求助于社会工作者。

（二）个案背景资料

接案原因：服务对象的小儿子18岁，患精神残疾一级，智力仍停留在1岁多，没有语言能力，生活不能自理。婆婆去年癌症去世后，照顾儿子的任务就由服务对象独自承担，不能工作。随着小儿子长大以及服务对象年纪增长，服务对象的照顾压力越来越大，常感觉到体力不支，又担心等自己老了，儿子以后没人照顾，生活没有着落，身心压力巨大，联系到社区居委会，希望社区能帮忙联系残疾人托养机构，能够照顾儿子，让自己可以出去工作，改善家庭经济状况。

健康状况：服务对象身体健康，无疾病，但年纪接近50岁，身体机能各方面有所下降。

心理情绪状况：服务对象儿子精神残疾、残疾人家庭的标签、婆婆去世、独自承担照顾压力，这些遭遇影响着服务对象的心理情绪，如果

---

① 作者：饶仕娇，助理社会工作师，深圳市注册社会工作者。

不能及时疏导，可能产生一些负面情绪以及心理方面的问题。

家庭成员及互动关系：服务对象丈夫和大儿子在惠州打工，关系良好。服务对象同智力障碍的小儿子一起居住，日常生活由其承担照顾责任，小儿子白天被关在一间房里，晚上服务对象带着一起睡。在小儿子的照顾上，她付出最多，也不能工作，其他家庭成员持支持态度，没有放弃照顾。

经济状况：服务对象照顾智力障碍的儿子，不能工作，在家里摆有两张棋牌桌，收些台费，维持生活开支；户籍地每个月有 200 元残疾人补贴；丈夫在惠州做厨工，收入不高；大儿子工作收入也一般。

社会支持网络状况：服务对象与智力障碍的小儿子生活在社区 10 多年，与老家联系很少，平时与社区邻里接触也较少。丈夫和大儿子在惠州打工，在日常照顾智力障碍的小儿子方面难以提供及时的支持。今年初联系社区居委会，希望得到帮助。

二、问题分析与需求预估

（一）问题分析

1. 心理情绪上的问题

服务对象租住社区一套一楼的房子，十几年来尽心尽力照顾小儿子，她对小儿子的爱，小儿子根本感受不到，他既不会哭也不会笑，只有木讷的表情，其中的艰辛苦楚只有她自己体会，而其他家人又都不在身边，心里的苦无处诉说，情绪上的压力也得不到疏导，加上现实社会对智力障碍人士及家庭的偏见看法和负面标签，服务对象作为智力障碍孩子的妈妈，承担了生理上、心理上多方面的压力。

2. 照顾智力障碍儿子的问题

服务对象的儿子智力停留在 1 岁多，没有语言能力，吃饭要喂，生活不能自理，会撕咬衣物，平时只能被锁在一个房间里。丈夫和大儿子在惠州工作，婆婆去年去世后，照顾儿子的压力就由服务对象独自承担。

社区建设领域

219

随着儿子长大，她的年龄也越来越大，照顾起来非常吃力。

3. 社会支持网络薄弱

服务对象与家乡村委会、残联等单位、部门联系很少，现居住地居委会是其目前唯一的正式社会支持网络。在非正式社会支持网络方面，服务对象姐姐居住在本社区，与其关系很好，能给予一定支持；丈夫和儿子在惠州打工，关系很好，但由于居住两地，不能及时给予支持。综合来看，服务对象的社会支持网络比较薄弱。

（二）需求预估

（1）服务对象心理压力较大，有情绪疏导方面的需求。

（2）服务对象照顾残障儿子的压力较大，有缓解照顾压力的需求。

（3）服务对象社会支持网络薄弱，有扩大社会支持网络的需求。

三、理论运用

社会支持理论：社会支持是由社区、社会网络和亲密伙伴所提供的、感知的和实际的工具性或表达性支持。社会网络是个人可以直接接触的一些人，包括亲戚、同事、朋友。这些人对于个人来说十分重要。亲密伙伴是个人生活中的一种紧密关系，关系中的人认同和期待彼此负有责任。从内容划分包括工具性支持（引导、协助、有形支持与解决问题的行动等）、表达性支持（心理支持、情绪支持、自尊支持、情感支持、认可等）。从社会支持维度出发分为认知支持、情感支持、行为支持。

社会工作者从情感支持、认知支持、行为支持等社会支持的维度，帮助服务对象学习如何建立和运用社会支持网络。提供情绪支持，缓解心理上的压力。协助服务对象认识到社会支持网络对个人的重要性。鼓励服务对象发现身边的支持网络，协助获得邻里间的友爱互助，家庭成员之间的互相支持，社区的支持。协助服务对象构建正式和非正式支持网络，包括社区工作站、党群服务中心、妇联、残联、综治、工会等正式支持系统；社区邻里、亲朋好友、家庭成员等非正式支持系统。减轻服务对象照顾智力障碍儿子的压力，提升适应社会环境的能力。

四、服务计划

（一）服务目标

通过协助服务对象构建社会支持网络，缓解服务对象心理压力、照顾智力障碍孩子的压力、扩大服务对象社会支持网络，提升服务对象解决问题的信心和能力。

（二）服务策略

情感支持，舒缓压力：为服务对象提供情绪疏导，了解服务对象目前具体状况，同理服务对象的境况，给予情感支持，建立信任感。

认知支持，促进家庭成员互助，缓解照顾压力：协助服务对象学习护理知识，提升照顾智力障碍儿子的能力；建议服务对象多与家庭成员沟通，互相关心支持，共同照顾智力障碍儿子。

行为支持，多方协调、资源链接：联系当地工作站、妇联、残联及服务对象户籍地村委会，为服务对象链接资源，协助服务对象建立正式及非正式的社会支持网络。

五、介入过程

（一）第一阶段，提供情绪支持，建立专业关系，收集资料

认真倾听服务对象的诉说，了解服务对象家庭、经济、心理、人际关系、获得的支持等基本情况，收集服务对象孩子患病信息及救治情况，在服务对象因为孩子生病情绪低落时，及时安抚服务对象情绪，给予服务对象情绪支持，与服务对象建立良好的专业关系。

（二）第二阶段，问题分析与需求评估，制定服务目标

社会工作者根据收集的资料和服务对象阐述，与服务对象一同对面临的问题及问题产生的原因进行分析，发现导致服务对象陷入目前的困境的主要原因是其社会支持网络过于薄弱，针对服务对象的问题，一同

制定相应的服务目标。

（三）第三阶段，提供认知支持，让服务对象认识到支持网络的重要性

社会工作者协助服务对象与社区综治部门建立联系，由社区帮助服务对象联系到专科医院为儿子进行检查评估，判断是否能够收治入院，让服务对象初步认识到社会支持网络的作用，提升了服务对象应对困难的信心。鼓励服务对象多与家人交流谈心，引导服务对象意识到家人支持的重要性。

（四）第四阶段，提供行为支持，协助服务对象建立、扩大社会支持网络

社会工作者链接社区妇联上门探访，妇联社会工作者给予服务对象安慰支持，鼓励服务对象参与妇联服务活动，让服务对象与妇联建立联系，收集服务对象儿子残疾证等资料，帮助服务对象争取"困难妇女资助计划"的政策扶持。

（五）第五阶段，巩固个案服务成果，预告结案

给予服务对象治疗、护理方面的建议并请医院开具了治疗药物用于缓解服务对象儿子症状，一定程度上减轻了服务对象的压力。安抚服务对象失落情绪，引导服务对象回想自己的改变，鼓励服务对象继续保持现在这样乐观积极的生活态度，与妇联、医生保持联系，多与家人沟通，了解服务对象对于结案的想法和意愿。

（六）第六阶段，回顾总结、提升信心，解除关系，结束个案

社会工作者通过与服务对象一起回顾个案服务过程，总结个案过程中的收获和变化，进一步巩固服务过程中学习到的方法和经验，使服务对象更有能力、有信心处理遇到的问题。一同评估个案目标达到情况，了解服务对象对本次个案服务的意见和满意情况，结束个案。

六、个案评估

罗列主要的评估方法、评估内容，并对目标达到的情况、服务对象对服务方案的满意程度以及社会工作者对自己工作的效果进行评估。

（一）目标评估

1. 舒缓服务对象情绪

社会工作者通过上门探访服务对象，同理服务对象的遭遇和境况，给予情感上的关心，安抚服务对象的情绪。倾听服务对象的倾诉，同理服务对象的境况，赞美服务对象坚强的品质，肯定服务对象照顾儿子的付出。鼓励服务对象多与家庭成员沟通，建立互相关爱、互相支持的家庭氛围。让服务对象感受到家人、亲人、邻里的关心与支持，协助服务对象构建社会支持网络，遇到问题有家人、朋友可以倾诉、商量、给予支持，而不是一个人艰难地去承担。对于心理上的困扰程度评估0~10分的评分，服务对象在结案时自评2分，对比接案评估自评8分，心理上的困扰明显下降。通过本次个案辅导，服务对象来自情绪上的压力得到改善。

2. 减轻服务对象照顾压力

服务对象的照顾压力来自照顾精神残疾儿子，在接案评估时，服务对象对照顾压力的困扰程度0~10分评估打9分，感觉照顾压力非常大，困扰程度接近最大值。在后续的个案辅导中，社会工作者以服务对象儿子为切入点，协助其与社区妇联、综治、专科医院建立联系，服务对象儿子完成精神残疾建档，获得治疗药物及照顾补贴等政策帮扶。同时社会工作者引导服务对象聊聊家庭的其他成员，让服务对象认识到，家人的支持和帮助也是很重要的。社会工作者鼓励服务对象家庭成员互相关心支持，认识到共同照顾精神残疾的家人，是一家人共同的责任。在结案评估时，对照顾上的压力，服务对象打4分，经过个案辅导，虽然没有完全解决问题，但压力有明显下降，照顾压力得到缓解。

3. 深化服务对象社会支持网络

在接案评估中，对社会支持网络薄弱造成的困扰程度0~10分，服务对象打9分，困扰的程度非常大。社会工作者首先安抚服务对象情绪，然后同服务对象一起想办法，了解服务对象其他家庭成员对照顾小儿子的态度，让服务对象感觉到她不是一个人在面对，还有家人和社区的关爱，让服务对象认识到社会支持网络的重要，然后协助服务对象建立和扩大社会支持网络。社会工作者鼓励服务对象多与社区邻里接触、交流，家庭成员之间互相支持，保持与家乡亲人的联系，协助服务对象建立非正式的社会支持网络。协助服务对象与社区妇联、残联等单位建立联系，搭建正式社会支持网络，获取相关政策扶持。服务对象获得了一系列正式和非正式的社会支持网络，并运用其解决实际问题。在结案评估时，服务对象对困扰程度打 1 分，相比接案的困扰程度，个案成效非常明显。

（二）过程评估

本次困难残疾人家庭个案跟进历经约 50 天，社会工作者运用社会支持网络理论为指导，为服务对象提供了 3 次面谈、1 次探访、1 次电话辅导服务。通过帮助服务对象构建了社区妇联、综治、社区党群服务中心、专科医院等正式支持网络，家人、朋友、邻里等非正式支持网络。服务对象通过运用这些支持网络获得支持和鼓励以及信息上的支持，缓解心理压力，减轻对智力障碍儿子照顾上的压力，解决了实际困难，提升了适应社会环境的能力。

在结案阶段，社会工作者积极引导服务对象回顾个案中的改变，让服务对象看到自己努力的成果，并及时给予肯定和鼓励，进一步增强了服务对象的信心，引导服务对象学会善于运用身边的支持网络。从个案目标来说，服务对象的问题均得到缓解或解决，服务对象认同个案目标达到，对社会工作者服务非常满意，并给予好评。

七、结案

社会工作者与服务对象一同回顾个案服务过程，分析评估个案目标达到情况，服务对象问题得到改善，与服务对象共同商议后，决定结案。并约定在结案后定期探访跟踪，持续了解服务对象后续情况，一旦出现新问题，有必要时，可考虑再次进行个案服务。

八、专业反思

本次困难残疾人家庭个案跟进，社会工作者依据社会支持理论，指导个案开展，通过帮助服务对象构建了社会支持网络，社区妇联、综治、社区党群服务中心、专科医院等正式支持网络，家人、朋友、邻里等非正式支持网络。服务对象通过运用这些支持网络获得支持和鼓励以及信息上的支持，缓解心理压力，减轻对智障儿子照顾上的压力，解决了实际困难，提升了适应社会环境的能力。本次个案服务效果良好，一方面是由于前期社会工作者与服务对象建立了良好的专业关系，让服务对象愿意信任和接纳社会工作者的帮助和建议，是提供有效个案服务的基础。另一方面是服务对象主动寻求改变，残障家庭经受的压力是多方面的，加上服务对象儿子患病10余年，在一定程度上影响了服务对象的心理状态，大多数残障家庭的照顾者是绝望、无助、看不到希望的，在本个案中，服务对象愿意为了让自己和家庭变好而作出改变，并且改变的意愿很强烈，服务对象自身的力量促成了个案服务目标的达到，可见调动服务对象自身改变意愿和动力这一点很重要，只有服务对象自己愿意改变并愿意为之付出努力，社会工作者的介入才会事半功倍，这两点经验对社会工作者后续个案服务开展具有一定借鉴意义。

九、督导寄语

残疾人家庭的社会工作服务中，照顾、康复、职业、经济、教育等都是需要关注的重点，在本案例中，社会工作者在社会支持网络这一理论指导下进行介入，重点从案主的情绪疏导、照护压力缓解和支持网络的构建方面提供支持，实实在在地陪伴和帮助服务对象从当前的困境中走出来，在此过程中也很好地运用了相应的面谈技巧。作为一名新社会工作者，在服务中的投入和服务后的反思部分都非常深入，相信假以时日将会为更多的服务对象带去支持。

"抑"路同行，"郁"见阳光①

——社区心理社会工作助抑郁休学儿童重回校园个案

一、案例背景

（一）基本资料

服务对象小雨（化名），女，10 岁，小学四年级学生，成绩优秀。一家四口，爸爸、妈妈和在上高中的哥哥。

（二）个案背景分析

1. 个案缘起

2020 年 6 月，服务对象小雨在学校被发现有抑郁和自杀倾向，需要接受专科医院住院治疗，并办理了休学。因服务对象休学，学校心理老师不再跟进，通过学校商议后由社区警务室将服务对象转介社区党群服务中心。

2. 家庭关系

从小到大，服务对象都觉得父母偏心，对哥哥特别好，而对自己很一般，不管是生日礼物还是其他东西，都是哥哥优先，更觉得妈妈偏爱哥哥，所以服务对象和爸爸、妈妈的关系一般，对哥哥有恨意，觉得哥哥剥夺了父母对自己的爱。

---

① 作者：吴建珍，中级社会工作师，深圳注册社会工作者；连妙丽，中级社会工作师，深圳注册社会工作者。

3. 引发事件

服务对象在疫情中的寒假因为生活不规律，沉迷网络游戏，严重影响了睡眠，并导致食欲不佳。假期结束，开始居家线上学习，服务对象的情绪有了变化，对学习不感兴趣。家长带服务对象去市儿童医院心理科看病，医生诊断为抑郁发作。在回归正常的线下校园生活后服务对象情绪有好转。

4. 行为表现

某日班级同学向班主任反映，看到服务对象写的遗书，并且服务对象向同学透露自己有自杀的计划。学校对服务对象进行紧急心理干预，发现服务对象精神状况不佳，出现了幻听幻觉，并说自己和父母、哥哥关系不好，家庭亲子关系紧张。

5. 采取的行动

服务对象被学校和家长送去专科医院住院治疗4周，同时办理了休学。服务对象出院后，休学在家，由父母带来社区找社会工作者跟进服务。

二、问题分析与预估

服务对象个子高挑，手腕上有浅褐色的自残印痕。她不认为抑郁症是病，认为自己想要自残或想要自杀，是因为家人不理解她，想以自杀让父母内疚。同时服务对象内心也很纠结，觉得自己的疾病治疗造成了家庭负担。另外，服务对象心里还是很想回归校园生活。服务对象父母是其最大的支持，在服务对象住院期间，父母担心家里居住的楼层比较高，怕女儿在看护不到位的情况下会轻生，因此搬了家，在服务对象出院后一家四口租住在一楼房间里。

三、理论运用

（一）认知理论

通过与服务对象及其父母的沟通，发现服务对象存在非理性想法，觉得父母更重视哥哥，而对自己不好，不愿意与父母沟通，并且通过自残方式报复父母，想引起父母重视。认知理论认为人的行为主要受制于理性思考，而不是潜意识中的本能，不良行为主要产生于认知上的错误或理性思维能力的缺乏。社会工作者需要帮助服务对象获得对世界的正确认知或完善理性思考的能力，从而使服务对象的行为能得到正确的、理性的指引。

（二）焦点解决短期治疗

该个案比较紧急且有危及生命安全的可能，必须在短期的服务中取得成效，焦点解决短期治疗从积极面去了解服务对象的问题，重视服务对象原本具有的天分和能力，引导服务对象发挥自己的优点和能力，鼓励并塑造其积极的自我效应从而创造改变的可能。社会工作者利用面谈前的转变、询问例外的情境、刻度询问等技巧，强调正向力量、成功的经验，给予服务对象赞美和肯定；强调服务对象的可能性而不是局限性，只要维持小改变，就会积累成大的改变，不断增强服务对象的正向改变。

（三）沙盘游戏治疗手法

沙盘游戏治疗手法，是很适合儿童的心理治疗手法，沙盘构成一个保护的、外在限制的空间，而沙盘在某种程度上构成服务对象的一个内在释放和呵护的空间，外围的限制与内在的释放有机结合在一起，对心理治疗起到调和与维护的作用。社会工作者用沙盘游戏与服务对象的心灵进行连接，让她的情绪能获得较好的支持。

（四）分析结论

（1）根据服务对象的特点，愿意接受沙盘游戏治疗手法进行辅导，社会工作者通过此方式能较好地与服务对象建立关系，也能更好地了解和评估服务对象的内在心理状态。

（2）服务对象还在抑郁症治疗期间，因此一方面继续药物治疗，另一方面通过心理辅导减轻服务对象的抑郁症状、舒缓情绪也是重要的辅助治疗方式。

（3）运用认知理论，社会工作者帮助服务对象获得对世界的正确认知或理性思考的能力。另外，通过焦点解决短期治疗，引导服务对象发挥自己的优点和能力，鼓励并塑造其积极的自我效应从而创造改变的可能。

四、服务计划

经过面谈与评估，社会工作者首先明确了服务对象的服务需求，由抑郁症所带来的情绪、行为、认知方面的问题，抑郁、不合理认知、焦虑、自伤的行为等，随后和服务对象确定了服务目标和介入策略。

总目标为减轻服务对象抑郁症状、舒缓情绪、释放压力，改变不合理认知，从身体、心理、环境、家庭协调，最终使其回归正常校园生活。

具体目标有两个：一是降低抑郁情绪，掌握至少2种释放压力的方式；二是改变不合理认知，建立正确的思维模式。

服务计划从以下三个层面开展：第一，通过会谈接纳、同理服务对象的思维情绪，并加以引导；第二，改变不合理认知，挖掘服务对象的自身优势，塑造改变的可能；第三，通过沙盘游戏，让服务对象内在能量有序流动，并在游戏中释放压力，促进思维改变。

五、介入过程

（一）建立关系，收集资料及预估问题

社会工作者通过无条件关怀、接纳，与服务对象建立了友好、专业的合作关系。在每次面谈中随着与社会工作者关系不断增进，服务对象也在不断开放自己的内心世界，与社会工作者分享自己生活中的开心、困惑或难过的情绪，期待每周一次与社会工作者见面的那一天。

（二）协助改变认知，获得对自身、家庭正确认知及理性思考的能力

社会工作者帮助服务对象找出自己的非理性想法，首先是对抑郁症的非理性想法，让服务对象认识到抑郁症就是一种疾病，跟感冒一样，除了需要看医生吃药，还需要自己增强身体抵抗力，引导服务对象调整生活方式，加强体育锻炼增强体能。其次是服务对象对父母的不理性认知，觉得父母不爱自己只爱哥哥，让服务对象从不同角度去体验父母的想法，让服务对象知道行为和想法有时是不一致的，同时引导父母用服务对象更加接受的方式去表达关爱和陪伴，增进亲子关系。

（三）改变认知之后，通过挖掘自身优势，从愿意做的开始改变行为

社会工作者与服务对象从个人、朋友、家庭、学校多系统出发，寻找服务对象喜欢的、讨厌的、开心的、难过的、自信的部分。一方面服务对象选择从简单的跑步开始，从刚开始很短的距离到 1 千米再到更长的距离，社会工作者鼓励并创造服务对象改变的可能；另一方面社会工作者引导服务对象从喜欢的舞蹈开始，让服务对象每天记录自己开心的事情，并多做开心的事情，同时记录不开心的事情，引导她去感受和面对自己的情绪，再尝试去调整。社会工作者关注服务对象朋辈群体对她的影响，与她父母联系商讨，采取措施增加服务对象与朋辈群体的交流与互动，同时增强服务对象的成功经验和正向行为，不断积累服务对象的自信。

（四）增强支持网络，家庭的全力支持和积极配合，保持正向改变

社会工作者引导服务对象的父母给予正向的支持，服务对象家庭都积极配合促进其改变。改变家庭环境和娱乐习惯，从高楼层搬到一楼，一家四口都不玩手机，娱乐方式改为看电视和聊天，让服务对象明白家人一起支持她，同玩乐同作息，周末全家参加户外活动；社会工作者布置的每天运动作业，服务对象父母每天带其去市场买菜或商场购物，通过外出增加沟通和与外人接触的机会；另外，家长听取社

会工作者建议，邀请服务对象同学到家里玩，让服务对象和同学一起学舞蹈、学书法，增加与同学之间的联络；父母也积极带领服务对象参加社会工作者组织的社区活动，让其能拓展人际关系，进入社会。

（五）通过沙盘游戏心理治疗方法，释放压力，促进个人成长

社会工作者通过 8 次沙盘游戏心理辅导，让服务对象与自我对话，呈现服务对象内心情感，在沙上世界的变化中进行自我疗愈。社会工作者让服务对象用沙盘描绘现在的生态系统图，通过询问和观察了解到其生态系统的全貌，有助于社会工作者进一步识别其问题、影响因素以及可能运用的资源，引导建立正确的态度，促使其行为的改变。

表 1　沙盘治疗过程记录表

时间	地点	主要事项	介入重点
第一次面谈	中心会议室	社区警务室警官提供服务对象信息说其有自杀倾向并已被送入康宁医院，需要社会工作者介入	通过警官、社区网格员了解服务对象家庭情况
第二次面谈	学校会议室	社会工作者、服务对象家长、学校方三方会议	家长介绍服务对象目前情况，三方共同商讨，等待医院治疗结果
第三次面谈	中心会议室	服务对象家长到中心求助社会工作者，家长希望能得到社会工作者的帮助	服务对象已出院，社会工作者通过自我介绍、澄清等明确双方角色定位，并与家长签订个案同意书

时间	地点	主要事项	介入重点
第四次面谈	沙盘室	通过面谈了解服务对象的目前情况及近况,包括服务对象的健康、睡眠、活动等	1. 运用专注、倾听、同理心等技巧,谈论服务对象关注的话题并观察她的动作,了解她的想法 2. 沙盘游戏 1【乡村】游戏本身没有一成不变的实施守则,服务对象制作沙盘本身就是一种游戏,从图像联想,画面上含有很多的流动情节,呈现内心沟通的欲望
第五次面谈	沙盘室	服务对象谈及在医院认识的朋友,朋辈关系的影响甚大;从能做的开始,从愿意合作的着手,正确看待自己的优势	1. 与家长沟通,采取措施增加服务对象和朋辈群体的交流与互动 2. 与服务对象一起找出抑郁症及对父母不理性认知,调整生活方式,从不同角度理解父母 3. 沙盘游戏 2【成长】游戏呈现向往长大,用生存和成长取代了之前的自残和痛苦地活着,憧憬美好的未来 4. 布置周作业:坚持运动,与家人和社会工作者的方向一致
第六次面谈	沙盘室	服务对象情绪平稳,愿意交谈。社会工作者翻看周作业,与服务对象讨论作业的内容;本周开始药量减半,关注减药后身体出现的不适及感觉	1. 抓住服务对象关注个人形象的心理,引导其爱惜自己 2. 与家长沟通,需要改善与服务对象的沟通方式,同时创造机会让服务对象与同学相聚 3. 沙盘游戏 3【变化】画面中的服务对象在乎与同学的关系,希望能不离不弃,渴望友情 4. 布置周作业:记录如何面对最不开心的事情

时间	地点	主要事项	介入重点
第七次面谈	沙盘室	由外婆陪同，了解服务对象身体状况（手臂上印痕）、情绪和思维，暑期作业的完成度；上周开始跳舞，做最开心的事情	1. 与家长沟通服务对象助眠药及入睡困难之事并对服务对象进行情绪疏导 2. 沙盘游戏4【跳舞的女孩】游戏呈现了很明显的自我，享受唯我独舞的自信 3. 布置周作业：与家长分享心情
第八次面谈	沙盘室	与服务对象谈及青春期身体、情绪变化，如何处理痛经；服务对象更关注家中宠物小白的状况，更愿意向小白诉说心里话	1. 进入青春期身体与情绪的变化 2. 停止用药，目前身体和心理自我感觉不错 3. 沙盘游戏5【循环往复】对生命孕育的认可，简单生活，不想要太多的牵连 4. 布置周作业：与小白的对话
第九次面谈	沙盘室	服务对象情绪（解梦）及面对方法；与小白私密对话内容的探讨；停药后的入睡困难	1. 小说《十宗罪》的不适度，引导服务对象真善美 2. 沙盘游戏6【行人】来来往往的行人，各自忙碌，孕妇的出现是对生命的尊重和对来世的困惑，活着的意义 3. 布置周作业：运动，面对自己的情绪
第十次面谈	沙盘室	为开学做心理准备和课业准备，模拟入学后各种疑问及应对方法；欣赏自己；鼓励与妈妈参加社区亲子环保活动，走出家门	1. 引导服务对象欣赏自己身上的优点去面对开学后的担忧；停药对身体的影响渐渐消除 2. 沙盘游戏7【花园】独自享受花园中的美好 3. 周作业：持续运动和记录

社区建设领域

时间	地点	主要事项	介入重点
第十一次面谈	中心会议室	服务对象对与父母沟通的抵触情绪及对经期身体不适的无奈；因为没完成作业对上学的回避；爸爸与哥哥的吵架，感觉哥哥有点可怜；鼓励参加社区绘画活动	1. 引导服务对象察觉自己的坏情绪并应对，自己对家人的看法，查找痛苦原因 2. 参加社区活动"童心倡环保"的感想 3. 周作业：检查运动，察觉自己的坏情绪
第十二次面谈	沙盘室	预先告知月底结束服务，让服务对象做好结案准备；不同年代对待宠物生命的态度；做好开学准备	1. 引导服务对象发现自己的优势，肯定其获得的改变和进步；借宠物死亡探讨生命的意义 2. 沙盘游戏8【城市净化者】参加社区环保手工报后的游戏，不希望垃圾围城 3. 与服务对象父母探讨入学前的资料准备
第十三次面谈	会议室	通过打扫家里、重新摆放家具、手撕报纸减压和转换情绪；颜值控的服务对象估计自己不会再虐自己。一起探讨结案后的跟进服务。小白还是最好的朋友	1. 问题困扰度测试及评估，了解两个多月来的服务成效 2. 邀请参加社区户外环保亲子活动 3. 后续跟进：情绪起伏的缓解办法（深呼吸、记录、对话、运动转移等）
第十四次面谈	中心会议室	服务对象与家长参加社区亲子活动；服务对象家长入学前的资料准备，正常入学报到	1. 参与亲子活动的沟通与合作 2. 家长需要调动服务对象周围资源，同学、同伴、学校等，增强社会支持 3. 结案，社会工作者会不定期与家长联系，了解服务对象的状态

六、专业评估

(一) 社会工作者评估服务目标基本达到

6—8 月，通过会谈和沙盘游戏，社会工作者陪同服务对象共同面对抑郁症带来的情绪、行为、认知问题，服务对象在此过程中掌握了释放压力的方式，建立了正确的思维模式，能够从各方面应对面临的问题，摆脱了抑郁与焦虑，正常上学。

(二) 服务对象自评问题得到解决

社会工作者通过个案意见评估表，检视服务的具体成效，服务对象自评在问题的解决、接受社会工作者服务后情况的改善打分都在 9 分（满分是 10 分），并在社会工作者面谈后有信心面对困难，服务对象与社会工作者双方同意目标达到。另外社会工作者与家长面谈，进一步全面评估服务对象的正向变化明显，家长对社会工作者的服务也很满意很感谢，最后还给党群服务中心社会工作者赠送了锦旗。

七、结案

社会工作者接案跟进 2 个月，服务对象到医院复诊复查情况良好，抑郁症状得到较大的改善，通过学习评估能够正常上学。同时服务对象自我感觉良好，家长也感觉服务对象各方面都很正常了，社会工作者决定结案并进行预先告知。社会工作者一方面巩固服务对象在服务中获得的改变和进步，同时让服务对象模拟上学后出现的种种不适并探讨如何解决，鼓励服务对象加强与同伴的联系；另一方面告知家长多与服务对象沟通，继续保持陪伴和支持，教导父母处理服务对象情绪方式如深呼吸、记录、对话、运动转移等，如果有需要还可以带服务对象到中心找社会工作者，后续社会工作者也会定期持续跟进。

八、专业反思

（一）一般技巧分享

与服务对象建立良好的专业关系，是个案服务中最关键的工作。社会工作者给予服务对象的第一印象、第一句话以及能否在最短时间内让服务对象相信社会工作者能懂她、能理解她、能帮到她，这是赢得服务对象信任的关键。

在与服务对象第一次说话时，社会工作者用了"我们小雨"，"听说我们小雨生病了，现在身体怎么样？好点了吗？"由此，服务对象感觉社会工作者是关心自己的，是可以倾诉的，服务对象有了说话的欲望及解释的欲望。社会工作者的倾听，专注、简单回应，重复问句，看似轻描淡写，实则高度集中分析，让服务对象觉得自己被关注、被关爱、被理解、被尊重、被保密，知道除了社会工作者与服务对象自己，不会有第三者知道双方的谈话内容，让服务对象打开心扉，信任社会工作者。

（二）情绪处理分享

在与服务对象的接触中，能明显感觉到她见到社会工作者的喜悦，比起在家里，她期盼着每周一次和社会工作者的见面。社会工作者由浅入深，从流水账开始，到记录每天开心的事情，每天开心的时段，开心的原因是跳舞、运动、第一次晚上睡着醒来后，去感受和体会，去延长开心的体验，和社会工作者一起分享，再建议和家人一起分享。

当服务对象习惯记录和分享之后，社会工作者让她开始记录不开心的事情和时段，哪一件事让自己心情不快？哪一句话让自己情绪起伏？发生什么事情自己心情不安？写出来，画出来，为何让自己不快？如何转移？比如药吃完了不开心，在床上辗转反侧睡不着不开心，和自己对话，社会工作者引导服务对象放松和深呼吸，尝试去转化负面情绪。

（三）心路历程分享

从第一眼见到服务对象开始，社会工作者相信服务对象可以改变，可以成长，可以正常回归学校，可以和其他同学一样在阳光下生活！但是社会工作者也曾犹豫过、自我否定过，担心服务对象是确诊抑郁症患者，而且住院治疗过，作为非专业心理咨询师，面对随时想要自残的小女孩和家长的眼泪，是否真的能帮到他们的家庭？还好在社会工作服务中心主任和督导的支持下，尝试一步一步协助服务对象去面对和解决问题，最终服务对象康复了，能正常上学了，服务对象家长赠送的锦旗，对社会工作者而言是一种鼓励！庆幸选择了社会工作这一职业。

九、督导寄语

突如其来的疫情，服务对象的生活节奏被打乱，亲子关系、家庭关系的冲突和疏远因为疫情的缘故而尤为凸显，导致服务对象陷入抑郁的情绪，从而引发自杀的念头和行动。

社会工作者在服务对象服药后情绪稳定的状态下，通过沙盘这一媒介打开服务对象的心门，与服务对象建立信任关系，为专业服务的介入找到了很好的突破口，做法值得肯定。紧接着，社会工作者从服务对象的认知改变出发，协助服务对象消除自杀的念头和行为，待其情绪稳定后，又从服务对象的兴趣爱好出发，充分调动其身边的社会支持网络，改变其自身的行为方式及环境，帮助服务对象减轻抑郁症状，成功复学。

难能可贵的是，在整个介入的过程中，社会工作者表现出了坚定的信念，即相信服务对象是可以改变的，虽在其中有过自我怀疑、自我否定，但能够始终以服务对象为中心，与服务对象一路同行，作为陪伴者、支持者与鼓励者的角色，直到服务对象恢复其社会功能，更值得称赞。

社区建设领域

老有所需　为民所求①

——社会工作者助力社区长者饭堂实现老有颐养

一、基本情况

活动主题：社会工作者助力社区长者饭堂实现老有颐养。

活动对象：社区长者。

参与人数：1000 人。

社区基本介绍：深圳市罗湖区东湖街道东乐社区共有 11 个居民小区，8 个物业管理处，辖区单位 15 个。东乐社区综合党委于 2010 年 12 月成立，设有党群服务中心、党员议事厅等活动场所。东乐社区现有 26218 人，户籍人口 12167 人，其中老年人有 3811 人。所有老人中不与子女生活在一起的空巢老人有 428 名，占老人总人口比例的 11%。东乐社区有 3 所幼儿园，1 所小学；有喜荟城、吉之岛及太安路特色商业街；银行有中国银行、中国工商银行、平安银行、建设银行；与东乐小区相邻还有东湖公园；公交、地铁经过，交通便利。

二、活动背景与目标

（一）社区活动背景

人口老龄化是社会发展的重要趋势，也是今后较长一段时期我国的

---

① 作者：连妙丽，中级社会工作师，深圳注册社会工作者；李银琴，助理社会工作师，深圳注册社会工作者。

基本国情。2021年11月18日，《中共中央 国务院关于加强新时代老龄工作的意见》正式发布。该意见从健全养老服务体系、完善老年人健康支撑体系、促进老年人社会参与、着力构建老年友好型社会、积极培育银发经济等方面提出具体工作要求，列出了创新居家社区养老服务模式。通过提升社区养老服务能力，依托社区发展以居家为基础的多样化养老服务。地方政府负责探索并推动建立专业机构服务向社区、家庭延伸的模式。街道社区负责引进助餐、助洁等方面的助老服务。城市社区居家养老将成为今后我国城市养老服务的主要模式之一。罗湖区东湖街道东乐社区社会工作者也在积极探寻社区居家养老服务的突破口和创新模式。

东乐社区属于深圳市比较早建立的社区，社区老年人占社区总人口比例的15%左右，登记在网格系统的有3800多人，有参与深圳建设后退休的老人，也有跟随子女来到深圳生活的老人，大部分老人在社区居住时间超过10年，对社区的归属感较强，其中社区空巢独居老人占总人口比例为11%。东乐社区的老人群体较多，特别是高龄老人和空巢独居老人的比例在不断上升，存在居家养老吃饭难的问题。东湖街道东乐社区社会工作者以解决老年人吃饭问题为突破口，探索社区居家养老的模式。

（二）服务目标

通过长者饭堂服务搭建社区长者服务综合平台，探索社区居家养老服务模式，实现老有颐养。

三、理论运用

社区照顾理论，社区照顾是指整合全部社会资源，运用正规照顾和非正规照顾网络，为需要照顾人士在家庭或者社区中提供全面照顾，恢复其正常生活。社会工作者通过长者饭堂，为社区长者提供饮食照顾、教育学习等服务，发挥社区的正式资源和非正式资源给予长者支持和关怀，探索社区居家养老服务模式，实现老有颐养。

社区建设领域

四、服务过程

(一) 调研阶段

1. 就餐需求调研

社会工作者对社区 1360 名老人需求进行"一对一"抽样调研，围绕社区长者食堂开设的必要性，采取上门访谈以及焦点小组等多种形式进行调研，组织 100 对亲子问卷调查的方式进行充分调研，汇总分析后形成了关于成立长者饭堂的调研报告。相关报告显示：东乐社区 60 岁及以上老年人达 3811 人，占社区人口的 15% 左右，41.98% 的老人有在长者饭堂就餐意愿。

2. 政策支持

社会工作者以《东乐社区长者饭堂需求调研报告》为依据，切实说明了社区开展长者饭堂的迫切程度。各方领导高度重视，街道党工委通过会议严谨审议社区关于开设长者饭堂的决策。由罗湖区民政局养老服务科、东湖街道领导到东乐社区进行调研，组织居民恳谈会，听取关于就餐意愿的民声，进一步推动社区长者饭堂的相关政策出台。罗湖区民政局、深圳市市场监督管理局和罗湖区财政局联合出台的《关于开展罗湖区长者助餐服务的工作方案》，为东乐社区长者饭堂的建设提供了政策支持。

3. 经验学习与调研

社会工作者在探索中总结经验，在罗湖区仅有的长者饭堂现场分餐的案例并不多，社会工作者研读政策，到已经开展的长者饭堂、日间照料中心进行经验学习和调研，总结出符合本社区的一套服务模式。

(二) 筹备阶段

1. 场地协调

东乐社区党委将原有的 200 平方米的办公场地改造为现在的东乐社区长者饭堂和综合服务中心，协调多方部门，改造成行政办理窗口、长者饭堂配餐间、就餐区、阅览区、活动区等多功能服务场地。

2. 人员配备

由"两委"成员、社会工作者、长者代表、志愿者、居民议事员组成长者综合服务中心管委会，让居民有决策权和监督权。

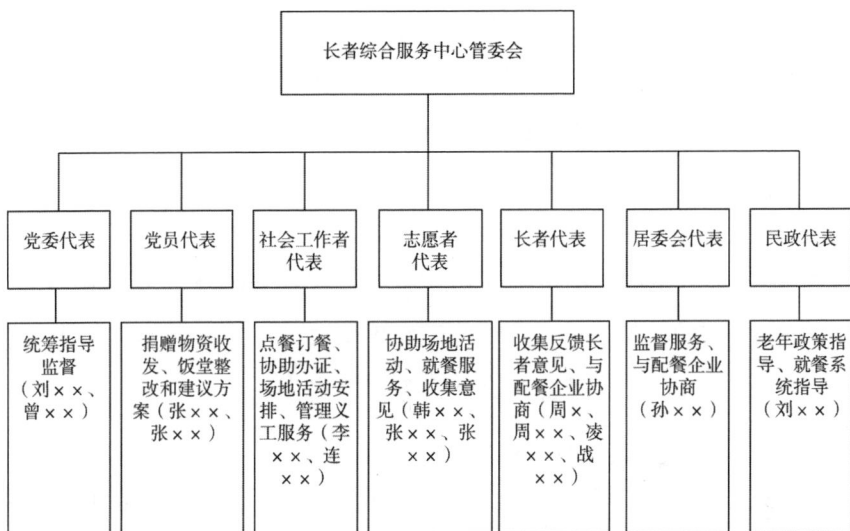

图1　长者综合服务中心管理架构

3. 广泛宣传

在社区内11个小区重要活动场所、文体广场等醒目位置悬挂宣传横幅，各楼栋宣传栏张贴海报宣传单；组织志愿者对社区有就餐意愿的长者进行电访宣传；开展社区活动及办理行政事务告知。

4. 完善运营规范

先后召开四次恳谈会，与居民讨论长者综合服务中心的运作方式、管理公约、工作人员守则、试运营方案、志愿者积分制度等；还多次召开党群物业联席会议，联合小区党支部、社区公益基金、辖区企业、群团组织、社会工作者和志愿者的力量，齐心投入长者综合服务中心的筹备工作。

5. 资源整合

（1）资金保障。居民助餐补贴、运营补贴由东湖街道东乐社区民生微实事项目扶持；场地装修和购置配餐物资、专职人员及兼职人员补贴、餐具清洁消毒费由东湖街道东民、乐群居委会保障；试运营期间补贴及办理餐卡工本费由东乐社区公益基金专项经费支持。

（2）物资保障。社区多家爱心企业提供物资支持和保障，东林教育热心公益，以"传承中华美德，弘扬敬老文化"为主旨对中心进行室内涂鸦；深房集团积极协调下属物业整改周边环境，无偿开放本集团下属企业海燕酒店宿舍右侧空地，供辖区老人户外休闲使用；东乐社区"一对一"挂点联系单位深圳市水务局为东乐社区长者综合服务中心提供了汤圆和180份慰问品；辖区单位八马茶叶与东乐社区党委签订服务项目认领书，免费为东乐社区长者综合服务中心提供一年茶叶，并捐赠物资激励社区志愿者。

（3）人才骨干。社会工作者动员和发展社区内各单位志愿者骨干参与服务。社区医院、社区健康服务中心、警务室、理发店、市监所、税务局、公益机构、社区培养的公益讲师（书法、国画、剪纸、乐器老师）定期定点在长者饭堂开展"老有颐养"的社区助老服务。

6. 试运营及配餐公司遴选

东乐社区长者饭堂正式运营之前，先试运营一周，其间组织恳谈会让居民充分了解试运营的配餐公司及遴选制度，社会工作者邀请居民在试餐后进行投票，保障居民决策权和监督权。

（三）运营和服务阶段

2021年4月开始东乐社区长者综合服务中心正式由社会工作者服务运营，至今平均每天就餐长者超过80人，主要服务内容有以下4项。

行政类服务：办理长者高龄津贴申请初审、异地退休人员与户籍居民生存认证（指纹验证）、办理户籍老人居家养老服务券发放、户籍老年人意外险登记、老年人体检及政策咨询。

就餐服务：办理饭卡、信息登记、订餐、充值、扣费、助餐送餐服务。

老年人教育服务：开设东乐社区长青老龄大学专业课程，开展书法、国画、剪纸、声乐、传统乐器等教学。

互助关爱服务：发动社区企业、单位、机构、社区骨干，为居民召开长者座谈会、"暮年童伴"社区老少暑期夏令营、义诊、义剪等"传承中华美德，弘扬敬老文化"的互助关爱服务。

（四）服务的规范和持续性

社区长者饭堂每天由 3 名工作人员+2 名志愿者负责饭堂的配餐服务；由专职人员负责场地的维护和清洁，定期组织志愿者清洁消毒场地；由社会工作者对场地的预约与服务开展进行规划和管理，每周安排不少于 4 场的申请服务；志愿者组长负责每周的值班、志愿者招募及排班。社区长者综合服务中心管委会每月 1~2 次的会议及每季度的出库入库清点工作。多方协助保障服务的规范和持续性。

五、专业评估

（一）问卷法

以问卷的形式收集了约 100 份服务满意度反馈表，居民对社区开展的各类服务的场地、时间、服务内容、工作人员的态度等满意度达 99%。

（二）访谈法

无论是媒体采访还是长者参与服务开展中，社区长者都反馈长者综合服务中心解决了老人和家人的照顾压力，感受到了社区的关爱和温暖；每天参加各类服务，生活充实，老年人有更多的社会参与的机会，也能够实现自我价值感，幸福指数大大提升。

（三）观察和统计法

社区居民的参与度高，体现在社区就餐服务、社区活动、社区点餐区的反馈及居民的行动。每天在社区的长者服务微信群分享服务资讯，获得居民的点赞和好评，有居民赠送锦旗和自创白描画表示感谢。

（四）社会美誉度

社区长者综合服务中心开展的系列服务得到了"学习强国"平台的推广和采编，深圳市4家市级媒体对社区长者综合服务中心、长者饭堂、社区服务等方面进行了报道。

六、专业反思

（一）需要立足社区需求，契合社区发展的需要

社会工作者有多年的社区工作经验，在充分调研老人需求的情况下，根据调研结果并结合社区发展的需求向社区党委和街道提出建设社区长者饭堂的设想和建议，得到了社区党委和街道的大力支持，为后续长者饭堂的建设和服务开展奠定了坚实基础。

（二）通过长者综合服务中心的服务实现社区和长者共同受益

在社区层面，通过社区长者综合服务中心搭建"老有颐养"的养老服务综合性互助平台，为社区长者提供饮食照顾、教育学习等，运用社区的正式资源和非正式资源给予长者支持和关怀，为长者发展社区互助网络，促进邻里关系和熟人社区的发展。在个人层面，对于有心理压力的长者，长者综合服务中心为其搭建熟人团体，让其个人能在此得到倾诉和心理支持；对于困境长者，如高龄独居、失独老人、残独老人等，是长者就餐重点关注的人群，为他们提供送餐服务，切实解决他们的实际就餐困难问题。

（三）联动实现长者社区照顾

"社会工作者+志愿者联动"服务模式，由社会工作者统筹运营社区长者综合服务中心，发挥社会工作者多年的社区工作经验专业优势，通过志愿者激励机制，管理和激励志愿者队伍，由社区30名志愿者队伍承担长者综合服务中心的服务工作，联合社区多方资源，实现社区长者由社区照顾和服务的目标。

七、督导寄语

社区养老模式的探索是中国社会步入老龄化的必然要求，社会工作者运用社区照顾模式尝试打开社区养老的大门，积极寻求链接辖区内人力、物力、财力以及场地空间资源，并在深圳养老政策的背景下，搭建了社区长者综合服务中心平台，提供集长者就餐、行政许可、兴趣培养、互助关爱于一体的配套服务，使得社区内老年人真正老有所养、老有所乐、老有所用，是城市居家养老的成功实践与探索，同时彰显了社会工作者的不拘一格和专业服务水平。

司法禁毒领域

迷途中寻找生命的灯塔^①

——社区矫正服务对象的危机干预

一、案例背景

服务对象小黄（化名），男，23 岁，性格外柔内刚，从小在深圳生活长大，在广州某技师学院大专毕业后与朋友创业，目前与父母、妹妹共住。小黄因心存侥幸和法律意识淡薄，诈骗他人的钱财拿去赌博，犯了诈骗罪，被判处有期徒刑三年，缓刑四年，2018 年 9 月 26 日开始在深圳市龙华区龙华街道司法所接受社区矫正。

2019 年 2 月 19 日小黄的父母到司法所求助，说小黄近期有轻生行为，工作人员核实了情况后便开启了相关的介入工作。社会工作者通过与小黄谈话了解到他曾经是个有孝心、有爱心的人，尊重长辈，关心妹妹，跟同事的关系也很好。出事后，他也一直遵守司法所的要求，总体来说是一个在龙华司法所辖区内服刑且对社会没有太大危害性的人。

二、分析预估

（一）犯罪记录

2018 年 7 月 31 日，小黄因心存侥幸、法律意识淡薄，诈骗他人的钱财拿去赌博，犯了诈骗罪被法院判处有期徒刑三年，缓刑四年，并处罚

① 作者：吴巧敏，高级社会工作师，深圳市注册社会工作者；林锐，助理社会工作师，深圳市注册社会工作者。

司法禁毒领域

249

金人民币 3 万元。需要加强法律知识学习，提高守法意识，保证在矫正期间不再重犯。

（二）经济状况

小黄现在没有收入，只能依靠父母生活，因为要还清所欠债务，家里卖掉了一栋房子还债，有一定的经济压力。

（三）行为表现

小黄曾经有严重的赌博恶习，判刑后心理落差很大，常把自己一个人关在家里，拒绝与他人交往，并出现服药自杀的行为，幸好被及时发现送医治疗，需要进行持续的自杀风险以及肇事肇祸风险评估，加强监护，避免自杀行为再发生。

（四）情绪状况

小黄觉得自己犯了法没脸见人，别人会看不起自己，精神萎靡不振，情绪低落消沉，易发脾气，表现出伤心、难过、焦虑、矛盾的情绪，有轻生念头，需要进行心理疏导，帮助其走出心理困境。

（五）精神病史

小黄在深圳市康宁精神病专科医院被确诊为中度抑郁症，目前在服药治疗。一方面社会工作者可以与院方联系沟通，持续跟进了解其具体病情；另一方面可以与其家人沟通，进行服药管理和跟踪，保证治疗的依从性。

（六）社会支持

小黄主要与父母一起生活，妹妹在读高中，一家四口住在一起，犯事后就没再跟朋友来往，人际关系疏远。一方面要加强其家人对他的监护、照顾和支持，另一方面拓展他的朋友圈以及其他资源的支持。

三、理论运用

（一）危机介入理论

小黄从小家庭条件比较优渥，成长经历比较顺遂，没有吃过苦也没有经历过挫折，个人抗压能力较差，小黄从判刑前的年轻老板，到被判刑后的社区矫正对象，角色转变带来很大的心理落差，触犯法律后思想负担严重，焦虑、抑郁、痛苦的情绪和感受相应而生，不断否定自己并产生自杀行为。

危机介入理论是围绕服务对象面临的危机而展开调适和治疗工作，首先社会工作者需要对服务对象的危机程度进行评估，及时处理危机。服务对象处于迷茫、无助、绝望的状态中，社会工作者要帮助服务对象找寻有效方法，输入希望，调动服务对象改变的愿望，提供精神支持和帮助，恢复其自尊和提高自主的能力。

（二）社会支持理论

社会支持是指来自个人之外的各种支持的总称，它包括正式的支持与非正式的支持，它能帮助个人维持身份并获得情绪、服务、信息等支持，从而帮助其摆脱生存和发展的困境。

小黄要重新振作并顺利度过矫正期，需要自身资源以及外部资源的支持。目前其社会支持网络比较单一，除了父母的支持，没有其他的资源，社会工作者可以强化其社会支持网络，增强社会支持功能，从而帮助其更好地应对压力和困难。

四、服务计划

（一）服务目标

1. 总目标

鼓励小黄重新振作精神，走出心理困境，帮助其安全地度过缓刑考验期，积极面对人生，重新回归社会。

2. 具体目标

（1）心理上：消除自杀念头，学会自我情绪管理和控制，调整心态，去除负面标签，走出心理困境。

（2）认知上：树立遵纪守法的意识，提高法治观念，预防重新犯罪。

（3）行为上：改变赌博的恶习，发展正向兴趣特长，制订职业规划，自立自强。

（4）人际上：加强与家人的沟通和互动，树立正确的交友观，学会分辨益友及损友，恢复/扩大社会支持网络。

（二）服务策略

（1）协助小黄建立对自我的认知和接纳，使用专业的量表工具对其自杀危机程度进行预估并及时介入，保障其生命安全，舒缓压力，缓解焦虑的情绪，提供心理辅导服务，给予支持。

（2）链接"律岛"法律茶座的公益律师为小黄讲解法院判决书中认定的事实及法院判决的法律依据，协助他正确看待犯罪的事实，转变其心里不服嘴上不说的情况，定期组织法律知识讲座，有针对性地讲解法律法规相关知识，加强小黄的守法意识。

（3）通过优势视角理论，帮助小黄建立自尊、自信，培养社会兴趣，为其提供培训与就业信息，协助其客观认识与分析自身的优缺点，提高他的自我效能感，鼓励其自我学习和成长。

（4）强化小黄对家庭的责任，与他的父母沟通并提供亲职教育的知识和技巧，鼓励其父母为其提供良好的家庭和亲情氛围，因为父母与其相处的时间最长，关系最为密切，他们对小黄的鼓励和支持是其重新建立自信和融入社会的重要推动力。

（5）鼓励小黄多参加力所能及的公益劳动，增强社会责任感，拓宽其交友圈，协助建立正确的交友观，教导人际沟通技巧，建立社会支持系统，促使他更好地回归社会。

五、介入过程

（一）第一步，及时处理

1. 目标

小黄曾有服药自杀的行为，需要了解具体情况进行风险评估并及时介入处理，把风险程度降到最低。

2. 主要内容

小黄的父母到司法所求助，告知社会工作者小黄最近很少与家人交流，目前没有工作，整天在家里无所事事，曾经服用安眠药企图自杀，所幸家人发现及时，送到医院洗胃并接受治疗。随后，社会工作者到小黄家里进行家访，并到医院进行探望，了解到他因为思想压力巨大，焦虑、失眠、脾气暴躁，对前途悲观失望，对家人的关心感到内疚，不知道怎么偿还债务，所以出现一死了之的想法。司法所社会工作者运用专业的测评量表对小黄的自杀危机程度进行了评估，确定为高危风险，社会工作者为其制订紧急介入方案，并联合其家人对其进行紧密的监护，确保其生命安全。

（二）第二步，限定目标

1. 目标

帮助小黄梳理出造成危机困境的原因，与其共同探讨需要改变的目标与最合适的解决方法，鼓励与陪伴其共同改变现状。

2. 主要内容

小黄办理出院手续后来到司法所与社会工作者面谈，社会工作者了解了小黄对当下生活和法院判决的实际感受，小黄对生活感到迷茫，不知道如何面对家人、同事、朋友从而采取逃避的态度，也许是刚从鬼门关走了一趟回来，小黄现在对身边发生的事情看开了许多。社会工作者通过同理、澄清、对焦等专业面谈技巧引导其勇敢面对生活中的磨难，并为其制订出具有针对性的矫正计划，叮嘱小黄要定期服药，定期到医院检查身体，并鼓励小黄如果感觉不舒服或者是情绪快失控的时候可以打电话向社会工作者倾诉，社会工作者会陪伴他一起面对。

（三）第三步，输入希望

1. 目标

通过专业的面谈技巧，帮助小黄重建自信，建立对未来的希望，增

司法禁毒领域

253

强其改变的动机，重新找到行动的动力和发展的方向。

2. 主要内容

社会工作者到小黄家中进行面谈，与其一同梳理了造成困境的直接原因、间接原因、自身因素和外部因素，由于小黄在处理男女关系、排解压力方式、家人对其工作的期待等方面积累的压力得不到合理的释放，导致出现了自杀的念头。社会工作者通过刻度问句、例外问句、奇迹问句、转变问句的引导方式，协助他看到人生有转机的可能，通过对问题进行重构，鼓励他重新振作，积极面对，最终与他确定了努力的方向并与他达成了不自杀的约定。

（四）第四步，提供支持

1. 目标

扩大小黄的社会支持网络，帮助他获得家庭成员的支持，朋辈的支持以及社会资源的支持。

2. 主要内容

社会工作者积极寻找资源，联系了深圳心灵之家的心理咨询师一起为小黄提供心理援助，对小黄的精神状态进行了专业心理测评，持续开展个体心理辅导以及团体心理减压活动，帮助其缓解焦虑，消除了内心的不满和怨恨。社会工作者通过家访与小黄的家人进行面谈，引导其父母对小黄予以关注，随时了解其状态，给予鼓励和支持，营造良好的家庭氛围。有了亲情的加持，小黄在家说话也变多了。同时，社会工作者鼓励小黄走出家门，多跟朋友、同事联系，小黄对生活中的益友、损友也有了自己的分辨能力，随着人际交往增多，小黄慢慢也变得开朗起来。

（五）第五步，培养自主能力

1. 目标

教导相关的知识，提高社会技能，鼓励社会参与，开展公益劳动，鼓励重新就业，提高小黄自我解决问题的能力。

2. 主要内容

社会工作者链接了"律岛"法律茶座的公益律师资源，教导小黄学习法律知识，增强法律意识，遇到侵害时学会运用法律武器保护自己，提高处理风险的能力。组织小黄参与深圳义工联的公益劳动，回馈社会的同时也获得自我价值的认同。在社会工作者的鼓励下，小黄报名学习了人力资源管理的课程，在生活上渐渐变得规律起来。社会工作者与小黄共同探讨和分析对未来的职业规划，通过气质类型自测量表的测试，小黄对自己的性格和潜能以及适合的职业有了进一步的认识，社会工作者鼓励小黄重新择业，找到适合自己的发展道路。

六、服务评估

（一）服务对象满意度

经过小黄与其家人、社会工作者、心理咨询师等共同努力，小黄的压力得到了舒缓，在与社会工作者的面谈中也时常面带微笑，谈话过程中使用的词语更加积极正向。小黄及其家人都对社会工作者心存感激，小黄表示以后不会再做傻事了，会珍惜生命，珍惜矫正的机会。

（二）目标达到情况

通过 SCL-90 量表前测和后测的分数对比，得到小黄抑郁的心理指数与常模的差距降低了，抑郁症状有很大改善，现在他已还清债务，对自己的人生有了新的规划，不再沉迷于赌博，而是重新振作，积极寻找合作伙伴和生产材料，拓展公司业务，自我解决问题的能力得到提升，服务目标基本达到。

七、服务成效

小黄已经脱离了自杀危机，并且认识到一味消沉对现实生活中的困境于事无补，在家人和社会工作者的陪伴和帮助下，小黄找到了努力的方向，能够积极与人沟通，表达自己的想法。目前小黄已经不需要服用抗抑郁的药物了，社会工作者每半年提醒小黄到康宁医院进行复查，确保抑郁症不复发。虽然小黄的定位手机有时会忘记打卡，社区矫正表现不算最好，但是在处理事情的自信心、问题应对、情绪处理等方面均有明显提升，他跟朋友合伙开了一家电玩城，在公司做 App 推广的业务，虽然觉得工作有难度和挑战，但他对自己还是充满信心，相信通过自己的不断努力，可以改变生活。

八、结案

通过对服务成效的评估，小黄的自杀风险系数已经降至安全范围内，在结合康宁医院的药物治疗后，抑郁症也得到了有效控制。他已经开始正式工作，能够从实际的工作中找到获得感，工作和生活逐渐充实起来。小黄虽然仍处于矫正期限内，但是基本上能够完成矫正法规定的相关任务，在矫正期内积极学习，不断努力提升自己。社会工作者与小黄经过分析和评估，商定个案服务结案，并约定，如果小黄遇到新的问题和需求，可及时联系社会工作者帮助其改善解决。

九、专业反思

第一，在小黄接受医院治疗期间，社会工作者教授其一些放松身心的方法与技巧，配合缓解药物的不良反应，让其压力得到舒缓，引导其使用积极正面的语言描述自己的生活，为日后的矫正工作开展奠定了良好的基础。

第二，小黄自我改变的动机与外部力量的推动都很重要，在小黄的病情好转后，有重新经营公司的想法，但自信心不足，社会工作者结合社会中同行业的发展情况，运用 SWOT 法分析公司经营的优势和劣势，该行业面临的挑战和机遇，不断给予鼓励，在社会工作者和家人的支持下，小黄作出了新的尝试，开拓公司的新业务。

第三，在执行司法矫正工作时需要把握好灵活变通的尺度与法律底线的原则，在医生证明服务对象病情不稳定，评估确实不适合从事相关义务劳动时，可作出灵活处理以体现司法执行的人性化。在对小黄的矫正过程中，社会工作者安排小黄参加社区公益劳动遭到其家人的反对，一来觉得小黄的抑郁症没有痊愈，担心会再次出现过激行为；二来觉得小黄以社区矫正对象的身份外出参加公益劳动，可能会遇到认识的人而被闲言碎语导致自尊心受损。一方面是小黄家人的干预，另一方面是社区矫正法律法规的规定，存在情理法的难题。社会工作者第一时间向上级领导反馈，同时积极与小黄的家人沟通，引导其理解法律的要求，在小黄病情恢复后获得其家人对司法工作开展的支持，保证了司法执行的公正性。

十、督导寄语

社区矫正社会工作的危机个案服务是非常考验社会工作者随机应变能力和专业服务能力的，社会工作者能够及时发现小黄的问题症结所在，并进行准确分析预估，运用危机介入理论和社会支持理论进行干预，通过及时处理问题，在确保小黄安全的情况下，设置限定性目标，为小黄提供生活的希望，从而带给其改变，最终通过提供专业支持和构建社会支持网络，成功化解了小黄的危机，是社会工作者较为成功的危机干预服务，彰显了社会工作者具有成熟的运用专业服务技巧的能力，取得了较好的服务成效。

悦纳自我　化茧成蝶①

——运用认知行为理论强化吸毒人员的戒毒信念

一、案例背景

（一）基本资料

服务对象周某，深圳户籍，男，38岁，已婚，初中文化，现从事中国福利彩票店管理员工作。

服务对象于2020年8月25日吸食冰毒被人举报查获后被行政拘留10日，随后被责令执行社区戒毒，现为深圳市宝安区福永街道社区戒毒人员。服务对象于2019年与朋友在酒店首次吸食冰毒，并有过两次查获记录。

（二）家庭情况

服务对象育有一子，已10岁，在福永街道某小学上四年级。服务对象与儿子和妻子一起在深圳生活，妻子是福永某医院护士，平常工作较忙，父亲过世，母亲已退休在老家，有两个弟弟已成家且家境都不错，一个在老家工作，一个在深圳做生意，平时很少来往，逢年过节会回老家看望母亲，母亲有退休工资，暂时没有经济负担。

---

① 作者：黎亚平，中级社会工作师，深圳市注册社会工作者；谢纯兵，助理社会工作师，深圳注册社会工作者。

（三）个案背景调查资料

1. 引发或重要事件

服务对象因天生左手指有残疾，导致心理上有自卑感，担心如果不与朋友一起吸会失去朋友，所以被朋友一次又一次误导而深陷其中，心理压力大，自 2019 年至今，两次进出拘留所。现依靠残联救济和福彩店工作，月收入大概 3000 元。

2. 曾作出的调适及成效

服务对象自吸毒以来，其间有一年未复吸。似乎身体上的瘾已戒断，但心瘾未戒掉，最终在朋友的诱惑下复吸毒品。

3. 情绪状况

服务对象因左手指有残疾，自我价值感低，自卑感较强，情绪波动较大。服务对象对于毒品的危害认识不够深，有种无所谓的态度，对毒品的自控性较差。

4. 健康状况

服务对象虽左手指天生残疾，但对于工作影响不是很大，仅外观不好，身体状况一般。

5. 人际关系

服务对象因多次复吸，与家人关系一般，除了有一群吸毒的朋友，没有其他朋友。目前与外界交流较少，也不想再与吸毒的朋友来往，因此比较孤独。

6. 支援网络

服务对象目前接受街道残联的救济，每个月有 1000 元左右的经济补贴，此外，还有一份福彩店的工资 2000 多元，老婆在医院工作也不错，所以他的基本生活无忧。儿子在校成绩不错，加上母亲经常与服务对象电话联系、劝导，增强了其戒毒的信念。

二、问题分析及预估

（一）接案原因

服务对象虽吸毒史不长，但因手指有残疾，精神状态差，心理有很强的自卑感，逆反心较强，不愿意配合社会工作者工作。社会工作者秉持助人自助的社会工作理念，为了帮助服务对象摆脱毒友的影响，获得重生的希望，能够正常融入社会，决定开展此个案帮扶帮教服务。

（二）服务对象存在的问题

社会工作者通过对服务对象家庭情况及个人吸毒经历、成长环境的了解和分析，初步界定服务对象存在以下问题。

1. 认知问题

由于服务对象左手指残疾，担心社会上可能存在的歧视和偏见，心理上存在较强的自卑感。个人吸食冰毒时间不长，对身体直接损伤不明显，所以给服务对象造成错误的认知，认为吸食冰毒并没有太大影响，对身体不会有太大危害，戒毒的动机和信念不强。

2. 复吸行为问题

由于毒瘾是很难彻底戒掉的，服务对象有多次复吸的经历，很担心自己再次复吸导致 3 年的社区戒毒期限难以保持。

3. 人际交往问题

主要表现为身边除毒友外没有其他的朋友，若在毒友的再次诱惑下心瘾难以自控。

（三）理论分析及运用

认知行为理论是一组通过改变思维或信念和行为的方法来改变不良认知。该理论认为人的行为大多是心理、行为与环境互动的结果，心理、环境以及行为结果的反馈都会引起行为的调整。情绪发挥着润滑剂的作用，正向情绪带来积极的思考和行动，负向情绪带来消极的思考和行动。

服务对象在认知方面存在两方面的缺陷：一方面认为自己左手指的

天生残疾必定招来社会及周围人员对自己的歧视和偏见，从而影响个人的人际交往和正常生活，引发严重的自卑心理；另一方面服务对象认为吸食冰毒后并不会带来恶劣的影响，对个人、家庭和社会的影响有限，正是由于这种错误认知，把服务对象带入了复吸的高危情境中。

埃利斯提出了认知的"ABC情绪理论框架"，即真实发生的事件，人们对其所遭遇的事件的思考、信念、自我告知和评估以及此事件引发的情绪和行为结果。他用这个框架来说明如果人们有正确的认知，他的情绪和行为就是正常的，如果他的认知是错误的，则他的情绪和行为都可能是错误的。

服务对象错误的认知产生的自卑心理，尤其是对自己左手指残疾的认知，给自己和家庭带来过多的负面情绪，甚至有了"破罐子破摔"的非理性的信念。再加上初次吸食冰毒后，身体体验过吸食冰毒后的"快感"，形成了"快乐"的情绪记忆，所以错误地认为吸食冰毒的"好处"比"坏处"多。从而忽略了如果不能戒除"心瘾"，一旦复吸，将走上反复"强制隔离戒毒"的深渊，长期吸毒给身体和大脑带来的伤害不可逆，以及给自己和家庭成员带来的伤害将无法弥补。所以社会工作者在服务过程中，亟待改变服务对象扭曲的、非理性的认知，将服务对象的情绪从负面引入正向积极，从本质上改变服务对象的人际交往问题和吸毒问题。

三、服务计划

(一) 具体的目标及服务计划

根据服务对象存在的心理和行为问题，社会工作者经过与服务对象探讨，将社区戒毒康复的目标分三步进行，分别制定了短期目标、中期目标和长期目标。具体计划见表1。

表 1　个案服务计划表

	工作目标	服务计划
短期	建立专业关系，帮助服务对象正确认识自我	社会工作者通过自我介绍和面谈等方式，以接纳、尊重、平等的态度对待服务对象，辅以社会工作相关技巧，比如支持性技巧、引导性技巧和影响性技巧，与服务对象建立彼此信任、真诚的专业关系
中期	改变认知，建立自信，强化戒毒决心	1. 借助每次面谈机会，使其能认识到毒品的严重危害从而引导其正确对待生活，远离毒品 2. 社会工作者帮助服务对象树立正确价值观，理性对待身体缺陷 3. 引导学习关于禁毒相关法律法规，宣传禁毒知识和禁毒法，正确认识毒品，了解毒品危害
长期	付出实际行动，实践各类戒毒措施，按时协助服务对象定期执行社区戒毒常规尿检和毛发采集检测，使其正视自己的过去和现状，重拾生活信心，积极融入社会	1. 社会工作者引导服务对象通过高危情境练习应对心瘾发作 2. 采用放松、正面思想、回忆负面结果、分散注意力，与合适的人谈话，与自己母亲谈心等形式 3. 采用迈步呼吸法 4. 自我告诫清醒法 5. 自我暗示法 6. 抖动消瘾法 7. 音乐止瘾法

（二）具体服务策略

社会工作者征求服务对象意愿，和服务对象详细面谈后，最终说服服务对象，正确认识毒品危害及加强对禁毒法的认识，从而达到正确认知的蜕变。

与服务对象制定交友目标，远离吸毒朋友，服务对象主动删除原来的毒友的所有联系方式，坚决远离毒友，使心瘾逐渐消除。

鼓励服务对象在空闲时间多与母亲谈心，抽空多陪伴母亲及家人，与家人关系融洽了，也减少了心瘾发作时间。

四、介入过程

（一）接纳同理双管齐下，促进建立稳固的专业关系

社会工作者在与服务对象接触过程中，了解服务对象的基本情况，收集其工作、家庭状况等相关背景信息，初步分析和评估服务对象面临的问题和需求，适时给予情绪疏导和情感支持，同时接纳服务对象吸食冰毒的行为，并同理服务对象吸食冰毒的理由和心境，让服务对象感受到社会工作者是同行者，能够积极回应服务对象的心理需求和情感共鸣的需要，恰到好处地与服务对象建立良好的专业关系。

（二）落实社区戒毒措施，帮助服务对象进行自我认知训练

根据《戒毒条例》的相关规定，社会工作者首先引导服务对象签订《社区戒毒协议书》及《权利义务告知书》，强调社区戒毒协议内容，树立履行协议的自觉性，并督促、协助服务对象按照规定完成定期尿检、面谈。服务对象能够较好地执行社区戒毒每一次的尿检检查，结果均为阴性。

根据服务对象对自身残疾认知，社会工作者通过推荐服务对象阅读"身残志坚"的优秀代表的故事，与服务对象一起分享冬季残奥会的观看感受，使服务对象切身体会到，身体上的残疾并不会直接导致自己不被尊重和接纳，只要能够自食其力，成为一个有价值的人，就不会被人看不起，同样可以获得社会的尊重。而且服务对象的残疾并不十分严重，以服务对象个人能力，一定可以做出让家人和周围人点赞的成绩，尤其是可以成为让儿子骄傲的人。通过社会工作者的引导和鼓励，服务对象对自己残疾有了不一样的理解。他告诉社会工作者，他终于可以"抬起头来看人，并大方地向人展示自己的残缺"。

（三）强化法治观念，正确认识吸毒违法行为的危害性

服务对象由于文化水平的限制，对吸毒的违法行为，以及吸毒对个人、家庭、社会的危害认知度较低。社会工作者在服务过程中高度警惕

服务对象可能由于错误认知导致误入歧途，所以"悬崖勒马"就十分紧迫。社会工作者邀请服务对象及其家人参加禁毒预防教育讲座，深入了解吸毒的违法行为，如果不加以严控，极大概率会触犯刑法，从而锒铛入狱。尤其是服务对象一旦过量吸食冰毒，容易产生幻觉，伤害他人而犯伤害罪，也有可能因为巨额毒资而犯抢劫罪。而且新型毒品伤害中枢神经，更容易导致自伤自残行为，严重危害个人及家庭成员的生命安全。服务对象通过观看吸毒人员的案例、情景剧以及社区戒毒康复中心的 VR 体验，深刻意识到吸食冰毒的严重危害性，不禁倒吸"一口凉气"。通过社会工作者的带领学习，颠覆了他对吸食毒品危害的认知，决心在社会工作者的帮助下，戒除心瘾。

（四）正向强化戒毒心理，通过系统脱敏疗法进行反复防复吸训练

通过前期的认知改变，服务对象彻底改变自怨自艾的悲观情绪，在社会工作者的引导下，服务对象开始评估自身能力和家庭、社会的优势资源，为进行社区戒毒康复训练带来了信心。首先，在社会工作者的带领下，服务对象开始进行系统的脱敏训练，不断观看吸食冰毒后的恐怖照片和毒品戒断时的痛苦视频资料，刺激服务对象对冰毒的敏感神经，强化服务对象戒毒动机，通过不断系统脱敏，服务对象逐渐放弃了吸食毒品后"愉悦"的体验，进而克服复吸的心理。其次，社会工作者通过动机强化访谈方式，如引导服务对象回顾以前不吸毒的日子和强制戒毒时作对比，告诫其珍惜当下，从而激发其家庭责任感，以此坚定服务对象戒断心瘾的决心。

（五）拓展新的生活圈，脱离吸毒的高危情境

由于服务对象周围现有的朋友多数吸毒，这对服务对象戒毒存在很大的复吸诱导。社会工作者通过多次面谈，确定戒毒的首要步骤是先改变复吸的可能性。首先得让服务对象在新的群体中找到自己的存在，通过面谈得知其在工作中找到了快乐，每天充实忙碌工作，并且在工作中得到了老板赏识，不仅让服务对象负责所在彩票店的运营，而且让其承担其他分店的运营管理工作。从谈话中能明显感觉到服务对象说话底气十足，非常有自信心了。同时社会工作者也不忘多肯定其作出的努力和结果，鼓励其再接再厉，推动他不断前行。

（六）体验成就感，发现戒毒过程中的自我成长

社会工作者一直以平等、接纳的态度与服务对象沟通，一旦看到服务对象有了点滴变化，从不吝啬赞美、肯定。服务对象也愿意与社会工作者分享他的快乐和痛苦，遇到问题时会第一个找到社会工作者，愿意主动分享他的喜、怒、哀、乐。比如，每到节假日，他会回家看望母亲，母亲生病，服务对象非常担心，回老家照顾母亲。因自己是长子，肩负起了长子的责任，与兄弟协商好，轮流分工照顾母亲，在他们的精心照料下，母亲很快就康复了。由此也不难看出服务对象现在多了一份担当、责任、孝顺。

五、服务评估

在介入本次个案服务中，社会工作者可以切身感受到服务对象的点滴变化，从开始的抗拒面谈，到现在能主动配合，遇到困难还会主动向社会工作者寻求帮助，可以明确社会工作者与服务对象建立了良好的专业关系，为服务对象的改变奠定了良好的基础。

本次个案主要采用社会工作者自评和服务对象评估两种方式相互结合，社会工作者采取的个案手法，取得了显著成效。服务对象能按约自觉遵守社戒操守，有心事愿意与社会工作者分享。社会工作者通过平常观察与交谈，了解服务对象情况，发现异常，及时予以纠正，并能通过认知改变、优势视角等方式激发服务对象潜能，挖掘服务对象周边资源，采用助人自助理念、人在情境中、认知理论、优势视角理论等专业方法和同理、倾听、自决等面谈技巧开展个案服务，初步达到良好的促进服务对象成长目标，服务对象对社会工作者也有了很高的信任度和认可度。对防复吸起到了很好的开端作用，健康生活模式逐渐形成。社会工作者在个案服务成效评估中的维度主要体现在以下几个方面。

（1）服务对象与社会工作者建立起了良好信任的专业关系。

（2）服务对象的认知度有了很大转变。

（3）服务对象与母亲及家人沟通时间多了，对生活有了新的憧憬。

（4）服务对象精神面貌良好，现在也自信多了，自卑感也逐渐消失了。

（5）服务对象已有过戒毒不成功的挫败感，现在处于维持期尤为重要，需持续跟进。

六、个案结案

服务对象尚处于3年期的社区戒毒康复期，社会工作者一直维持跟进和辅导中，并未进行结案。在完成前一段时间的认知行为治疗后，社会工作者一直对服务对象进行强化性的防复吸训练。在接下来的个案服务中，社会工作者将应用动机式晤谈法对服务对象进行干预辅导，服务对象目前进入了行动期，社会工作者需要将服务对象戒毒行为继续维持，把服务对象带入维系期，期待服务对象能找到永久性出口，从而实现彻底戒除心瘾，社会工作者个案服务便可以顺利结案。

七、专业反思

（一）社会工作者的专业态度是服务好个案的基础

回顾整个个案开展以来，社会工作者一直以接纳、平等、积极倾听等态度与服务对象沟通，用真诚的心和锲而不舍的行动打动服务对象，一句简单的问候，每次耐心的倾听，一个鼓励的动作，都能让戒毒康复者感受到社会工作者对自己表达的尊重而找到自信，找到方向远离毒品。因此，在帮教服务中，从事禁毒工作的社会工作者们，都应伸出我们的援手，真诚地协助戒毒康复者走出毒品危害的困境，在尊重戒毒康复者的前提下，做戒毒康复者康复道路上的支持者与协助者及鼓励者，还需要有一颗同理心，相信他们都有能力走出困境。

（二）精准分析服务对象的问题及需求是保证服务效果的关键

服务对象由于天生左手指残疾从而诱发自己非理性的认知，认为在正常社会生活和社会交往中被边缘化与歧视，导致陷入自卑和情绪低落的怪圈，从而诱发了吸毒等偏差行为。服务对象对吸毒等违法行为的错误认知，使其更相信自我体验，"吸毒使我愉悦"的感受大于"吸毒使我受伤害"的感受，将服务对象带入复吸的高危情境中。社会工作者在开展服务中，首先抓住服务对象问题的关键，然后对症下药，选择了认知行为理论的良药，才为服务对象"化茧成蝶"提供了契机和希望。

（三）发现自我价值，才是服务对象实现逆转的开始

服务对象改变自我认知，发现自我成长、自我价值，实现了自我欣赏，才是服务对象逆袭的开始。在社会工作者干预过程中，一直非常注重服务对象自我体验的感受，慢慢感受自己认知改变后，自己身体变化、家庭成员的情感变化，以及工作环境其实一直对自己都十分友好，并不是个人成长的障碍，所以从改变认知开始，就学会悦纳自我，然后服务对象的个人潜能就会被不断挖掘，戒毒的意志力就会显现，个案服务对象的心门才会被打开。

八、督导寄语

开展社区戒毒人员的个案服务，最重要的目标就是帮助服务对象戒除心瘾，身体脱毒已经有非常多的外力干预，而且一般情况能很快实现。但是实现心理脱毒则是一个非常漫长的过程，依靠一些心理干预措施会产生效果，但是更多要依靠个人的内生动力。在本案例中，社会工作者在发现服务对象存在认知偏差后，果断选择认知行为理论，及时运用同理、赋能的方法，让服务对象改变认知、排除非理性情绪，从而实现悦纳自我。当服务对象开始自我欣赏后，改变的潜能就会显现，戒毒的行为动机就能水到渠成。戒毒成功的关键在于激发服务对象的戒毒动机，脱离心瘾，社会工作者正是抓好了这一"关键"，才恰到好处地帮助服务对象点燃了"化茧成蝶"的希望。

打开心窗，走出
"犯罪服刑人员"的心理阴霾①
——社区矫正服务的社会工作介入实践

一、案例背景

社区矫正对象元先生，男，41 岁，2010 年来到深圳，在某公司从事物业管理工作，至今已有 12 年。

因工作压力大，服务对象心情烦闷，酒后寻求刺激，发泄情绪，任意损毁他人财物，其行为构成寻衅滋事罪，被判处有期徒刑七个月，缓刑一年，现接受社区矫正。司法所将此案移交社会工作者，社会工作者接案后对服务对象开展电话访谈、个别教育、线上课程学习、心理咨询等一系列专业工作。

初期，服务对象对自己的社区矫正对象身份认识不到位，经常以工作忙为由不按时完成矫正任务，其属于非自愿服务对象，自我改变的动机不强。社会工作者拟帮助其建立改变的动机，推动其作出承诺，用行动去解决问题，促使其顺利回归社会，实现自力更生。

二、问题的界定与分析

通过入矫报到面谈、服务需求问卷调查和心理测评，根据社会工作者预估，服务对象主要存在以下问题与需求。

---

① 作者：练丽英，中级社会工作师，深圳注册社会工作者。

（一）法律认知方面：服务对象法律知识匮乏，法治观念淡薄

在法律常识方面，服务对象的认知存在偏差，意识不到自己的行为已经触犯法律，一直强调自己想不起当天晚上做过的事。服务对象自述：那天工作特别忙碌，心情很不好，晚上和不同的人喝了很多酒，直到感觉自己不能再喝了才停止饮酒，还记得路上去买了一包烟，后面的事就不记得了。直到警察拿出视频证据时，他才不得不承认自己真的触犯了法律。从表面上看，服务对象触犯法律是由工作压力大、情绪产生波动所引起，但归根结底是因其法律意识淡薄。

（二）心理方面：服务对象自我认知存在偏差，情绪调节能力较差

作为车行的负责人，服务对象的工作繁忙，老板经常安排他处理很多业务，包括车行的招商引租，对接政府部门，人员管理，甚至是保洁员的清洁事宜等，同时新冠疫情暴发对车行业务造成了严重冲击，服务对象感到压力倍增。

服务对象性子较为急躁，遇事时会急于去处理，如车行被投诉或业主与客户发生口角时，他都要亲自处理，此时的他就会显得很急躁、担忧、焦虑，特别是遇到社会工作者约其面谈时更显得忧心忡忡，会找各种理由拖延甚至失约。

在面谈、家访中，社会工作者发现他经常呈现一副忙碌的状态，常常汗流浃背，说话语速很快，报告任务也常常需要社会工作者催促几次才能完成，难以处理好矫正任务与其自身的工作。

（三）家庭情况方面：服务对象家庭关系融洽，存在经济压力

社会工作者在实地察访中发现，服务对象与妻子的感情很好，出事后能得到妻子与父母的谅解。服务对象与妻子有2个孩子，都在上学。

服务对象自述：因自己被判刑导致家庭负债，为家庭带来了严重的经济压力，感觉对不起家人，特别担心影响孩子的成长，每天都处在自责之中。两个孩子由妻子负责照顾，妻子没有工作，年老的父母仅靠经营小卖店维持生活，因此有一定的经济压力。在身体健康方面，服务对象除患有血压高需长期服药外，没有其他基础疾病，身体较为健壮。

（四）社会适应方面：服务对象社会支持不足，社会适应存在困难

据服务对象的老板反馈，服务对象是公司的老员工，深得信任，故让其在车行负责全面工作。他与同事关系也比较和睦，是个热心助人的好同事，也是个负责肯干的好员工。服务对象家庭关系很好，家人对其工作很支持。但家人和同事基本是服务对象仅有的社会关系，他在汇报中写道："因自己被判刑的罪犯身份，感到愧疚不安，平时除了工作，很少与人交流，交往的主要是现有的同事，社会交往关系比较简单。"

从服务对象酒后做出打砸车辆的异常行为来看，因其情绪得不到有效宣泄，同时因怕被他人知道自己的罪犯身份，除了同事外不敢与其他人交往。因此，服务对象在社会适应上存在一定困难，社会支持严重缺乏。

三、理论运用

（一）社会支持理论

社会支持是指来自个人之外的各种支持的总称，它包括正式的支持与非正式的支持，它能帮助个人维持身份并获得情绪、服务、信息等支持，从而帮助其摆脱生存和发展的困境。

在本案例中，服务对象要重新振作并顺利度过矫正期，需要自身能动性的增强以及外部资源的支持。社会工作者认为服务对象目前社会支持网络单一，除妻子、父母外没有其他的朋辈支持，因此需强化其支持网络，加强家人对其理解与支持，同时拓展其朋友圈，协助其获得其他资源，使其更好地应对压力和困难，顺利度过矫正期。

（二）社会互动理论

马克斯·韦伯的社会互动理论认为：人的需要是社会互动的根本原因，而社会互动则是满足人的需要的可靠保障。物质交往是人类交往的基础，人的思想、观念、意识等方面的精神交往，则是人们物质交往的直接产物。

服务对象不主动与他人互动，最终会导致其再社会化过程受到影响，社会价值及自我形象模糊，个人定位产生偏差，从而可能引发较为严重的心理问题。所以社会工作者认为服务对象需改变自己的社交方式，并找到改变的动力，从而扩展社会交际面，积极参与社会互动，提升社会互动的能力。

四、服务计划

（一）服务目标

1. 总目标

协助服务对象顺利度过矫正期，防止其重新犯罪，同时协助其重塑自信，重新回归社会。

2. 具体目标

（1）通过系列法律课程学习，增强服务对象的法律意识，转变其淡薄的法治观念。

（2）整合资源，为服务对象链接专业心理咨询服务，改善其心理状况，防止其因心理压力导致情绪失控。

（3）协助服务对象巩固良好的家庭关系，进一步得到妻子及其他家人、朋友更多的理解与支持。

（4）鼓励服务对象参加多种公益服务，恢复正常的人际交往，减轻因判刑带来的心理负担。

（二）服务策略

针对服务对象法治观念淡薄这一情况，加强法治教育，充分利用集体教育和个别教育形式，重点开展社区矫正相关的法治教育及线上心理课程学习。

链接专业心理咨询师/高级社会工作师资源，帮助服务对象缓解心理压力，预防情绪失控导致行为偏差。

通过实地走访、约谈等方式，为服务对象开展家庭帮教，获取家庭力量的支持。

引导服务对象参与不同形式的公益服务，促使其在公益服务中加强良性的人际互动，促进其回归社会。

五、介入过程

（一）开展个别化法治教育，强化法律意识与守法观念

1. 服务目标

组织服务对象学习系列法律课程，提升其法律意识，转变其淡薄的法治观念。

2. 服务过程

在服务对象入矫宣告前，社会工作者通过查看其法律文书和基本信息，了解其犯罪事实与基本情况，并与他本人进行电话访谈，继续掌握其基本情况，为他制订个别化的矫正方案。

针对服务对象的个人情况，社会工作者为他开展法律知识教育，主题分别为"知法、学法、懂法，学会保护自己"、《中华人民共和国社区矫正法》、"一路向阳警示宣传片"等线上法制教育系列课程，使他通过学习了解相关法律法规，增强法律意识，学会用法律武器保护自己。

服务对象表示："这种线上的学习方式很好，既可以完成矫正任务，又能真正学习到所需要的知识，也不会影响自己的工作。""相信自己可以正确面对，有信心和勇气去改变自己。"服务对象承诺会认真学习法律知识，也认识到"学法、懂法、守法"对自己的重要性。

（二）提供心理咨询与在线学习，提升自我情绪管理能力

1. 服务目标

帮助服务对象梳理情绪失控的原因，与他共同探讨需要改变的目标，提升改变动机，引导其作出改变。

2. 服务过程

社会工作者为服务对象链接资源，引入专业心理咨询师服务，协助他放松自我，缓解紧张、抵触、戒备的心理，表达自己内心的真实感受。

为了进一步消除服务对象的心理压力，社会工作者组织他参加在线系列心理辅导课程学习，主题包括"心理辅导活动——情绪管理指南""心理辅导活动——幸福心理学""拖延心理学"等，使其通过学习逐步掌握情绪管理方式，进行积极的自我暗示，相信自己可以做情绪的主人，掌握应对情绪失控的方法和技巧。

同时，社会工作者和服务对象一起分析出现情绪失控的缘由，改变其错误的解压方式与自我认知，进行松弛训练，停止其对自己的挑剔和责难，消除其社交恐惧，舒缓其心理压力，引导其正确看待压力，积极正面对待问题，找到正确的宣泄方式。

（三）发挥家庭支持作用，提供积极正向的有效支持

1. 服务目标

开展家庭教育，协助服务对象寻求家庭力量的支持。

2. 服务过程

针对服务对象的偏差行为，社会工作者在家访面谈中，向服务对象的妻子与母亲了解其家人对事件的看法。其妻子在丈夫出事后给予了理解与体谅，并时常会提醒他在处理公司事务中要避免被牵扯进纠纷中。

社会工作者与服务对象妻子一起分析引发事件的根本原因，共同制订支持计划。由服务对象妻子对其实施监督提醒，其母亲负责协助，引导服务对象在感觉压力大时，主动向家人或同事诉说，减少外出饮酒的频次与数量。在其妻子与母亲的帮助下，服务对象喝酒的状况有了很大改善，不再时常借助饮酒发泄心中的苦闷。

（四）参与公益活动，促进人际交往与社会融入

1. 服务目标

扩大服务对象的社会支持网络，帮助其获得朋辈支持和社会资源支持。

2. 服务过程

针对服务对象对自己的角色身份无法认同，因罪犯身份感到不安、社交活动减少的情况，社会工作者组织他学习心理辅导"沟通的基础技巧——倾听和共情""心理辅导活动——社交恐惧症"等主题线上教育课程，减少自卑的心理压力，走出犯罪服刑人员的阴影。

同时，社会工作者引导服务对象支援社区核酸检测点的抗疫工作，成为一名社区核酸点抗疫人员，促使其积极主动与人交流，更好地打开自我封闭的心门，既完成了公益服务，又达到了与人多交流多沟通的良好效果，促使服务对象体会回归社会的感受，从而促进他正向的人际交往，以更好地融入社会。

六、服务成效评估

经过近一年来的介入，社会工作者通过对服务对象开展法律意识、心理、认知、家庭以及社交等多层面的专业服务，促使服务对象作出有效改变。服务对象顺利度过矫正期，并未重新犯罪，同时重塑了对自我价值和能力的信心，对生活充满希望，社会交往增多，与家人关系更加融洽，案例的总体目标顺利达到，服务取得了较为显著的成效。

（一）服务对象对社会工作者充满信任，在双方共同努力下顺利解矫

在服务初期，服务对象对社会工作者并不信任，对社矫工作也并不配合，常以工作忙为借口不完成社矫任务。社会工作者运用专业的工作手法和技巧与服务对象联系沟通，并通过不断的努力，获得了服务对象的信任和肯定，在双方的共同努力下，服务对象矫正期满，顺利解矫。

个案结束评估表的调查结果显示，服务对象对社会工作者很信任，对服务过程很满意。"被判刑，导致负债带来经济压力，为自己的身份和行为感到惭愧不安，思想上放不开，情绪不稳定，特别担心因为自己触犯法律影响小孩的成长，每天都在忏悔中，很少与人交流沟通。""直到

遇到了社会工作者，她的尊重与理解、人性化的工作方式……让我的心里得到了安慰，让我倍感暖心。"服务对象在解矫当天向社会工作者递上了真情实意的感谢信，表达了自己一年来在社会工作者的帮助下的改变及感受。

（二）服务对象走出身份阴影，有效提升法律意识和情绪管理能力

在介入服务开展初期，服务对象无法适应自己的矫正对象身份，产生自卑心理，将自己封闭起来，情绪并不稳定。在社会工作者的帮助下，服务对象不断调整心态，终于正视了矫正对象的身份，走出了心理阴影，同时通过一系列的法律知识与心理课程学习，有效提升了法律意识，完成了自我调整，学习到了情绪管理和自我调适的方法和技巧，能够在生活中较好地控制情绪，以积极正向的心态面对问题、解决困难。

（三）服务对象增强人际交往，对未来生活充满希望

通过社会工作者的介入服务，服务对象加强了与妻子、孩子、父母等家人的亲情互动，家庭关系变得更为和谐融洽，同时通过参加社区抗疫服务及日常邻里互动，变得积极主动与人交流，获得了更多的支持与正能量，人际交往和社会融入显著增强。同时，服务对象对社会工作者说起了自己对未来的规划，解矫后将回老家发展，已经和家里的表兄联系好开进口水果店，自己创业。社会工作者建议他回老家后与亲戚朋友多沟通，多结交身边的朋友，遇到问题多与妻子协商讨论，以更好地回归社会生活。

从服务对象刚开始无法处理好矫正任务与自身工作，到现在自信满满，对自己的未来有了清晰的规划，最终作出自己理想的选择。整个服务过程，社会工作者看到了服务对象一点一滴的变化，体现了社会工作介入服务的显著成效。

七、结案

通过开展个案服务，社会工作者运用社会支持网络和互动理论，不断给予服务对象支持，赢得了服务对象充分信任，让服务对象感受到社会工作者并未因为其"犯罪人员"的身份而区别对待，反而是给予关爱和帮助，服务对象感到更多尊重和接纳，从而能够以更加积极的心态面对社区矫正。经过社会工作者与服务对象的面谈后，考虑到个案服务的各项目标基本达到，遂进行个案结案，并与服务对象约定，在社区矫正中如果有其他问题和需求，也可以随时与社会工作者保持联系，提请个别化服务。

八、专业反思

（一）"建立信任关系"是走进社矫对象内心、开展专业服务的重要前提

对服务对象的社区矫正服务中，社会工作者在面对其因工作压力引起情绪失控，得不到良性宣泄时，认为应首先获得服务对象的信任，通过有针对性地开展个别教育、谈心谈话、实地走访、线上课程学习、进行专业心理咨询，整合资源协助解决问题等方式，让服务对象放下抵触的心理，愿意敞开心扉，与社会工作者共同深入交流遇到的问题，探索解决问题的办法，最终使其现状得以改善，从而完成一系列服务目标，而如果第一步"信任关系"未能有效建立，则会使后续的社矫服务工作变得事倍功半。

（二）"以人为本"是协助社矫对象发生改变的关键原则

在社区矫正服务中，服务对象虽然是违法犯罪人员，但一些犯罪行为并非主观因素引起，作为专业人员，在工作中需要根据个案的具体情况开展专业工作。本案例中社会工作者充分发挥"以人为本"的原则和价值理念，运用尊重、平等对待、倾听与同理等工作手法，以人性化的工作方式开展工作，充分利用服务对象的自身资源和对其有利的积极因素，秉承"以情感人"的工作原则，发挥亲情的作用，尽可能为其解决眼前迫切的难题，协助服务对象寻找改变的动机，调动融入社会的积极

性，提高适应社会、自力更生的能力。

（三）"陪伴者"是社区矫正社会工作服务中的重要角色

回忆接案以来的整个过程，最初服务对象说话语气急促，神情慌张，不相信自己怎么会做出这样的事情，社会工作者与其确立专业的信任关系后，经过分析案情并制订一系列有针对性的计划，在他本人努力及家属的支持下，服务对象终于顺利解矫。作为一名社区矫正领域的社会工作者，在整个矫正服务过程中能真正帮助到服务对象的其实并不太多，但能与服务对象共同分析引发事件的来龙去脉，给予其精神上的支持，以一个陪伴者的角色，与其保持一致的步伐，并一路同行，这对服务对象而言，就是一股支持其继续走下去，并不断促成正向改变的莫大动力。

九、督导寄语

社会工作者在案例总结反思中的一句"'陪伴者'是社区矫正社会工作服务中的重要角色"道出了社会工作者在个案服务中的本心和初心。社区矫正对象正在经历人生当中一段较为"难熬"的特殊经历，这段时间难免会遭遇不一样的眼光，被"标签化"，在社区矫正对象的情境中，需要比常人有更加强大的内心，比常人有更强的自控力。所以，社会工作者做好"陪伴者"的角色就是对社区矫正对象最好的加持，但是社会工作者要做的是有效的"陪伴"，是"同行"而不仅是"伙伴"，有效的陪伴会与其建立良好的专业关系，会让社区矫正对象卸下心理防卫，可以与服务对象共同建立改变的目标，然后付出行动。案例中社会工作者能够发挥自己专业特长，走进服务对象内心，让服务对象在这段特殊人生经历中未走向颓废，而是重获新生。

心理健康领域

宽容与关爱　共筑温情家园①

——"五位一体"社区主动式介入严重精障患者

一、案例背景

（一）基本信息

服务对象小武（化名），男，41岁。

（二）个案背景资料

精神病记录：小武患有精神分裂症，在接案前没有服药。

重要过往经历：有吸毒史，接案时没有复吸。

教育与工作情况：高中学历，没有工作过。

生活状态：接案时，小武一个人居住在父亲为其租住的房子里，极度欠缺自理能力，不洗澡清洁，衣服残破不堪，头发长乱打结，身上散发着恶臭味。

行为表现：白天在街上闲逛，到处翻找垃圾，被人当作乞丐，并将垃圾直接带回家，家中垃圾堆积，脏臭扑鼻，不听规劝。外出时，还会在口袋里放一把水果刀四处晃悠，附近居民时有投诉。

家庭照料与支持情况：服务对象与父亲、母亲、妹妹起初共同居住在罗湖某社区，服务对象与母亲均患有严重精神障碍。妹妹因无法忍受家人的精神异常，从家中搬离一段时间；父亲也因无力照看小武，与妻

① 作者：黎伟红，助理社会工作师，深圳市注册社会工作者。

子搬至其他社区生活。服务对象被认为是家庭的累赘和负担，大部分时间一人独居，基本生活与病情没有得到妥善的照料。

经济来源：服务对象父亲是家中主要经济来源，现已退休，每月有退休金；母亲无生产劳动能力；妹妹有工作。父亲会定期将饭食放在小武住处门口，由他自行取食。

二、问题分析

（一）个人层面

服务对象自 2014 年 4 月发病，出现精神异常，到 2019 年 3 月才在康宁医院被确诊为精神分裂症。发病期间，服务对象精神分裂症状严重，生活无法自理。在人际交往方面，服务对象除了父母，少与他人接触。在社会工作者尝试与其沟通时，服务对象无法对社会工作者的问题给予有效回答，有明显的沟通障碍。

（二）家庭层面

服务对象父亲对于服务对象精神障碍问题表现得非常抗拒，认为服务对象目前病情较以往已有好转，担心送医治疗后服务对象的病情会更加恶化，起初不愿社会工作者介入干预。据社区工作站反馈，当工作人员与服务对象父亲强调监护职责时，服务对象父亲则是将服务对象锁在家中，不予外出。

（三）社会层面

首先，服务对象因精神状况差，无自知力，无自理能力，在社区内成为居民议论的对象，居民见其也会避而远之，无法得到应有的尊重。因服务对象精神障碍患者的身份，导致其社会支持网络差。其次，服务对象病情没有药物控制，受精神症状影响，存在一定危险性。服务对象时常拿着一把水果刀在社区内活动，对社区居民的人身财产安全构成一定威胁。

三、介入理论

（一）REBT 理性情绪疗法

理性情绪疗法认为，人们的情绪是由人的思维、人的信念所引起的，而不合理（非理性）信念往往使人们陷入情绪障碍中。非理性信念的几个特征是：绝对化的要求、过分概括化、糟糕至极。在理性情绪疗法的治疗过程中，总是把认知矫正摆在最突出的位置，给予最优先的考虑。

在本案中，服务对象欠缺自我照料能力，服务对象的父亲是其主要照料者。父亲对服务对象康复持有非理性信念，认为"这个孩子这辈子就是这样了，不可能会好起来""入院或服药治疗是绝对没有帮助的，情况肯定会更加糟糕""没有什么好帮忙的，谁都帮不了，自己都已经放弃了"，等等。社会工作者需要针对服务对象父亲的非理性想法进行逐步地处理和介入，帮助小武父亲及其家人理性地看待服务对象的康复治疗，重建服务对象的家庭照料与支持。

（二）接纳承诺疗法个案服务模式

接纳承诺疗法是新一代认知行为疗法中最具代表性的经验性行为治疗方法，通过正念、接纳、认知解离、以自我为背景、明确价值和承诺行动等过程以及灵活多样的治疗技巧帮助来访者增强心理灵活性，投入有价值、有意义的生活。接纳承诺疗法是一种应用于重度精神疾病服务对象的社区照顾模式。该模式是通过在社区中建立一支广泛、深入和细致的服务团队，帮助精神疾病服务对象逐渐恢复独立生活的能力，不再依靠住院治疗，降低服务对象住院率，改善预后。它强调为服务对象提供高度个性化的服务，尤其注重服务对象社会功能和生活质量的恢复。

在本案例中，社会工作者联络社区以精防医生、社区民警、社区工作站、社区残联、服务对象家属组成的"五位一体"关爱帮扶小组，共同针对服务对象在社区康复时所遇到的实际问题，帮助服务对象从混乱、不能自理的状态下转变成一名积极阳光的康复者，重新融入社会。

四、服务计划

社会工作者为服务对象制定了几个不同阶段的目标，主要围绕服务对象的疾病、家庭、社会功能恢复三个方面，帮助服务对象走出精神困境。

（一）服务目标

实现服务对象精神上的康复，从而改善其自知、自理和社交方面的能力。

实现服务对象家属支持的重建，通过改变服务对象家属的非理性信念，为服务对象的家庭注入康复的希望。

实现服务对象的社会融入与社会功能恢复，联动关爱帮扶小组为服务对象创造康复过渡期的支持与环境。

（二）服务策略

个别化服务：深入了解服务对象个人及其家庭情况，为其制订个案服务计划。

非理性观念矫正：向服务对象家属宣传精神卫生相关知识，调整服务对象家属对于精神疾病的固有认知，改善家属与服务对象之间的关系。

协助进行医疗康复：服务对象在社区缺少康复治疗措施，协助服务对象进行入院和药物治疗。

协助进行能力训练：协助服务对象学会生活自理，让服务对象掌握一些生活中的基本技能；给予服务对象一定的心理辅导，帮助服务对象学会如何应对精神压力。

指导进行社会融入：帮助服务对象拓展社会支持网络，申请政府的相关补助及整合社会爱心资源，改善服务对象的生活状况；协助服务对象参与更多社交活动，改善原有人际交往困境。

五、介入过程

(一) 第一阶段 (初步了解)

1. 介入目标

了解服务对象的基本情况及其家庭关系。

2. 介入重点

觉察服务对象父亲关于服务对象康复非理性信念的出现；开展接纳承诺疗法在初步了解阶段的联动介入，体现关爱帮扶小组在服务对象信息采集方面的合作。

刚开始接触，社会工作者从服务对象父亲处了解到服务对象的基本情况。当问询服务对象的病情时，父亲称未给予他药物治疗，并认为治疗会使他状态变得更差，并在社会工作者的问询下反映服务对象之前吸毒被强制戒毒时出现痴呆表情、行为怪异等，在其戒毒成功后，父亲曾听信他人偏方，给服务对象喝了一瓶他人自制的药酒，结果服务对象越发神志不清、胡言乱语，对家人脾气暴躁。社会工作者在尝试说服服务对象父亲给予他足够的治疗时遭到反对，并且表示不需要社会工作者介入。

随即，社会工作者联络社区内关爱帮扶小组侧面了解服务对象更多的情况，社会工作者通过寻访工作站相关工作人员得知，工作站曾多次上门了解其情况，但苦于服务对象无自知力无法沟通，而家属也不接受劝说为服务对象进行药物治疗。工作站人员表示，服务对象之前一家都住在这里，但因为服务对象的情况越来越差，服务对象妹妹先搬至南山区居住。父亲后来因年事已高，无法管制住服务对象，便搬到其他社区居住，留下服务对象一人独自生活。据此分析，服务对象家庭目前缺乏稳定性，家人对精神疾病缺乏足够的了解，认为服务对象目前无法再恢复，任其自生自灭。

（二）第二阶段（专业评估）

1. 介入目标

准确评估服务对象的病情并制订服务计划。

2. 介入重点

开展 ACT 在专业评估阶段的联动介入。一方面，联动精神科医生，从专业角度为服务对象进行诊断评估，提出治疗建议；另一方面，发挥精防社会工作优势，明晰服务对象当前较为迫切的问题和需求，制订服务计划。

为进一步确定服务对象目前的病情，社会工作者预约了罗湖区慢性病防治院的精神科医生同社区关爱帮扶小组一同去服务对象家，以期评估服务对象目前的症状以及最有效的治疗手段。来到社区时，服务对象并未在家，最后在服务对象家楼下附近的垃圾桶处找到了服务对象。医生上前与服务对象进行了面谈，并根据服务对象的言语、行为、情感进行简单诊断评估，诊断服务对象因长期欠缺药物治疗导致精神疾病持续发作，目前需要将服务对象立即送往康宁医院进行住院治疗。

在逐渐明确服务对象及其家庭的问题后，目前最主要的是让服务对象得到有效的药物治疗，存在的现实情况包括服务对象本人无自知力，无法自主接受治疗；服务对象家属缺乏正确的疾病认识，并抗拒社会工作者的服务，需要在下一步的服务计划中回应和处理这两个问题。

（三）第三阶段（建立专业关系）

1. 介入目标

了解服务对象家属"抗拒"背后的需求，并为其提供支持。

2. 介入重点

找到服务对象家属非理性信念的成因，推动服务对象家属改变非理性信念转机的出现，通过与服务对象父亲和妹妹的面谈，为服务对象的家庭注入康复的知识和信心，并与之初步建立专业、合作的工作关系。

社会工作者再次走访了服务对象父亲，得知父亲认为服务对象只是因为过去喝错东西而破坏了神经，认为他不是精神病，对于这样的疾病称呼很反感，因此认为服务对象不需要接受治疗；同时，为了看护服务对象已经花费不少心力，不想再折腾。据此分析，一方面，父亲对于精神疾病存在一定的病耻感；另一方面，因家庭经济收入一般，父亲担心治疗会带来更大压力。

随后，社会工作者通过工作站联系到服务对象的妹妹，早期沟通中，妹妹更多的是回避，不关心、不交谈的态度。当社会工作者说明药物治疗对服务对象的积极影响时，妹妹才有兴趣进一步了解。社会工作者借此表达了更多对服务对象的关心，并希望妹妹一起帮助服务对象。妹妹答应前来社区与社会工作者面谈，在面谈中发现，妹妹内心对服务对象其实是很关心和疼爱的，也希望服务对象能够走出精神问题的困扰，但碍于外界的议论、投诉等令其苦恼不已，才选择逃离。社会工作者对于妹妹的选择表示同理，在不了解精神疾病的情况下，会认为这种情况是最糟糕的，社会工作者为妹妹普及了精神疾病特征、治疗、看护等技巧，并鼓励服务对象妹妹与服务对象父亲沟通帮助服务对象入院接受治疗。

（四）第四阶段（资源链接）

1. 介入目标

协助服务对象接受住院治疗，稳定病情。

2. 介入重点

开展接纳承诺疗法在资源链接阶段的介入，一是召开社区会议，使服务对象家属对精神康复有更加直观和正确的认识；二是提供政策宣导，让服务对象家属了解入院治疗相关的政策，解除经济上的后顾之忧，从而帮助服务对象父亲产生改变非理性信念的实际行动。

社会工作者邀请服务对象父亲与妹妹参与社区座谈会，为家属播放精神健康的宣传视频，令家属了解精神疾病的治疗过程，服务对象父亲也分享了自己当下的感受与希望，称自己能够理解社区社会工作者做的工作，自己一方面是对精神疾病了解有限，不想儿子被确诊为精神病患者；另一方面对住院治疗所需费用也有所顾虑。社会工作者为其介绍了目前社区可利用的医疗资源，如前期住院街道提供绿色通道，后期康复的服药补贴等。最后，服务对象父亲终于同意让服务对象住院治疗。2019 年 4 月的一个下午，社区关爱帮扶小组一起找到了服务对象，开车将服务对象送往了深圳康宁医院坪山区住院部，为其办理了绿色通道，使其顺利地在当天下午住进了医院。

（五）第五阶段（功能恢复）

1. 介入目标

协助服务对象在出院后能尽快融入社区生活。

2. 介入重点

开展接纳承诺疗法在功能恢复阶段的联动介入，为服务对象回归正常的居家生活、家庭氛围和社区环境创造条件，在社区康复的基础上，促进其在自我照料、家庭支持和社区交际方面的改善。

社区党委召开专题会议，请清洁人员来到服务对象堆满垃圾的家中进行打扫清理，社会工作者同时也与服务对象妹妹商量如何为服务对象出院后提供一个更好的康复环境，家人在社会工作者的疏导下重新对房子进行了装修，服务对象的父亲、母亲和妹妹一起回到家中等服务对象出院返家。

经过一个月的住院治疗，服务对象的精神疾病得到了有效控制和明显改善，服务对象于 5 月顺利出院。再次看到服务对象，利索的短发、有神的眼睛、清爽的着装和自如的交谈，与过去蓬头垢面的脏乱形象大相径庭。家属对服务对象的改变也非常高兴，不断感谢关爱帮扶小组前后提供的帮助。回来后，服务对象生活也基本能够自理了，还学会了做饭。

（六）第六阶段（社会融入）

1. 介入目标

通过正式与非正式社区支持网络的建设，促进服务对象的社会融入。

2. 介入重点

（1）鼓励服务对象参与社区活动，加入辖区精神卫生义工队提供志愿服务，通过正式支持网络的构建，实现个人价值，促进其与社区的连接。

（2）不断强化服务对象家属的家庭支持，指导其履行监护人职责，巩固非正式支持网络创建的成果。

在社区层面，社会工作者邀请服务对象加入了罗湖区精神卫生义工队的志愿组织，在社会工作者耐心的陪伴与鼓励下，服务对象能够在开展义工服务的活动现场与社区居民进行简单交流，帮助服务对象通过志愿服务更多地接触和融入社会，适应现实中的人际交往。在家庭层面，社会工作者不断强化和肯定家属的努力和付出，增强其家属的主观能动性，督促家属帮助服务对象进行服药管理和家庭康复，不断提高家属应对和处理服务对象康复问题的能力。同时，通过申请政府的相关补助及整合社会资源，为服务对象提供生活上所需的应急物资及免费服药的优惠政策。

六、评估与结案

在此个案服务过程中，计划目标已达到，根据服务对象的实际情况进行评估及总结，并与他及其家属沟通达成一致，同意结案。

（一）个人层面

通过住院治疗及出院后按时服药，服务对象病情得到及时控制和明显改善，服务对象整个精神面貌焕然一新，在自理能力、交际能力等方面得到增强。

（二）家庭层面

通过觉察和处理服务对象家属关于服务对象康复的非理性观念的"观念出现—历史成因—改变动机—改变行动"，矫正服务对象家属非理性观念，传递正确精神疾病知识，注入家庭照料的信心。同时，注意对

心理健康领域

家属的接纳和理解，疏导其负面情绪，帮助减轻了家属的压力。

（三）社会层面

在整个个案的发展历程中，社会工作者采用接纳承诺疗法模式联动关爱帮扶小组，不断发掘并有效运用社会资源，在采集信息、政策援助、送院治疗、院后康复等方面通力合作，为服务对象营造了一个社区功能恢复和社会融入的良好氛围。

七、反思与总结

（一）本个案起初是一个在精防领域比较典型的非自愿个案，服务对象从"抗拒接触"到"需求表达"，社会工作者做了大量工作

一方面，始终坚持知情同意及自我决定的社会工作价值观，尊重服务对象及其家属的意愿，与家属共同制定服务目标；另一方面，运用了倾听、专注、提问、鼓励、同理、建议、包容接纳等工作技巧，并随时观察服务对象及其家属的变化并调整工作手法，促使个案顺利开展。

（二）"无救无效无能感"是精防领域服务对象家属常常会持有的非理性信念，需要社会工作者重点介入和处理

社会工作者在个案开展中，需对服务对象家属的非理性信念进行及时、准确的觉察；找到服务对象家属持有非理性信念的历史成因；帮助服务对象及其家属认识到非理性信念的消极作用；寻找合适的时机对非理性信念的矫正采取实际行动。巧妙地引导，发挥技巧作用，从而影响和改变事件中的行为后果。

八、督导寄语

该案例的服务对象为家庭照料缺位、社会功能极差的精神障碍康复者，社会工作者一方面聚焦于精神障碍患者家属的非理性信念，逐步矫正家属对患者康复的认知和态度，促进其行为改变，实现了服务对象家庭支持的重塑；另一方面着力于联动关爱帮扶小组帮助服务对象回归正常生活，从入院治疗、政策帮扶、社区康复和社会融入多个维度伸出援手，实现了服务对象现实生活的反转。案例具有典型性和代表性，为精防领域专业服务注入更多信心。

三次生死徘徊后的向阳而生[①]
——危机干预模式在自杀个案中的运用

一、案例背景

（一）基本资料

服务对象小周（化名），男，31 岁，广东省某市户籍人口，居住在深圳的某出租屋。

（二）个案背景资料

1. 引发的重要事件

服务对象是社区轻生警情案件当事人，因无法承受两次创业失败打击，独自一人在出租房开煤气罐欲自杀，后被房东发现并报警，由社区警员上门处理。而后社区警区将此服务对象转介给社会工作者。

2. 情绪状况

服务对象在第一次创业失败后只用了一周时间进行情绪调整；而第二次创业失败的经历却深深地打击了服务对象，以致半年多的时间，服务对象仍然无法走出这个挫折，内心充满着沮丧和失落。社会工作者在介入时，服务对象整体状态表现为外观邋遢、沉默寡言、动作迟缓、眼神躲闪，其精神状态表现为情绪低落、萎靡不振、颓废绝望。

3. 行为表现

服务对象整日不出门，独自在出租屋内，通过上网、打游戏的方式

---

① 作者：张嘉欢，助理社会工作师，深圳市注册社会工作者。

麻痹自己，几乎拒绝一切与外界的联系和接触。曾经三次尝试自杀，均通过开煤气罐的方式，且一次次程度升级，但都未成功。

4. 人际关系

据服务对象妻子描述，服务对象几乎没有朋友，且几乎没有社交活动，终日把自己关在屋中。

5. 支持网络

服务对象的非正式支持来源主要为妻子、儿子以及母亲、姐姐。但是服务对象与母亲、姐姐的关系较差，其间母亲提出过要过来照顾他，但他坚定拒绝，表示"这是我自己租的房子，是死是活，都不要管我"。其间姐姐陪同母亲长途跋涉来到服务对象的出租屋门口，他情绪激动、言语激烈，强烈要求母亲和姐姐离开，还把她们的行李丢出屋门。服务对象的妻子和孩子，也在前段时间被服务对象劝回老家，夫妻二人经常会有争吵，自服务对象创业失败以来，妻子一直都鼓励他振作起来，但一直都不起作用。

二、问题分析及预估

本案例中，服务对象的两次创业失败经历，尤其是第二次失败经历，属于特殊生活经历危机：一是阻碍了服务对象重要目标的实现；二是超出了服务对象现有的能力，使他无法凭借以往的方式去解决问题；三是导致了服务对象出现心理失衡，使他处于心力交瘁的脆弱状态中，无法忍受任何生活压力。虽然服务对象第一次创业失败经历短期导致他心理状态失衡，他也通过自我调整恢复心理相对平衡的状态，但是第二次创业失败经历就导致他刚刚平衡的心理状态完全失衡，情绪状态恶化且反复，主动屏蔽各种支持网络，拒绝亲友的理解和关心。对于服务对象来说，他觉得自己痛苦万分，对自己失去信心，对未来失去希望，怀疑生命存在的意义，企图结束自己的生命。

根据心理学家卡普兰描述的个体危机发展的四个阶段，服务对象目前处于危机的第二个阶段——解组，该阶段的个体会处于极度的情绪困扰中，认知和解决问题的能力下降，平衡生活被打乱。而服务对象目前恰恰是卡在此阶段，危机事件影响导致服务对象的家庭关系破裂，以及出现极端行为，选择放弃自己的生命；而无法顺利过渡到第三阶段恢复和第四阶段重组。此时，服务对象需要第三方的力量进行干预，"拉"服务对象一把，帮助他恢复新的平衡生活。

三、理论运用

（一）危机干预的基本理念

危机干预模式是一种短期干预的方法，强调在有限的时间内（一般仅持续 1~6 周）为服务对象提供支持性服务，强调处理紧急而非长期问题，强调挖掘服务对象的优势、资源和应对机制以克服面临的发展性、意外性或者存在性危机，旨在通过提高服务对象的应对水平、信心和解决问题的能力，帮助服务对象返回平衡稳定状态。

（二）常用的三种危机干预模式

目前常用的危机干预模式是由贝尔金等提出的三种基本的危机干预模式：平衡模式、认知模式以及心理社会转变模式。

平衡模式认为危机是一种心理失衡状态，危机干预的目的和策略是使个体恢复到原来的心理平衡状态。认知模式认为，心理危机的形成不是事件本身引起的，而是个体对应激事件的主观判断，人们对危机事件错误的歪曲的思维是干预的重要对象。心理社会转变模式认为危机的产生是由心理、社会、环境因素引起的，危机应对和干预应从系统的角度综合考虑各种内外部困难，帮助个体选择新的应对方式，善用各种社会支持与环境资源，重新获得对自己生活的自主控制。

四、服务计划

（一）服务目标

帮助处于危机下的服务对象降低生命危机等级甚至消除生命危机，

恢复情绪稳定，得到更多的情绪和心理支持。

帮助服务对象增加社会支持网络，恢复社会适应功能，巩固介入效果。

（二）服务策略

1. 社会工作者进入危机干预模式，消除服务对象生命危机

（1）根据危机干预的平衡模式，社会工作者会大量运用接纳、专注、倾听、同理心、鼓励等支持性技巧，适量运用提供信息、自我披露、建议等影响性技巧，少量运用澄清、对焦等引导性技巧，先帮助服务对象稳定情绪、输入希望、提供支持、恢复自尊。

（2）根据心理社会转变模式，社会工作者选择从系统的角度综合考虑，充分利用外界资源，从社会支持、心理疏导服务等方面帮助服务对象应对各种内外部困难。

2. 社会工作者帮助服务对象增加社会支持网络，恢复其社会适应功能

社会工作者尽可能增加服务对象社会支持网络；且定期再次评估服务对象的生命危机等级，并提供心理支持，帮助恢复社会适应功能，以及巩固介入效果。

五、介入过程

本案例中，社会工作者围绕服务对象的两个层面进行介入：一方面，针对服务对象的心理层面，根据危机干预模式，全力为服务对象进行心理疏导；另一方面，针对服务对象的社会层面，帮助服务对象修复社会关系，增加他的非正式支持。

社会工作者在此期间一共为服务对象进行了危机干预、增强社会支持、资源链接等各层面的服务介入 8 次，社会工作者充当服务对象的支持者、治疗者和关系协调者等多角色，对服务对象开展介入工作。

（一）第一阶段，及时评估生命危机等级，多方位了解服务对象问题和需求

（1）社会工作者在警长、网格长的陪同下上门走访服务对象，进行危机干预。在危机干预介入过程中，社会工作者通过倾听、无条件积极关注、共情等技巧，与服务对象建立信任关系，了解服务对象的情绪与心理情况。

（2）社会工作者及时评估服务对象的生命危机等级：服务对象第三次执行自杀程序时是处于第四类别急迫危机的第 7 等级，到此时危机干预面谈之初已降为第二类别中度危机的第 4 等级，但仍然存在较高的生命危机风险。

（3）社会工作者通过现有的资源，多方位了解服务对象的问题和需求，先联合社区警务室、综治、网格等召开了会议，详细了解服务对象的警情情况反馈。再与服务对象的母亲和姐姐开展面谈，社会工作者通过倾听、共情、提问等技巧，详细了解到了服务对象的问题与困境，以及其家属的诉求；同时，缓解家属的焦虑情绪。

（二）第二阶段，进入危机干预模式，社会工作者降低生命危机风险

（1）社会工作者先做充分的关注与共情，让服务对象感受到自己是充分被接纳、被理解的。社会工作者引导服务对象细致地讲述三次自杀经历的心路历程与细节，并在过程中一步步带领其梳理整个过程的脉络；当社会工作者在听到服务对象的某些描述和细节时会热泪盈眶、感同身受，帮助服务对象表达出他当时情境下的心声与挣扎，再假设将自己带入服务对象的家庭成员各个角色，表达面对服务对象的自杀行为各个角色最可能的感受与心声。

（2）社会工作者继续平衡服务对象的心理状态，增加服务对象对自己活下去的希望和信心。通过与其探讨死去与活着两种选择的利弊，并帮助其进行对比与澄清之后，让服务对象作选择。在此过程中，社会工作者与服务对象讨论自杀的利弊，带领其假设与想象"如果你离开了，你的家人会如何"，引导服务对象看到自杀后的种种问题和弊端；社会工作者与服务对象讨论活着的利弊，带领其假设与想象"如果选择活着将会遇到什么挑战"，引导服务对象找到活下去的动力与希望，探索更多的可能性。

（3）社会工作者根据认知疗法，改变服务对象的负性认知，教导其识别到自己负性的认知模式，以及对这些负性的认知模式进行有效的矫正。社会工作者主要针对两次创业失败的经历，帮助服务对象理性看待与分析两次的失败，与服务对象共同探讨失败的归因与转机。

（4）社会工作者与服务对象作了不自杀的约定，引导服务对象借助第三方的力量调整情绪状态，比如心理疏导。服务对象现场表态，经过社会工作者介入之后，自己感觉到有活下去的希望，也表示想自己先进行情绪调整，如果不稳定或者需要帮助会主动预约咨询。

（5）社会工作者危机干预结束时再对服务对象进行一次生命危机等级的评估，评估降至第一类别轻度危机的第 1 等级。

（三）第三阶段，帮助服务对象增加社会支持网络，成为服务对象的关系协调者、资源链接者

（1）社会工作者持续跟进服务对象的母亲与姐姐，反馈服务对象的情绪和心理状态，以及危机干预后的成效；同时结合服务对象当下的状态，给予家属建议后续的注意事项，减少家属过度的干预为服务对象带来的负担，修复服务对象与其母亲和姐姐的关系。

（2）社会工作者联合社区警务室、综治等各部门，反馈服务对象详细情况，并帮助服务对象链接社区资源，找到工作，解决目前的现实困难。而后，社区综治部门为服务对象安排一份社区的核酸配合岗位工作，联系并征询其上岗的意愿。服务对象因为个人职业发展的问题，虽然表示拒绝，但是对社区尽力为其提供帮助的支持表示了感谢。

（3）社会工作者联系服务对象的妻子，先从侧面进行危机干预的成效评估，了解服务对象的情绪反应与行动。据服务对象妻子所述，此次危机干预有明显的效果，服务对象情绪已稳定，也不会再有结束生命的念头，主动联系妻子并向其交代和承诺"我不会再寻死，想要重新开始"。社会工作者再通过倾听、共情等技巧，对妻子进行疏导，尝试缓和和修复服务对象与妻子的关系，引导妻子给予服务对象更多的支持与陪伴，帮助他走出困境，恢复到正常的生活。最后服务对象妻子表示同意，愿意带孩子回到深圳，陪伴在服务对象身边。

（四）第四阶段，服务对象恢复"平衡"模式，定期再评估服务对象的生命危机等级，并提供心理支持，帮助恢复社会适应功能，巩固介入效果

（1）社会工作者持续跟进服务对象妻子，了解服务对象近期的情绪状况与社会支持情况进展。服务对象的妻子表示自己已带孩子回到深圳，回到服务对象的身边，尽可能地陪伴与理解对方，目前服务对象的情绪稳定，家庭关系缓和、家人间联系增加。但服务对象的妻子提及服务对象拒绝了社区推荐的工作，自己去面试岗位却不成功，导致后期服务对象找工作比较缺乏信心，会显得较消极和悲观，希望社会工作者能给予更多的帮助和疏导。

（2）社会工作者家访持续跟进服务对象，为其提供心理疏导。为帮助服务对象恢复心理稳定和巩固介入效果，社会工作者再次评估服务对象的生命危机等级，结果为已降至零级，确认生命危机已消除。服务对象表示，虽然自己还是会有些消极和悲观，如果后续自己去面试职位失败了，对自己还是会有打击，但自己清楚失败的原因是自己近期太过于憔悴，刚好该岗位需要年轻化和有活力的人；自己会再想办法，还是会勇敢面对生活和困难，让社会工作者放心。社会工作者明显感受到服务对象对于失败的归因和分析更为客观了。

六、服务评估

（一）基线测量法

运用基线测量法，在介入开始时对服务对象的状况进行测量，建立一个基线。

作为对介入行动效果进行衡量的标准基线，以评估介入前后的变化，并以此判断介入目标达到的程度。

1. 生命危机等级的降级

社会工作者帮助服务对象度过了生命危机，陪伴服务对象进行生命危机等级降级，从介入服务前的第二类别中度危机的第 4 等级，降级到危机干预后的第一类别轻度危机的第 1 等级，再到心理疏导后的生命危机消除。

2. 情绪状态稳定

服务对象危机干预后的情绪状态稳定，看待生活、看待问题开始变得积极。

3. 重新生活的信心增加

从介入服务前三次尝试开煤气罐自杀的麻木和绝望，到最后重新拥有了活下去的希望和动力，正是社会工作者真诚负责的态度，无条件的关注、积极的倾听和用心的陪伴，让服务对象重新感受到被理解、被尊重、被支持，从而增加了服务对象重新生活的信心。服务对象自己表示，还好三次自杀不成功，自己有活着的动力，希望好好活下去、慢慢站起来、迈过这个坎。

4. 服务对象与外界社会联系增加

服务对象在危机干预后当天就给母亲与姐姐发信息，告知自己的情绪，让她们不用担心；也联系妻子，表示自己要重新开始生活，还关心儿子生病的情况。并且妻子和儿子又重新回到服务对象身边，能够给予他较为稳定的支持。另外，服务对象在服务介入后已经开始尝试去找工作，面试新岗位，积极面对生活。

从以上 4 个维度的前后变化来看，介入效果明显，能够达到案例设定目标。

（二）访谈法

在危机干预介入后，社会工作者对服务对象的妻子进行电话访谈。

服务对象的妻子表示，服务对象对于活着的动力以 10 分为最高分的话，是从一开始的 1 分，通过介入，增加至 8 分。服务对象的妻子肯定了危机干预的效果，表达对社会工作者的感谢，服务对象目前情绪已稳定，也不会再有结束生命的念头，承诺"我不会再寻死，想要重新开始"，自己也会持续予以陪伴与支持。

（三）社会工作者自评

社会工作者在服务过程中利用专业知识和技巧，迅速了解服务对象的主要问题，及时进行生命危机评估，快速进入危机干预模式，帮助服务对象输入希望、提供支持、恢复自尊；并链接多方资源，致力于为服务对象服务，且成效显著，达到服务目标。

七、结案

结案前，社会工作者再次评估了服务对象的生命危机等级和情绪状态，认为他目前已无生命危机，且情绪、认知以及行为等方面已无明显异常。此外，此次案例的目标已达到，服务对象当前的困境（生命危机）已消除，重拾了对生活的信心，并已重新开始生活。

八、专业反思

（一）危机干预介入应严格遵循社会工作实践中的伦理"保护生命原则"

危机干预介入过程中，社会工作者应严格遵循社会工作实践中的伦理"保护生命原则"，在本案例中，服务对象处于较高的生命危机等级，社会工作者的干预重点就是保护服务对象的生命，帮助其消除生命危机。

（二）危机干预介入过程中，积极增加社会支持网络的必要性

危机干预介入过程中，社会工作者尽可能地帮助服务对象增加非正式和正式的社会支持。此案例中，社会工作者积极帮助服务对象进行家庭关系的调和，增加非正式的社会支持如妻子、母亲、姐姐等，引导家

人给予服务对象更多的支持,帮助其走出困境,早日恢复到正常生活状态。另外,社会工作者积极协调联动相关部门,链接了社区资源,增加服务对象的正式社会支持。双管齐下,最终增加服务对象生命的拉力与动力,使其心理重新达到平衡。

(三)从危机干预理论出发,促使危机服务介入的有效性

此次案例,根据服务对象的危机阶段,社会工作者分别从心理、社会因素两方面积极寻求方法,综合考虑各种情况,最后通过对内外部的介入,帮助服务对象解除生命危机,并重拾活下去的希望与动力,重新开始生活。

九、督导评语

此次案例中,可见社会工作者掌握较为熟练的危机干预理论,能及时评估服务对象危机状态,从各部门、家属等多方位对服务对象的问题进行准确的评估,并且根据评估服务对象的生命危机等级进行了不同的干预方法,最终促使服务对象的生命危机的消失,增强了服务对象的社会支持网络,完全改变了服务对象的状态,从三次尝试自杀,转变为"向阳而生",积极重回生命正轨。